한국어와 일본어의 제3자 경어의 대조 연구

이 저술은 2006년 정부재원(교육인적자원부 학술연구조성사업비)으로 한국학술진흥재단의 지원을 받아 연구되었음(KRF- 2006-A00099).

한국어와 일본어의 제3자 경어의 대조 연구

김순임 지음

도서출판 박이정

김순임(金順任) 지음

국립국어원 학예 연구사
동경외국어대학 지역문화연구과 학술박사
번역서: 『일본어는 연속 1킬로미터로 움직인다
(日本語は年速一キロで動く)』(박이정)

**한국어와 일본어의
제3자 경어의 대조 연구**

초판 인쇄 2008년 4월 10일
초판 발행 2008년 4월 16일

지은이 김순임
펴낸이 박찬익
편 집 김은영·김민영

펴낸곳 도서출판 박이정
주 소 130-070 대한민국 서울시 동대문구 용두동 129-162
전 화 (02) 922-1192~3, 팩스 (02) 928-4683
E-mail pijbook@naver.com
온라인 (국민) 729-21-0137-159
등 록 1991년 3월 12일 제1-1182호

ISBN 978-89-7878-978-3 (93700)

값 12,000원

말이라는 것은 늘 변하는 것으로, 말이 변하는 원인으로는 사회나 문화의 변화로 사람들의 의식이 변하여 그 의식의 변화가 말 자체의 변화를 일으켰다고 볼 수도 있고, 반대로 의식의 변화가 사회나 문화의 변화를 초래하여 그 변화가 말의 변화를 초래했다고도 할 수도 있다. 이와 같은 관점에서 보면 인간의 언어 행동 중의 하나인 경어 표현이나 경어 의식도 그 시대의 사회와 문화를 반영하며, 또한 각 시대의 인간관계를 반영하면서 변하고 있다고 할 수 있다.

저자의 관심은 일본어와 한국어가 공통적으로 가지고 있으며, 또한 그 시대의 사회상을 반영하고 있는 경어라는 것의 역사적인 변화와 현재의 사용 실태에 있다. 이 책에서는 문법구조 등, 유사점이 많은 일본어와 한국어라는 양 언어를 대상으로 사회언어학적인 접근법으로 실태를 파악하여 보다 넓은 시야에서 한·일의 경어를 파악하려고 시도하였다.

이 책에서는 대인커뮤니케이션에 있어서 빠트릴 수 없는 문제인 경어라는 소재 중에서도 특히 제3자 경어라는 문제에 초점을 맞추었다. 제3자 경어는 회화 참가자 간의 인간관계에 따라서 변할 수 있는 것으로 구체적으로는 상하관계, 친소관계, 장면의 차이 등 다양한 요인이 영향을 미친다. 또한 제3자 경어는 사람과 사람과의 교류를 위해서 커뮤니케이션에서도 매우 중요한 논제이다.

이 책의 구성은 총7장으로 이루어져 있다.

1장에서는 연구 배경과 연구 목적에 관하여, 2장에서는 한일 양 언어의 경어연구에 관한 선행 연구를 정리하였다.

3장에서는 경어 습득이 완전하다고 볼 수 없는 대학생을 대상으로 실시한 설문조사의 결과로 제3자 경어 사용과 남녀 차이에 관해서 고찰하였으며, 4장에서는 경어습득이 좀 더 완성되었다고 여겨지는 사회인을 대상으로 실시한 설문조사를 통하여 제3자 경어 사용 및 남녀차, 세대차에 관해서 고찰하였다.

다음으로 담화 자료를 이용한 5장에서는 드라마의 시나리오 담화에 나타난 용례 가운데 제3자에 대한 언급이 있는 것을 모아 다양한 장면에서의 제3자 경어 사용법을 분석하였으며, 6장에서는 일본어의 자연 담화를 이용하여 화제에 제3자가 등장하는 용례를 발췌하여 장면에 따른 제3자 경어의 사용 정도와 용례 분석을 실시하였다.

마지막으로 전체를 정리한 7장에서는 각 조사 간의 비교와 4가지 조사로 도출된 결과로 한일 양 언어에서 제3자 경어 운용의 메커니즘에 관하여 고찰하였다.

이 책이 한일 양 언어의 경어연구, 사회언어학적 연구 및 그 대조연구에 미흡하나마 도움이 되기를 바라며 이울러 양국이 서로의 문화를 이해하여 학술적·문화적으로 원활한 교류가 이루어지기를 기대해 본다.

이 책을 집필하면서 많은 분들로부터 협력과 조언을 받았다. 우선 책의 편집을 맡아 수고를 아끼지 않은 박이정의 김은영 과장님, 설문조사에 협력해 주신 일본과 한국의 피조사자들 여러분께도 감사의 마음을 표하고 싶다. 그리고 박사논문 전체에 관해서 귀중한 의견을 주신 佐々木(原)香織 선배님, 매주 화요일에 모여서 서로를 격려해 주면서 열심히 노력해 온 井上연구실의 여러분께도 이 자리를 빌려 감사의 뜻을 전하고 싶다.

또한 부심사로서 지도해 주신 宇佐美まゆみ 선생님, 早津惠美子 선생님, 野間秀樹 선생님, 伊藤英人 선생님에게도 마음으로부터 감사의 말을 드리고 싶다. 또한 9년간의 일본 유학 동안 때로는 의욕을 잃어버리거나 자신감을 상실하기도 하였으나 그때마다 따뜻한 말로 격려해 주신 井上史雄 선생님에게도 감사의 마음을 전하고 싶다.

마지막으로 사랑하는 두 아들 승원이와 승현이 그리고 10년간 변함없는 마음으로 늘 나의 든든한 버팀목이 되어 주고 있는 남편에게 이 책을 바친다.

2008년 4월에

지은이

1.1 연구 배경

　말이라는 것은 늘 변하는 것으로, 말에는 최근 유행하고 있는 표현이 있는가 하면 옛날에 유행했던 표현도 있다. 말이 변하는 원인으로서 사회나 문화의 변화로 사람들의 의식이 변하여 그 의식의 변화가 말 자체의 변화를 일으켰다고 볼 수도 있고, 반대로 의식의 변화가 사회나 문화의 변화를 초래하여 그 변화가 말의 변화를 초래했다고 할 수도 있다. 이와 같은 관점에서 보면 인간의 언어 행동 중의 하나인 경어 표현이나 경어 의식도 그 시대의 사회와 문화를 반영하며, 또한 각 시대의 인간관계를 반영하면서 변하고 있다고 할 수 있다.

　저자의 관심은 일본어와 한국어가 공통적으로 가지고 있으며, 또한 그 사회의 인간관계를 반영하고 있다고 할 수 있는 경어라는 것의 역사적인 변화와 현재의 사용 실태에 있다. 그렇다면 우선 일본어와 한국어의 경어라는 문제에 들어가기 전에 시야를 더욱 넓혀서 세계 언어의 경어에 대해서 살펴보기로 하자.

　네오스토프니(1974)는 '경의표현'이라는 용어를 처음으로 사용하였는데, 경어 체계를 가지고 있는 일본어, 한국어, 자바어뿐만 아니라 경어 체계를 가지지 않는 세계 여러 언어의 경의표현에 관해서도 논하고 있다. 그는 '상대 경어'와 '등장인물 경어'라는 2가지 관점에서 세계의 언어를 표 1-1과 같이 4가지로 분류하고 있다.

그러나 이 표에는 언급되어 있지 않으나 경어 체계가 없는 영어의 경우도 "Would you~", "May I~" 등과 같은 조동사의 사용법이 있으며, 이것이 경어와 기본적으로 같은 역할을 하고 있다고 네오스토프니(1974)는 논하고 있다.

요컨대 경어, 경의표현이라는 것은 경어 체계의 존재와는 별도로 세계 여러 언어의 보편적인 특징이라고 할 수 있다. 그 중에서도 한국어와 일본어는 모두 청자 경어 형식과 제3자 경어 형식을 가지고 있는 소수의 언어에 포함되어 있어, 두 언어의 경어 비교와 대조연구는 의의가 깊다고 할 수 있다.

【표 1-1】 경어로 본 세계 언어의 분류(네오스토프니, 1974)

	언어	특징
청자경어밖에 없는 언어	태국어의 [국왕언어[1]]	· 이와 같은 언어는 존재할 가능성이 희박함. · 왕족의 경우에 사용하는 특별한 어휘가 여기에 해당함. · 신체에 관한 말, 친족용어, 그 밖의 명사와 70개의 동사는 오히려 등장인물이 왕족의 일원인 것을 나타내는 것 같다. 이 왕족언어 외에도 태국어에는 대명사의 경어가 복잡하게 구분되는 것도 있지만 이 또한 상대에게만 해당하는 것은 아니다.
등장인물경어 밖에 없는 언어	몽골어[2]	· 이와 같은 언어도 극히 적다. · 소수의 경어적 복수형을 제외하면 주로 어휘적인 것으로 손윗사람이 행하는 동작, 손윗사람에게 행하는 동작, 손윗사람의 소유물에 관한 경어가 있는 것 같다. 청자 경어는 찾아볼 수 없다. · 물론, 이 경우도 청자와 손위의 제3자가 일치한다면, 즉 손위의 등장인물이 청자가 되는 경우는 손위의 제3자에 대한 존경 어휘가 쓰일 수 있으므로 청자에 대한 경의도 표현할 수 있다. 단, 이것은 우연히 청자가 등장인물일 경우의 등장인물 경어이므로 청자와 등장인물이 일치하지 않는 경우의 경의의 구별 즉 순수한 의미의 청자 경어는 아니다.

	힌두어	· 청자가 문제시되지 않으므로 정중어라는 카테고리는 없다. · 그러나 존경어의 경우는 2인칭의 존경어나 제3자 경어도 있다. 2인칭의 존경어는 대명사, 명사, 동사에까지 있으며 제3자인 손위 인물의 동작, 소유물에 관한 존경어도 있다.
등장인물경어 +청자경어가 있는 언어	일본어, 한국어, 자바어, 티벳어	· 보통체와 정중체의 구별이 있다. · 손위인물의 동작이나 소유물에 관해서는 보통체나 정중체나 모두 일본어와 마찬가지로 존경어가 쓰인다. · 자바어의 경우, 일본어의 겸양어 중에서 방향어라는 형태 즉, 오마치스루(お待ちする)와 같이 손위 인물의 동작을 의미하는 형태도 있다.
청자=등장인 물경어인 언어	거의 모든 유럽의 현대어	· 현대 유럽의 여러 언어(영어를 제외)의 경어는 거의 대명사와 동사의 명령형에 한정되어 있다. 게다가 거의 모든 경우 2인칭의 존경어밖에 없다. · 프랑스어의 tu / vous, 독일어의 du / Sie, 러시아어의 ty / vy의 구별 · 정중어, 겸양어, 3인칭의 존경어도 볼 수 없으며 범위가 좁다. · 시대를 19세기, 18세기로 거슬러 올라가면 경어의 종류도 많아져 존경 받는 제3자에 대해서도 경어 용법이 있었다.

　　다음은 논의의 초점을 더 좁혀서 본 연구의 대상이 되는 일본어와 한국어의 경어에 관해서 살펴보기로 하자.

　　일본어의 경어에 관해서 外山(1977)는 고대 경어의 특징은 '사회적, 계층적 서열관계에 대한 배려가 경어표현의 선택에 크게 영향을 끼쳐, 경어 사용의 대상이 되는 인물의 신분·집안·지위 등과 같은 사회적 서열과 같은 상하관계에 대한 화자의 배려가 경의의 정도를 결정하는 기준으로서 강력하게 작용하고 있다(저자역)'라고 논하고 있다. 이에 비

---

1) 태국어의 모어화자에 의하면 태국의 국민에게 있어서 국왕은 절대적인 존재이기 때문에 장면에 따라서 경어를 생략하는 경우는 거의 없다고 한다. 게다가 자신의 교양을 과시하는 증거로서 가능한 한 왕실경어를 많이 쓰려는 경향이 있다고 한다. 한편 영국 영어의 경우에도 황실경어에 해당하는 것이 있다. 영국 영어의 모어화자에 따르면 엘리자베스 2세에 관해서 언급할 때, 격식을 차리는 장면에서는 'Her Majesty Queen Elizabeth'라고 언급하지만, 비격식적인 장면에서는 'The Queen'이나 'Queen Elizabeth the Second'라고 언급한다고 한다. 이것은 장면이나 청자에 따라서 제3자에 대한 대우도가 달라지는 것으로 일본어에서 상대 경어와도 유사한 현상이라고 할 수 있다.

2) 네오스토프니(1974)는 몽고어의 제3자 경어에 관해서 절대 경어적인 성격과 상대 경어적인 성격 중 어느 쪽이 더 강한지에 관해 특별히 기술하지 않았다. 그러나 몽고어 모어화자에 의하면 손위의 제3자를 언제나 높이는 것이 아니라 상대에 따라서 경어가 바뀔 수 있는 상대 경어적인 일면이 몽고어에 있다고 한다.

해, 근대 경어의 특징은 '장면과 상대 (경어 사용의 대상이나 청자)와의 관계 등에 관한 화자의 배려가 경어표현 방식에 크게 영향을 끼치며 은혜, 이해, 친소 혹은 사교상의 필요 등 화자 측의 의식이 우선되게 되었다 (저자역)'고 논하고 있다. 고대 경어가 신분이나 지위와 같은 객관적인 조건에 따라 외부로부터의 규제가 강했던 것에 반해, 근대 경어는 화자의 주관적·심리적 요인에 따른 소위 상대 경어적 성격이 강하다고 外山 (1977)는 지적하고 있다.

한편, 荻野 외(1991)는 절대 경어라는 것은 경어 사용법이 화자가 표현 대상의 인물을 어떻게 보는가에 따라서 결정되는 시스템이며, 상대 경어 라는 것은 경어의 사용법이 표현대상의 인물, 그 자체뿐만 아니라 그 이외의 인물이나 다양한 장면과의 관계에 따라서 결정되는 시스템이라 고 정의하고 있다.

이상을 정리해 보면, 소위 말하는 절대 경어라는 것은 화자의 시점에 따라서만 높여야 하는 제3자가 결정되는 것이며 그 대우는 청자가 누구 냐에 상관없이 언제나 일정한 경어법을 사용하는 것이다. 그리고 상대 경어라는 것은 늘 높여야 하는 제3자가 존재하는 것이 아니라 화자나 청자, 제3자의 상호관계에 따라서 제3자에 대한 대우가 달라지는 경어법 이라고 할 수 있다.

이와 같은 일본어 경어의 역사적 변화에 대해 梅田(1987)는 '한국어는 고대부터 있었던 계급 제도가 근대에 이르기까지 경어 사용에 영향을 미쳐 현대에는 청자로서 높여야 하는 인물이 제3자가 될 경우에도 반드 시 경어를 사용한다. 또한 제3자가 가족이라도 손위라면 반드시 경어를 사용해야 하는 절대 경어의 성격이 강하다'고 논하고 있다.

그러나 절대 경어에 상대 경어적인 면이 있다는 것을 지적한 선행 연구도 있다.(한미경 1982, 신혜경 1993, 이정복 1994, 김순임 2000b 등) 저자는 한국어를 한마디로 절대 경어라고 규정짓는 것은 불가능하다고 판단하고 있다.

한국어의 규범적인 경어법인 압존법도 절대 경어·상대 경어의 관점 에서 보면 상대 경어의 한 예라고도 할 수 있다. 즉 서정수(1996)는 압존법

을 '최상위자의 앞에서 상위자에 대한 경어 사용을 억제하는 것'이라고
정의하고 있지만 상위자라 하더라도 경우에 따라서는 원래 높여야 하는
경어 사용을 억제한다는 점에서 상대 경어와 일맥상통하는 점이 있다고
저자는 해석하고 있다. 따라서 저자는 한국어에서 제3자 경어의 상대
경어적인 일면을 실증적으로 밝히고자 한다.

1.2 연구 목적

　　본 연구는 한국과 일본의 대학생과 사회인을 대상으로 한 설문조사,
시나리오 담화분석, 자연 담화분석과 같은 사회언어학적 방법[3]을 이용
하여 한일의 제3자 경어 운용[4]의 메커니즘을 대조언어학적인 관점에서
실증적으로 밝히는 것을 목적으로 하고 있다.

　　한일대조언어학의 최근 동향을 정리한 梅田(2004)는 '2개 이상의 언어
의 공통점과 차이점을 연구하는 대조언어학은 언어교육을 위하여 필요
하며 보편 문법을 발전시키기 위해서도 필요하다'고 지적하고 있으며
'학습자가 언어를 습득하기까지의 심리요인도 포함한 대조연구가 필요
하며 언어체계뿐만 아니라 언어운용과 언어수행, 즉 대인관계 조절기능

---

3) 小池 편(2003)은 사회언어학을 ①언어에 따른 다양성, ②언어의 사용이라는 두 가지 카테고리로 나누
　　어 ①의 하위 항목으로서 지역에 따른 다양성, 민족에 따른 다양성, 사회계층에 따른 다양성, 성(性)에
　　따른 다양성, 사회적 입장(역할)에 따른 다양성, 언어와 사회와의 불평등을 두었다. 또한 ②의 하위
　　항목으로서는 사회 규칙, 발화 행위, Politeness에 따른 언어사용, 주고받는 사회언어학, 회화분석, 사
　　교적 언어사용, 상황에 따른 언어사용을 두고 있다. 참고로 담화분석은 ②의 주고받는 사회언어학의
　　카테고리 속에서 설명되고 있다. 또한 박영순(2001)에서는 사회언어학을 Macro-Sociolinguistics과
　　Micro-Sociolinguistics로 나누고 있으며 Speech act나 Discourse analysis는 후자의 연구대상이 된다고
　　설명하고 있다. 본 연구에서는 담화분석도 널리 사회언어학의 하나의 연구영역으로서 본다.
4) 본 연구에서는 '제3자'라는 용어를 사용하고 있지만 '제3자'에도 다양한 층위가 존재한다. 예를 들어
　　그 자리에 있는 제3자, 그 자리에 없는 제3자, 화자의 영역 내의 제3자, 청자의 영역 내의 제3자,
　　화자와 청자 모두의 영역 내의 제3자, 양자의 영역 내의 인물이 아닌 제3자, 역사상의 인물 등이
　　있다. 설문조사에서는 일상적으로 자주 접하는 제3자를 상정시켜 더욱이 제3자가 그 자리에 없다는
　　조건을 부여하였다. 또한 시나리오담화에서는 다양한 제3자가 등장하지만 그들 제3자를 영역 관계와
　　상하관계로 분류하여 분석하였다.

에 관한 화용론과 같은 분야의 대조연구도 중시하지 않으면 안 된다'고 강조하고 있다. 이와 같이 한일 양 언어의 대조연구는 양 언어를 목표언어로 학습하고 있는 학습자에게도 유익한 것이 되리라고 믿는다.

잘 알려진 바와 같이 한국어와 일본어는 문법구조가 유사할 뿐만 아니라 양 언어 모두 복잡한 경어 체계를 가지고 있다는 점에서도 유사성을 보이고 있다. 이런 점에서 경어는 한국어와 일본어의 공통되는 특징 중의 하나로서 오랜 세월동안 여러 각도에서 연구되어 왔다. 또한 경어라는 것은 존경어·겸양어·정중어와 같은 문법체계만으로 설명되는 것이 아니라 인간관계·사회관계 속에서 이루어지는 다양한 경어 행동과 경어 사용과 같은 관점도 중요시하지 않으면 그 본질을 파악할 수 없는 것이라 여겨진다. 그러므로 여러 가지 사회적인 요인과 언어와의 관계에 흥미를 두는 사회언어학적 관점에서 연구할 필요성이 생기는 것이다. 어느 언어 현상에도 해당되는 것이지만 특히 경어 연구에서는 언어체계를 명확하게 파악하고자할 경우 그 구체적인 실태를 파악하는 것이 필요하다.

최근에는 한일 양 언어를 대조 연구하는 데 사회언어학적인 관점에서 하는 것이 많다. 감사, 사죄, 칭찬, 거절, 의뢰, 인사, 맞장구와 같은 언어 행동에 관한 연구나 호칭과 청자에 따른 경어 사용과 같은 대우법에 관한 연구 등 그 분야도 다양하다. 그 중에서 최근 가장 주목을 끌고 있는 것은 언어행동과 Politeness이론 관점에서의 연구일 것이다. 이와 같이 대인커뮤니케이션에 관한 연구가 많이 행해지고 있는 것은 대우해야만 하는 상대가 사회계층에 따라 정해져 있었던 고대나 근대와는 달리, 점점 더 상대와의 관계가 중시되고 있는 현대사회의 특징을 반영한 것으로 보인다.

그런데 한일 양 언어의 대조연구 가운데 대부분은 현재의 사용 실태에 주목한 것이 많다. 강석우(1995)를 제외하면 통시적인 관점에서 언어의 변화에 주목한 것은 거의 없다고 해도 과언이 아닐 것이다. 저자는 한일 양 언어에서 경어의 통시적인 변화과정을 파악함으로써 현재의 사용 실태에 관한 조사와 분석을 실시하여 그 결과를 가지고 앞으로의 경어변화 방향도 예측하기 위해 더욱 넓은 시야에서 경어를 연구하고 있다.

이쯤에서 경어보다 시야를 더 넓혀 언어 전체 변화의 메커니즘에 관해서 생각해 보기로 하자. 말이 변화를 일으키는 전 단계에 반드시 있다고 해도 틀리지 않을 정도로 '혼란(ゆれ)[5]'이라는 시기가 존재한다고 한다. 혼란이 일어나는 것은 사람들 간에 의식의 '어긋남(ずれ)'이 발생하기 때문일 것이다. 그러면 이와 같은 의식의 어긋남은 왜 발생하는 것일까?

佐藤 편(1977)에 의하면 '말의 혼란이라는 것은 2개 이상의 언어형식이 동일한 장면에 공존하는 현상을 가리킨다'라고 지적하고 있으며, 花井(2001)는 '말의 혼란은 변화의 과정에서 발생하는 것으로 공간적으로는 말이 다른 공동체가 인접하는 지대, 시간적으로는 변화의 선단을 담당하는 세대와 구형을 담당하는 세대 사이에서 발생하는 경우가 많다'고 논하고 있다. 실제 언어 사용에서는 이와 같이 복수의 다른 법칙이 공존하기 때문에 그 복수의 법칙이 충돌하여 말의 혼란을 야기하고 그 말의 혼란이 결과적으로는 말의 변화로 이어지는 것이라고 할 수 있다.

한국어의 경우를 예로 들어 보면 한국어에는 상위자를 절대적으로 높이지 않으면 안 된다는 법칙과, 다만 청자가 최상위자일 경우에는 상위자인 제3자에 대한 경어 사용을 억제한다는 법칙, 2가지가 존재하므로 그 사용법에 혼란을 느끼는 사람들이 많이 나오게 되는 것이다. 이 책은 이 혼란에 주목하여 혼란의 실태를 파악하고자 한다.

그런데 경어 사용에 영향을 미치는 요인으로는 연령, 성별, 장면, 사회적 지위, 화자의 의도(자신의 교양과 품위 유지 등), 직업과 같은 화자 자신과 관련되는 요인과, 친소 관계, 발화시의 심리적·감정적 관계 등 화자와 청자 간의 관계에 관련되는 요인이 있으며, 이러한 다양한 요인이 서로 영향을 끼쳐 말이 발화된다고 한다(菊地 1997, 大野 외 1977 등).

그러나 실제 사용에서는 화자와 청자뿐만 아니라 또 다른 인물, 즉 화제에 오른 제3의 인물이 등장하는 경우도 종종 있다. 이와 같은 장면에서 화자는 위와 같은 여러 요인만으로 언어 사용을 정할 수는 없고 화자

---

5) 혼란(ゆれ)에는 2종류의 것이 있다고 할 수 있다. 첫 번 째는 같은 시대에 공존하는 복수의 언어표현로 이들은 반드시 언어 변화로 이어진다고 만은 할 수 없다. 또 다른 하나는 언어변화로 이어지는 혼란이다. 저자의 관심은 주로 후자에 있으며 이 책에서의 '혼란'은 후자를 가리킨다.

와 제3자의 관계 및 청자와 제3자의 관계도 동시에 고려해야만 한다. 즉 두 사람 간의 대화보다 더 복잡한 언어형식을 선택하지 않으면 안 되는 것이다. 화자는 청자에 대한 배려와 제3자에 대한 배려를 동시에 해야 하기 때문에 언어 사용에 당혹감을 느끼는 경우가 많다.

이와 같이 문법 형식을 선택하는 데 혼란스러운 것이 말의 혼란을 일으키고 이러한 말의 혼란으로부터 말의 변화가 시작되는 것은 아닐까? 한국어에서 절대 경어·상대 경어의 문제도 이와 같이 현재 진행 중인 말의 변화 가운데 하나라고 저자는 판단한다. 연구 주제를 현재 진행 중이거나 과도기에 있는 언어 현상으로 한 이유는 경어의 역사적인 변화 양상을 파악하고 현재의 사용 실태를 밝혀 이를 계기로 앞으로 경어가 어떠한 방향으로 변화할 것인가를 예측할 수 있다고 판단했기 때문이다.

이와 같이 제3자를 시야에 넣은 연구로 일본어에는 永田(2001)가 있지만, 한일 양 언어의 대조연구로는 대학생만을 대상으로 한 荻野 외(1991)와 사례연구적인 전숙미(1995)등이 대부분이고 제3자 경어 운용의 메커니즘 전체를 명백하게 밝힌 연구는 거의 없는 것이 현실이다.

제3자 경어 연구는 회화 참가자 간의 인간관계를 어떻게 판단하느냐에 따라 변하는 것으로 사람과 사람의 교류를 위한 커뮤니케이션에서도 매우 중요한 논점이 된다고 할 수 있다. 따라서 저자는 설문조사와 담화분석을 통하여 한일 양 언어에서 제3자 경어의 메커니즘을 명백히 하고자 한다. 이와 같은 연구의 성과는 아마도 한일 양 언어의 학습자에게 많은 도움이 될 것이며 유사한 양 언어의 공통점과 상이점을 사회언어학적인 관점에서 명백하게 함으로써 각각의 언어를 객관적인 눈으로 볼 수 있게 할 것이라고 판단한다.

본 연구에서는 설문조사, 시나리오 담화분석, 자연 담화분석이라는 3가지 방법을 이용하였다. 설문조사는 조건이 통제된 데이터를 대량으로 수집하기 쉬워 경어 운용의 전체상을 파악하는 데 적합한 수법이라고 할 수 있다. 그러나 설문조사에서 실제로 사용하는 말을 물어도 피조사자는 의식적으로 더 규범적인 것을 답해 버리는 경우도 있을 수 있다. 그러므로 설문조사로 알게 된 경어의식만으로는 한일 양 언어에서 제3자 경어 사용의 실태를 명백하게 하였다고 할 수 없다. 그리하여 본 연구에서는 담화 자료도 대상으로 삼음으로써 실제 장면에서의 경어 사용을 파악하려고 하였다.

이제 본 연구에서 2장 이하의 구성을 간단히 소개한다.

우선, 2장에서는 한일 양 언어에서 경어연구에 관한 선행 연구를 검토해 보기로 한다. 이때 경어사, 경어 체계, 제3자 경어, 사회언어학적 관점이라는 다양한 각도에서 볼 것이다. 다음으로 본론의 내용을 3장에서 6장까지 기술했는데 설문조사의 결과는 3장과 4장에, 담화분석의 결과는 5장과 6장에 각각 정리하였다.

설문조사를 이용한 분석으로써 3장에서는 경어 습득이 완전하다고 볼 수 없는 대학생을 대상으로 실시한 설문조사 결과로 제3자 경어 사용과 남녀 차이에 관해서 고찰하며, 4장에서는 경어습득이 좀 더 완성되었다고 여겨지는 사회인을 대상으로 실시한 설문조사를 통하여 제3자 경어 사용 및 남녀차, 세대차에 관해서 고찰하기로 한다.

다음으로 담화 자료를 이용한 분석으로써 5장에서는 드라마의 시나리오 담화에 나타난 용례 가운데 제3자에 대한 언급이 있는 것을 모아 다양한 장면에서의 제3자 경어 사용법을 고찰하여 용례를 분석하기로 한다. 이어서 6장에서는 일본어의 자연 담화를 이용하여, 5장과 마찬가지로 화제에 제3자가 등장하는 용례만을 발췌하여 장면에 따른 제3자 경어의 사용 정도와 용례 분석을 실시하기로 한다. 자연 담화 자료로는 "여성의 말·직장 편"과 "남성의 말·직장 편"이라는 공개된 자료를 이용하였다. 마지막으로 전체를 정리한 부분이 되는 7장에서는 각 조사 간의 비교와 4가지 조사로 도출된 결과로 한일 양 언어에서 제3자 경어 운용의 메커니즘에 관하여 정리하기로 한다.

본 장에서는 경어에 관한 다양한 선행 연구를 경어사, 경어 체계, 제3자 경어, 사회언어학적관점으로 나누어 개관한다.

이한섭(1998)에는 한국인 연구자가 행한 제 연구와 한국에서 행한 일본어학 관련 문헌의 목록이 정리되어 있다. 그 중에서 경어, 대우표현과 관련되는 하위분류로 대우표현, 언어생활, 언어행동, 언어의식 등을 예로 들고 있다. 대우표현에는 경어형식, 경어 체계, 호칭, 경어 사용의 지역차, 경어의식 조사, 황실경어, 인간관계와 대우표현, 정중함, 장면에 따른 경어행동, 종조사에 관한 연구 등이 해당되며, 언어생활에는 재일한국인의 언어 사용에 관한 연구, 언어행동은 특정집단의 언어행동, 학습자의 오용분석, 인사표현, 맞장구, 완곡 표현, 감사, 사죄, 의뢰표현에 관한 연구 등이 포함되어 있다. 제3자에 관한 연구는 정혜경(1989)과 강석우(1997a)의 2편에 불구하며 이들 모두 일본어만의 분석에 머물러 있다. 한일 양 언어의 제3자 경어의 대조연구는 그다지 행해지지 않은 것이 현실이다.

2.1 경어사에 관한 선행 연구

먼저 일본어와 한국어에서 경어의 역사적 변천에 관한 선행 연구를 살펴보기로 하자.

일본어에 관해서는 경어의 변천을 취급한 연구가 많아 연구자 간에 절대 경어에서 상대 경어로의 변화와, 소재 경어에서 대자 경어로의 변화는 학계에서도 일반적으로 인정받는 정설로 되어 있다(永田, 2001 등). 이에 반해 한국어에 관해서는 안병희(1981)를 제외하면 이와 같은 통시적인 관점에서 행한 연구는 그다지 찾아볼 수 없다.

2.1.1 일본어의 경어사에 관한 선행 연구

절대 경어에서 상대 경어로의 변천을 처음으로 주장한 것은 金田一京介이다. 金田一(1942)는 일본어에서 경어의 역사를 여성의 성과 신에 대한 금기에서 비롯된 것으로 보고 절대 경어를 거쳐서 현대의 상대 경어로 변천했다고 논하고 있다. 永田(2001)는 금기 기원설에 관해서는 모든 연구자가 동의하는 바가 아니지만 절대 경어에서 상대 경어로의 변천은 거의 모든 연구자가 인정하는 바라고 지적하고 있다.

절대 경어는 辻村(1968)에서 '고대에는 동일한 대상에 관해서는 인칭 · 장면의 여하에 상관없이 항상 일정한 정도의 경어를 사용하는, 즉 절대적인 용법이었다'고 논하고 있고, 상대 경어는 金田一(1942)에 의하면 '『父樣』『母樣』도 말을 거는 청자에 따라서는 『父が』『母が』 혹은 『愚父』『愚母』라고 말해야 하는 경우도 있어서 완전히 상대에 따라서 상대적으로 사용하는 경어이므로 상대 경어라고 불리는 것이다.(저자역)' 라고 말하고 있다. 즉 상대 경어라는 것은 화자와 청자 간의 관계에 따라서 제3자 경어가 좌우되는 경어법이라고 할 수 있다.

그렇다면 절대 경어에서 상대 경어로 변천한 것은 언제일까? 이에 관해서 정설은 없는 것 같다. 永田(2001)에 의하면 문헌상 가장 초기에 절대 경어의 대표로 여겨지던 자경표현이 있다고 논하고 있다. 이하 '자경표현'에 관하여 조금 더 상세하게 보기로 하자. 西田(1995)는 자경표현을 다음과 같이 정의하고 있다.

'자경표현'이라는 것은 화자(제1인칭자)가 자신의 동작과 신분에 관한 행위나 물건에 대해 존경어를 사용하는 것으로 청자나 제3자인 제1인칭자(화자)에 대한 행위를 겸양어로 표현하는 언어이다. (중략) 즉, 화자가 자기 자신을 청자, 제3자보다도 상위에 위치시키는 형태의 경어표현이 '자경표현'이다.

오래 된 것으로는 万葉集에 천황이 자신의 행위를 존경표현으로 대우하는 장면이 있다. 金田一(1942)는 '절대 경어의 특색은 제1인칭에도 경어형이 사용되는 것이다'라고 지적하며 자경표현을 절대 경어의 가장 큰 특징으로 보았다.

자경표현을 둘러 싼 논의는 西田(1995)에 상세히 기술되어 있다. 西田(1995)는 고대에서 근대까지의 용례를 이용하여 실증적으로 그 역사적 양상을 명백하게 하였다. 이것은 자경표현이 고대의 신의 말씀에서 천황어가 되어 권위로써 국가에 군림하는 자, 지배하는 자의 말이 되어 근대에 이르게 되었다는 시점에서 본 것이다.

자경표현에 관해서는 그 존재를 부정하는 입장도 있어서 자료에 남아 있는 자경표현을 전달하는 사람의 입장에서 쓴 말씨라는 주장과 간접화법과 직접화법의 혼란에서 온 것이라는 주장, 그뿐만 아니라 잘못 받아쓴 것이라는 주장도 있었다. 그러나 그와 같은 부정론에 대해서 西田(1995)는 천황 자필 일기에 쓰인 용례를 들어 자경표현의 존재를 확인시켰다. 나아가 西田는 자경표현이 부정된 원인은 학자들이 천황과 귀족의 일기에서 한자만이 쓰인 변체한문체에는 주의를 기울이지 않고 구어에 나타난 자경표현에만 주목하여 가명으로 쓰인 자료만 취급한 것에 그 원인이 있다고 지적하고 있다. 이러한 오류는 종래의 근대 유럽언어학을 받아들인 메이지시대 이후의 국어사 연구의 전통을 따른 데서 비롯된다. 즉 변체한문체의 일기에는 존경어, 겸양어가 반드시 사용되어 있기 때문에 글쓴이가 자신과 청자, 제3인칭자에 어떠한 대우표현을 사용하였는지가 명백하게 적혀 있다고 논하고 있다.

또한 永田(2001)에 의하면 상대 경어가 발생한 시기는 명확하지 않으며 상대(上代)에 상대 경어가 사용되었다는 설은 없지만 문헌이 풍부한 중고시대에는 상대 경어가 일반적으로 쓰인 자료가 남아 있다고 지적하고 있다.

또한 外山(1977)에 의하면 가마쿠라(鎌倉)시대에도 이미 상대 경어 사용의 일면이 있었으며, 에도시대에도 강한 '서열경어6)'가 있었지만 단지 인간관계가 복잡해진 무로마치시대 말기부터 에도시대에 걸쳐서 상대 경어로 눈에 띄게 변화되었다고 볼 수 있다고 한다.

더욱이 宮地(1981)는 상대 경어는 상업주의에 뿌리를 둔 상인(町人)이 널리 퍼트린 것이라고 지적하고 있다. 또한 현대 경어는 '경(敬)의 말'이라고 하기보다는 '예(禮)의 말'이라고 하는 편이 더 적절하다고 지적하며, 존경하는 기분에서 사용한다든가 존경을 나타내기 위해서 사용한다고 하기보다는 예의로 사용하거나 실례가 되지 않도록 하려는 배려에서 사용하는 쪽으로 기울고 있는 것이 현대의 경어의식이라고 논하고 있다. 또한 宮地(1981)는 '고대경어는 계층적 규범성에 근거하여 존경과 겸양의 의식에서 사용하는 경향이 강한 데 반해, 현대경어는 사교적 장면성에 근거하여 예의의 의식에서 사용하는 경향이 강하다'고 요약하고 있다.

다음으로, 일본어 경어가 소재 경어에서 대자 경어로 변화한 것에 관하여 선행 연구를 정리하기로 한다. 이것은 일본어 경어에서 큰 변화 가운데 하나이다. 외경의 대상에 대한 경어표현이라는 의미에서 보면 고대 일본어는 청자에 대한 경어는 존재하지 않고 소재에 대한 경어만이 존재했다. 宮地(1981)는 경어 어휘사에 관해서 다음과 같이 서술하고 있다.

존경어·겸양어는 고금을 통하여 존재하긴 했지만, 제3자적 화제의 인물에 대해 존경어·겸양어를 생략하기 쉬운 현대 경어는 고대

---

6) '서열경어'란 外山(1977)의 용어로 고대 경어의 특징으로 사회적 계층적 서열관계에 대한 배려가 경어표현의 선택에 영향을 끼치는 것을 가리킨다.

경어와 대조적이다. 겸양어의 세세한 사용법도 고대 경어 쪽이 더 현저하며 현대 경어에서는 오용되기 쉬울 정도로 퇴조 조짐에 있다고 말할 수 있다. 정중어가 발달한 것은 중고시대 중기를 맹아기로 보고 중고시대 말기 이후의 일이라고 봐도 좋을 것이며 현대풍으로 된 것은 빨라도 초록(抄録)·쿄오겐(狂言)에서부터 나타난 것 같다.(저자역)

즉, 화자의 관여가 큰 경어 쪽이 그렇지 않은 쪽보다 발달이 더 늦다는 것을 알 수 있다. 아래 宮地(1981)가 정리한 시대 변화에 따른 경어형식의 발생 시기를 나타낸 표 2-1을 보자. 宮地는 경어의 종류를 일반적으로 말하는 존경어, 겸양어, 정중어 외에 정중어(丁重語)와 미화어를 넣어 5종으로 보고 있다.

【표 2-1】 시대 변천에 따른 경어의 발생 시기(宮地1981)

	존경어	겸양어	정중어(丁重語)	정중어(丁寧語)	미화어
상대 (上代)	○	○	×	×	×
중고 (中古)	○	○	○	△	×
중세 (中世)	○	○	○	○	△
근세 (近世)	○	○	○	○	○
현대 (現代)	○	○	○	○	○

고대에서는 소재에 대한 경어인 존경어, 겸양어 밖에 존재하지 않았지만, 중고(平安시대)가 되어서 정중어(丁重語)가 발생하였다. 정중어는 아직 성립기로 중세(鎌倉·室町시대)에 와서 정중어가 확립되었는데, 정중어 즉, 청자를 겨냥한 경어의 성립은 일본어 경어의 메커니즘을 크게 바꾼 것이었다고 할 수 있다.

한편, 金田一(1948)는 일본어 경어의 변천에 관해서 아래와 같이 서술하고 있다.

경어는 금기의 감정에서 유래했지만 그 발달은 역사시대, 상대, 고대에 걸쳐서는 특히 황실 관계가 중시되지 않으면 안 되었고, 중세에서 근대의 봉건 시대는 무문의 지위 향상에서 무사 간의 예의가 복잡하게 되어 경칭·겸칭이 빈번해졌다. 또한 근대에서 현대로 도시가 발달하고 상업이 번성하면서 고객과의 관계에 너무 지나친 경어를 범람시켰다. 그러한 과정을 거쳐 오늘날에 이르렀다.(저자역)

이상을 정리하면 일본어에서 경어는 절대 경어에서 상대 경어로, 소재 경어에서 대자 경어로, 상하 경어에서 좌우 경어로, 서열 경어에서 사교 경어로 변화가 일어났다고 할 수 있다.

2.1.2 한국어의 경어사에 관한 선행 연구

한국어의 경어연구의 경우, 경어형식의 용례 분석과 경어형식 자체의 변천에 관한 선행 연구는 많지만, 일본어에서 하고 있는 것과 같이 고대에서 현대에 이르기까지 장기간에 걸쳐서 인간관계에 의한 경어 사용 변화에 주목한 연구는 안병희(1981)를 제외하고는 그다지 없었다.

본 연구는 장기간에 걸친 통시적인 관점에서 경어 사용의 변화에 관심이 있으므로 어느 일정 시기의 특정한 표현형식에 초점을 맞춘 각 연구에 관해서 개별적으로 언급하는 것은 생략하기로 한다.

여기에서 한일 대조언어학적인 관점에서 경어사를 서술한 안병희(1981)의 기술을 인용하기로 한다.

고대 일본어의 경어는 자경표현이 있어서 화제에 오른 손위의 가족이나 주인에 대해서도 경어를 사용하여, 상대가 화자나 화제의 인물보다 상위자라 하더라도 화제의 인물과 화자가 주종관계라면 경어를 사용했다. 즉, 주종관계가 장면에 우선하여 경어 사용을 규제했다고 할 수 있다. 이에 반해, 한국어의 경우는 자경표현도 없었고 주종관계와 친자관계라는 관점에서 보면 한국어 쪽이 절대 경어적이며 주인보다 손위 상대에 대해서도 화제의 주인은 경어로 표현하며 상대에게 정중어를 사용하지 않는 경우에도 그 부모에 대해서는 존경어를 사용할 수 있다. (저자역)

이와 같이 한일 양 언어의 경어를 통시적인 관점에서 비교한 것은 의의가 깊은 것이라 할 수 있다.

더욱이 이익섭(1997)에 의하면 중세 조선어에 있어서 경어연구의 경우, 주체경어법을 담당하는 '시'와 객체경어법을 담당하는 '습'의 대립이 활발하였지만 이후에 '습'은 자취를 감추고 객체경어법을 담당하는 문법요소가 없어지게 되어(여격조사는 제외), 현재는 극히 한정된 범위 속에만 남아 있게 되었다고 서술하고 있다.

이익섭(1997)이 제시한 주체경어법과 객체경어법을 비교한 것을 아래에 인용한다7).

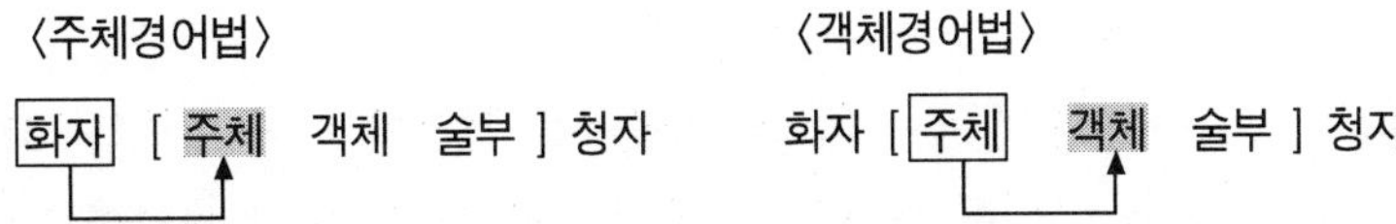

이익섭(1997)은 객체경어법이 퇴보한 원인은 화자의 개입 정도가 주체경어법만큼 적극적이지 않았기 때문이라는 견해를 보이고 있다.

이 밖에 선구적인 경어연구로서 小倉(1938)가 있다. 小倉(1938)는 중세 조선어의 문헌용례를 대량으로 이용하여 조선어의 경어법을 존경과 겸양이라는 2개의 문법범주를 설정하여 경어법의 체계화를 꾀하였다. 또한 小倉는 '습'을 겸양의 조동사로서 처음 소개하였다.

小倉(1938)가 경어법을 2개의 대립체계로서 보는 데 반해, 허웅(1954)은 한국어의 존경법을 주체존대법, 객체존대법, 상대존대법으로 나누어 3개의 대립체계로서 파악하고 있다는 점에서 획기적인 것이라 할 수 있다.

그런데 이윤하(2001)에서는 오래 전부터 경어연구의 중요한 대상으로 삼아 왔던 '습'이 현대에 이르러 청자에 대한 경의를 표시할 때 사용하게 되었다는 것은 학계에서는 정설이 되었다고 서술하고 있다. 이와 같이 겸양어 '습'이 쇠퇴하여 그 형태도 정중어8)의 형태로 바뀐 것은 일본어에

---

7) ▨는 존귀의 대상이 ☐보다 크다는 것을 의미하며, 2개의 사각형을 잊는 선은 2개의 항목이 비교 대상이라는 것을 의미한다.

8) 한국어의 경우 청자경어의 역할을 담당하는 문법 요소는 '종결어미'라고 부르고 있지만, 이 책에서는 일본어와의 비교를 위하여 편의상 '정중어'라는 용어를 사용한다.

서 겸양어의 '마이라스루(參らする)'가 이후에 정중어인 'ます'로 발전한 과정과도 일맥상통하는 변화로 언어의 차이를 뛰어 넘어 대인 관계를 담당하는 정중어가 발달하는 과정과 유사성이 보여 매우 흥미롭다.

한국어에서는 중세부터 '이'라는 공손법 선어말 어미가 존재하였지만 이전부터 존재했던 '이'에 겸양어에서 정중어로 변화한 '습'이 가세함으로써 한국어에서 정중어는 더 다양화되어 정중어가 존대의 정도에 따라 세분화되게 되었다. 2.2.2에서 서술하는 바와 같이 이와 같은 정중어의 세분화를 기술하려고 했기 때문에 경어 체계에 관해 연구가 많이 행해진 것이다.

한편 한국어의 경어연구사를 정리한 것에 이윤하(2001)가 있다. 이윤하(2001)는 연구방법으로서 Chomsky(1957)적인 자신의 모어에 정통한 모어화자(native speaker)라면 누구나 가지고 있다고 할 수 있는 모어능력(native competence)을 중시하여 연구자의 직감에 따른 방법을 이용하고 있다. 아래의 표 2-2에 이윤하(2001)가 정리한 경어연구사를 제시하였다.

【표 2-2】 한국에 있어서의 경어연구사(표 작성은 필자)

19세기~ 1930년대	선어말어미 '시' '습'에 대한 인식 차원의 수준에 머무른 것	
	어말어미의 형태에 관한 간략한 지적과 시술 정도에 머문 것	
	단어 또는 어휘형태에 관한 개략적인 언급이나 기술이 나타난 것	
	문법적 대우현상과 어휘적 대우현상 등이 동시에 기술된 것	1. '요'를 대우표현과 관련된 요소로서 본 연구
		2. '반말'에 대한 기술 유무
1940~ 1960년대 까지의 연구	대우법의 관련 요소를 여전히 단편적이고 기업적으로 다룬 것	선어말어미 '시' '습'에 대한 인식이나 언급이 있는 것
		어말어미 형태에 관한 지적이나 기술이 있는 것
		단어나 어휘의 형태에 대한 언급이나 기술이 있는 것
		선어말어미 혹은 어말어미의 형태에 의한 대우현상과 어휘적인 대우현상 등이 함께 기술되어 있는 것
	일정 형식의 대우법 체계를 정해 그 체계 하에서 대우법 관련 요소를 기술한 것	이희승(1949), 허웅(1954;1961), 이숭녕(1956b) 등

1970년대 이후의 연구	전통적인 방법에 의한 것: 결론적으로 어휘적 대우법을 경시	성기철(1985b): 국어의 구조는 중주어문 구조이며, 이 의미에서 서술절의 상정이 가능해서 화계를 등분, 등외로 나눔
		서정수(1984): 대우법체계를 대상이 메인이 되는 구조와 방법이 메인이 되는 구조의 2가지로 나눔
		이익섭(1974): 전통적인 주체경어법, 객체경어법, 상대경어법의 체계를 지킴
	변형문법/생성문법의 이론적 방법에 의한 것: 결론적으로 어휘적 대우법을 대우법 체계에 포함시킴	임홍빈(1990): 지존의 대우법체계가 어휘적 대우현상을 중요시 하지 않은 것을 검토하여, 대우법체계의 성립을 위해 어휘적 대우법이 당연히 설정되어야만 한다고 역설
		임홍빈·장소원(1995): 그 당위성을 현실화시킨 것

2.2 경어 체계에 관한 선행 연구

다음으로 한일 양 언어의 경어 체계에 관한 선행 연구를 정리해 보자. 일본어의 경우는 경어의 분류에 관한 것이 많고 한국어의 경우는 문말의 청자 경어의 대우 등급을 다룬 것이 많은 경향이 있다.

2.2.1 일본어의 경어 체계에 관한 선행 연구

일본어의 경어 체계에 관한 연구는 아래와 같은 것이 있다(金田一春彦 외, 1988).

吉岡(1906)『일본구어법(日本口語法)』: 존경어·겸양어·정중어라는 전
통적인 3분류
山田(1924, 1970)『경어법의 연구(敬語法の研究)』: 경칭(敬称), 겸칭(謙称)
時枝(1941)『국어학원론(国語学原論)』: 사(詞)의 경어, 사(辭)의 경어
辻村(1968)『현대의 경어(現代の敬語)』: 소재 경어(素材敬語), 대자 경어
(対者敬語)

여기에서는 더욱 넓은 의미에서 대우표현의 구조를 제시한 문화청 (1971)을 소개한다.

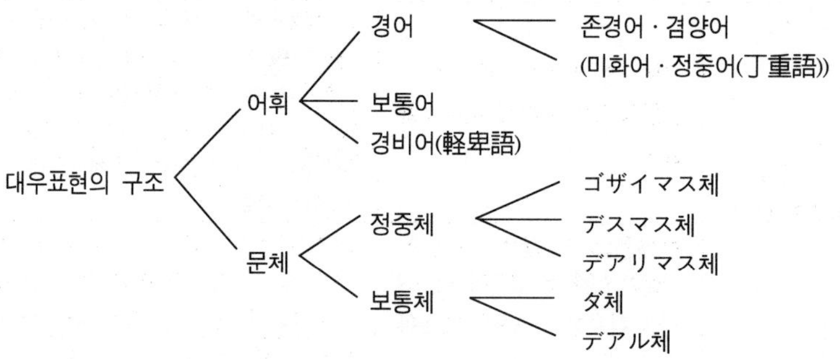

이 밖에 국립국어연구소(1998)에서는 제21기 국어심의회의의 보고로서 아래와 같은 예를 들고 있다.

예문		정중함의 정도	격식성의 정도
貸してくださいませんか	① 존경어(또는 경양어)+정중어	꽤 정중	꽤 격식적
貸してください	② 존경어만	정중	격식적
貸してもらえますか	③ 정중어만	정중	격식적
貸していただける?	④ 정중어 없음	친근감+정중	허물없음
貸してもらえる?	⑤ 경어 없음	친근감+ 조금 거침	허물없음, 조금 스스럼없음

위의 것은 일례로 주로 회화체에서 무언가를 빌릴 때에 쓰일 수 있는 다양한 표현을 정중함이나 격식성의 정도와 함께 제시한 것이다. 5가지 중에서 ②와 ③의 차이는 ②가 정중함이나 격식성의 정도가 약간 더 높다는 데 있고, ②와 ④의 차이는 ④가 대체적으로 친한 상대에게 사용하는 말씨라는 데 있다고 할 수 있다.

다음으로 이 외에 경어를 더욱 넓은 범위로 해석한 小島(1998)를 소개하겠다. 小島(1998)는 경어를 아래와 같이 정의하고 있다.

이 책에서 경어라는 것은 경의를 반영하는 말이며, 경어표현에 따라서 누군가에 대해 뭔가에 대해 어떤 관계에서 화자의 경의가 반영된 것이다. 이 '경의의 반영'이라는 것은 단순히 사람을 공경하고 깔보는 말투(태도)뿐만 아니라 사람을 깔보고 조롱하는 말투(태도), 나아가서

공경하는 것도 아니고 깔보는 것도 아닌 소위 말하는 그 두 가지의
중간에 해당하는 말투(태도)까지도 포함된다. 따라서 이 책에서 경어
는 존경어·겸양어·정중어·존대어·친애어 등으로 불리는 내용이
포함될 뿐만 아니라 평형어라고도 불릴 만한 내용까지도 포함된다.
이와 같은 광의의 관점에 설 경우에 경어·경어표현을 대우어·대우
표현이라고 칭하는 경우가 일부에서 행해지고 있다. 이 책의 집필자는
이러한 사정을 인정하고 경어·경어표현이라고 칭한다. (저자역)

이상을 보면 '경어'라는 용어가 반드시 좁은 의미에서의 경어만을 가
리키는 것이 아니라 연구자에 따라서 각 용어의 관점이 다르다는 것을
알 수 있다.

또한 본 연구에서는 '제3자 경어'라는 용어를 사용하지만 저자가 알기
로는 '제3자 경어'라는 용어를 누가 최초로 썼는지는 명확하지 않다. 덧
붙여 말하면, 荻野 외(1991)는 '제3자에 대한 경어용법', 강석우(1997a)는
'제3자에 대한 대우표현', 이정복(1994)은 '제3자 경어법', 永田(2001)는
'제3자 대우표현', 井上(1972, 1999a)는 '제3자에 대한 경어', '화제의 인물
에 대한 경어'라는 표현을 사용하고 있다.

2.2.2 한국어의 경어 체계에 관한 선행 연구

한국어에서는 경어의 용어에 관해 많이 논의되어 왔다. 이윤하(2001)가
정리한 대우현상과 관련된 용어의 3가지 구분을 이하에 정리하였다.

【표 2-3】 한국어에서 경어와 관련된 용어

높이는 면만을 나타내는 명칭	경어법, 존대법, 존경법, 높임법
높이는 면과 낮추는 면 모두를 나타내는 명칭	존비법, 더 낮춤법, 더 높임법
높이는 면이나 낮추는 면을 표현에 나타내지 않은 명칭	대우법, 말 대접법, 말 대우

저자가 생각하고 있는 경어의 의미는 ③의 높이는 면이나 낮추는 면을
표현에 나타내지 않은 명칭인 '대우법' 또는 일본어에서는 『일본어백과

대사전』(1988)에서 제시한 '대우표현'을 지지하는 입장이다.

한국어에서의 경어 체계에 관해 우선 15세기의 경어 체계를 정리한 이숭녕(1984)을 아래에 인용한다.

① 존경법+겸양법　　　　：'습+시'의 복합
② 존경법+공손법　　　　：'시+이'의 복합
③ 겸양법+공손법　　　　：'습+이'의 복합
④ 존경법+겸양법+공손법 ：'습+시+이'의 복합

이것은 2.2.1에서 소개한 일본 국립국어연구소에서 한 분류와 유사하다고 할 수 있다.

또한 한국어의 대우법체계는 주체에 관한 경어법과 객체(목적어)에 관한 경어법, 대화상대에 관한 경어법 등 크게 3가지로 나눌 수 있다. 이하에 각 연구자들의 용어를 정리해 보겠다.

	용어	화제인물 (주어/주체)	화제인물 (목적어)	청자
허웅(1963)	존대법	주체존대	객체존대	상대존대
성기철(1970)	대우법	주체존대	(언급 없음)	청자존대
서정수(1972)	대우법, 경어법	주체대우	객체대우	청자대우
이익섭(1974)	경어법	주체경어법	객체경어법	상대경어법

또한 이익섭(1997)에서는 상대 경어법은 호칭과 관계가 깊어서 주체경어법이나 객체경어법보다 분류가 세분된다고 지적하고 있다. 즉 주체나 객체에 관한 대우는 높이는지 높이지 않는지의 2가지 선택밖에 없지만 청자에 대한 경어는 더욱 복잡하다는 것을 의미하고 있다고 할 수 있다. 또한 단언하기는 어렵지만 Martin(1964)의 청자에 대한 경어법과 어떤 지시 대상에 대한 경어법이라는 2가지 분류는 이와 같은 맥락에서 태어난 것일지도 모른다.

그러면 우선 폭넓은 관점에서 대우법체계에 관해서 정리한 서정수(1984)를 보기로 하자. 서정수(1984)에서는 청자 경어뿐만 아니라 제3자

대우법에 관해서도 서술하고 있는데, 제3자 대우법을 주체대우법과 그 밖의 대우법으로 나누어 상술하고 있다.

또한 서정수(1984)는 주체대우법이 나타나는 배경으로서는 '주체는 화자와의 대인관계에서 적어도 존대(비격식적 존대 이상)를 받는 인물이라는 것이 원칙이다. 그렇지 않으면 그 대우법은 일반적으로 실현될 수 없다'라는 법칙이 있다고 서술하고 있다. 다음으로 소위 압존법에 관한 서정수(1984)의 관점을 아래에 인용한다.

> 청자와의 대비 관계도 NP[3]의 자질 결정에 영향을 미친다. 일반적으로 화자와의 관계에서 청자 NP[2]가 주체 NP[3]보다 낮거나 동등할 경우에는 NP[3]의 [+RESPECT]결정에 관계가 없지만 청자가 주체보다 상위의 등급일 경우에는 주체가 화자에 비해 존대의 대상이 된다고 하더라도 [+RESPECT]의 자질을 줄 수는 없다.

그 밖의 대우법으로서는 아래와 같이 목적격 인물존대와 처소격 대우, 간접 대우의 3가지를 들고 있다.

> a. 목적격 인물존대 : 직접·간접목적어가 [+RESPECT]의 자질을 가지고 있는 경우에는 존대동사가 붙는다. 한정된 일부의 동사(드리다, 바치다, 올리다, 여쭈다, 뵙다, 모시다)뿐으로, 화자나 주체존대라는 것과는 관계가 없다.
> b. 처소격 대우9) : '처소'라는 것은 인물과 장소 모두 적용되는 것이라고 해석한다.
> c. 간접대우 : [+RESPECT]의 자질을 가지고 있는 인물과 관련된 사물 또는 인물을 존칭하는 경우이다.

이 간접 대우와 비슷한 현상이 일본어에도 있는데, 角田(1991)는 이것을 '소유경사'라고 부르고 있다. 이것은 천황이나 청자의 소유물에 경어

---

9) 예를 들어 '일이 아버지께 있으십니다'와 같이 '께'가 쓰이는 인물이므로 존경선어말어미인 '시'가 쓰이게 되었다는 것을 의미한다. 또한 서정수(1984)에서는 편의상 처소라는 개념을 사용할 뿐으로 이 용어는 의미가 애매하므로 더 적절한 용어가 필요하다고 지적하고 있다.

를 사용하는 현상으로 角田(1991)에 의하면 신체 부분, 속성, 의류, 애완동물, 그 밖의 소유물의 순서로 경어가 쓰이기 쉽다고 지적하고 있다. 즉, 소유주로서 분리할 수 없는 소유물이라고 판단될수록 경어가 쓰이기 쉽게 된다.

이하, 청자 경어의 체계에 관한 선행 연구 중에서 대표적인 것을 예로 들겠다. 우선 서정수(1972)는 청자 경어에 관해서는 아래와 같이 정리하고 있다.

① +Respect + Formal : 격식적 존대　　　　합니다, (옵)나이다
② +Respect - Formal : 비격식 존대　　　　어/아요, 오/소
③ −Respect - Formal : 비격식 비존대　　　어/아, 네
④ −Respect +Formal : 격식적 존대　　　　(는)다

대우등급을 Respect와 Formal이라는 2가지 관점에서 본 점이 특징적이다.

또한 존대와 친밀(격식)이라는 2가지 관점에서 청자 경어의 단계를 분류한 것에 이익섭(1974)이 있다. 이 연구는 서정수(1972)와 관점이 유사하다.

청자의 자질			결과
하대(평대)	존대	친밀(격식)	
+	−	+	해라체
+	−	−	반말체
−	−	+	하게체
−	−	−	하오체
−	+	+	해요체
−	+	−	합쇼체

다음으로 성기철(1970, 1984)은 전술한 대우현상과 관련된 3가지 용어 중에서 3번째인 높이는 면이나 낮추는 면을 표현에 나타내지 않은 대우법이라는 용어를 사용하고 있지만 대우를 크게 높임과 낮춤의 2가지로 나누고 있는 점이 특징적이다.

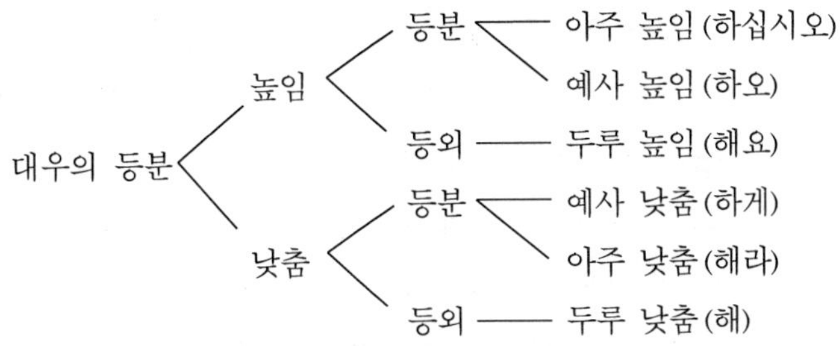

또한 고영근(1974)은 기본적으로는 성기철(1970;1984)과 유사하지만 반말은 '요'가 붙으므로 '요 통합가능형'이라고 부르며, '요'가 이미 붙어 있는 것은 '요 통합형'이라고 명명한 것이 특징적이다.

4원적 체계 : 해라체 / 하게체 / 하오체 / 합쇼, 하오서체
2원적 체계 : 요 통합 가능형 및, 요 통합형

다음으로 청자의 행동에 존경의 선어말어미인 '시'를 넣은 '하십니다 체[10]'를 인정한 것으로 박영순(1976)이 있다.

Speech level	Formal	Informal
존대형(deferential)	하십니다	하세(셔)요
준존대형(quasi-deferential)		해요(하오)
친숙형(familiar)		해(하네)
평교형(plain)	하다	해

---

10) 이윤하(2001)는 박영순(1976)의 분류에 존대형에 '시'가 결합된 형식이 있는 것에 대해 평서형에 쓰인 '시'는 결코 청자에게 쓰인 것이 아니므로 이것은 박영순(1976)의 오해에서 생긴 것이라고 해석하고 있다. 분명히 평서형의 경우는 이윤하(2001)의 지적이 타당할지 모르지만 의문형의 경우는 '시'가 결합된 형식도 엄연히 분류되어야만 한다고 것이 저자의 생각이다. 한국어의 경어체계에 관한 기술에서는 주로 평서형을 사용되어서 의문형의 경우 청자의 행동을 높이는 '하십니까'는 고려의 대상이 되지 않았던 것이 사실이다. 이것은 일본어의 'いきますか'와 'いらっしゃいますか'의 차이로 국립국어연구소에서는 '존경어+정중어'라는 등급을 인정하고 있다. 기술에 애매한 부분이 남아 있긴 하지만 청자에게 쓰인 '시'를 고려했다는 점에서 박영순(1976)은 특징적인 분류라고 할 수 있다.

또한 박영순(1976)은 설문조사를 통하여 화자의 연령이나 성별에 따라서 경어 사용이 다르다는 것도 증명하였다. 즉, 대부분의 어린이는 6세 전후로 기본적인 문법이나 어휘를 습득하고 먼저 반말체를, 다음으로 '요체'와 '시(어)요체'를 익히며 초등학교에 들어가서 겨우 경어법의 개념을 익히며 '합니다체'를 배우게 된다고 서술하고 있다. 또한 연령이 낮을수록 사용하는 종결어미나 대명사의 수가 적고 연령이 높아감에 따라 다양하게 된다고 지적하고 있다.

다음으로 일본인 연구자의 한국어 연구로 梅田(1977)가 대표적이다. 梅田(1977)는 상하관계의 차이를 기본으로 하는 4가지 등급을 세워서 과도한 형식성을 피하기 위해서 대우법어미를 생략한 어법('약체'라고 부름)을 별도로 설정한 것이 특징적이다.

상칭	-습니다	약체 정중체	-어요
중칭	-오/소 우/수		
등칭	-네	약체 보통체	-어
하칭	-다		

또한 노마(1996, 2002)에서는 '하오체' 등의 사용 실태를 조사하여 현대 서울방언의 경어 양극화를 지적하고 있으며, 또한 대우법체계를 회화체와 문장체의 2가지로 나누어서 보는 새로운 시도를 하고 있다. 여기에서는 회화체의 대우법체계 중에서 평서법[11]의 표현만을 인용한다.

경의를 나타낼 필요가 있다고 판단 (경의체: 상칭체)	합니다(+격식) 해요(−격식)
경의를 나타낼 필요가 없다고 판단 (비경의체: 하칭체)	한다 해

---

11) 노마(1996)는 일반적으로 사용되는 평서형의 체계뿐만 아니라 의문형, 명령형, 권유형, 감탄형, 완곡형 등, 10종의 서법으로 분류했다는 점이 특징적이다.

경어의 간소화에 관해서는 노마(1996) 외에 서정수(1980), 김혜숙(1991) 등이 있다. 김혜숙(1991)에서는 설문조사의 결과로서 '하오체'의 감소를 지적하며 경어의 간소화를 설명하고 있다.

더욱이 최근에는 화용론적 접근도 많아 유송영(1994)은 청자 경어의 체계를 힘(power)과 유대(solidarity)라는 2가지 관점에서 해석해 오늘날의 젊은층은 화자와 청자 간의 힘(power)과 유대(solidarity)가 역동적인 관계를 이루는 더욱 간소화한 체계를 사용하게 되었다고 지적하며, '해라, 해, 해요, 합쇼' 4가지로 간략화한 등급을 제시하고 있다.

이상과 같이 한국어에서 청자 경어의 분류로는 적은 경우에는 2단계, 많은 경우에는 6단계까지 다양한 분류가 있다.

2.3 제3자 경어에 관한 선행 연구

2.3.1 일본어의 제3자 경어에 관한 선행 연구

일본어의 제3자 경어에 관한 선행 연구로는 역사적 변천을 토대로 근대어의 제3자 경어를 중심으로 고찰한 永田(1998)나 제3자 경어사의 망라적인 연구인 永田(2001)가 있다.

永田(1998)는 대우표현을 ① 존경대우(예 : お父さんがおいでになった), ② 존칭대우(예 : お父さんが來た), ③ 무경어대우(예 : おやじが來た), ④ 겸칭대우(예 : 父が來た), ⑤ 겸양대우(예 : 父が參りました) 5가지로 분류하여 문헌자료를 이용하여 분석을 하고 있다. 그러나 永田(1998)의 분석에서는 청자가 누구냐는 것에 따라 제3자 경어가 연동한다는 시점이 결여되어 있다. 단, 永田 스스로가 永田(2001)에서는 '화제의 인물이 화자 측에 속하는 인물이거나 청자 측에 속하는 인물에 따라서 대우표현이 결정된다. 청자에 대한 대우표현과 깊은 관련을 가지고 있는 것이 대우표현 체계이다. (중략) 그 의미에서 화제의 인물에 대한 대우표현 체계는 청자에 대한 대우표현 체계 그 자체인 것이다.(저자역)'라고 논하

고 있어서 제3자 경어와 청자 경어의 관련성을 어느 정도 인정하고 있다.

다음으로 제3자 경어를 독립된 것이 아니라 청자 경어와 관련지어서 논한 기술도 있다. 三宅(1944)는 '연장자 앞에서 그 사람보다 지위가 낮은 자에 대해서 얘기할 때는 설령 연장자보다 더 상위인 사람이라 하더라도 보통은 경칭·경어를 사용하지 않거나 또는 간략하게 한다(저자역)'라고 지적하고 있다. 또한 三上(1972)는 '제3자를 너무 높이는 것은 상대적으로 청자를 낮추는 효과를 나타내므로 실례가 되며 경어법의 경의는 상대에 종시하게 된다(저자역)'라고 서술하며 경어법이 상대 본위임을 강조하고 있다.

오래 전부터 이와 같은 규범이 있기는 하지만 현실적으로는 지켜지지 않는 경우도 있다는 것을 井上(1999a)는 아래와 같이 지적하고 있다.

> 청자를 배려하느라 가능한 한 높은 경어를 사용해서 곤란한 경우는 미우치(身内)[12]나 청자보다 조금 낮은 지위에 있는 사람을 화제로 삼을 때이다. 겸양어를 사용하거나 조금 낮은 정도의 경어를 사용하는 것이 경어를 정당하게 사용한 것이지만, 이것이 현실적으로는 지켜지지 않는 경우도 있다. 이것은 눈앞의 청자에 대한 배려로 청자와 그와 관계된 것에 가능한 한 많은 경어를 사용하는 경향이 있다. 즉 화제의 인물에 대한 경어여야 하는 존경어, 겸양어가 정중어와 연동되어 쓰인다. 정중어는 청자에 대한 배려를 나타내어 문 전체의 정중도를 나타내는 것이지만, 이제는 존경어, 겸양어는 정중도를 높이는 하나의 수단으로 쓰이고 있는 것이다. 경어 자체의 정중어화라고도 할 수 있다.

한편, 井上(1981)는 방언을 포함해서 일본 전국의 꽤 넓은 지역의 경어를 고려해서 소재 경어(존경어·겸양어)의 대자 경어적 사용이 있다는 것을 일찍이 지적하여, 일본어의 경어는 절대 경어에서 상대 경어의 단계를 지나 지금은 경어 용법 전체가 대자 경어화하고 있다고 논하고 있다.

또한 大石(1981)에서도 '제3자 존경의 결락은 친한 상대에 대한 경우는

---

12) 미우치(身内)란 사전적 의미로는 '가족, 집안, 일가, 한패, 같은 무리'의 뜻으로 일본어의 경어사용에 있어서의 하나의 잣대이다. 즉, 외부의 사람에게 미우치(화자의 영역의 인물)를 높여서는 안 된다는 경어법이 있다.

소극적으로 제3자 존경을 사용할 필요는 없다는 태도에 따른 것이며 경의를 나타내야 하는 상대에 대한 경우는 적극적으로 상대방에 대한 경의 표현을 강조해서 눈에 띄게 하려는 태도에 따른 것일 것이다'라고 논하고 있다.

이와 같이 같은 청자 중시주의로부터 제3자에 대한 경어의 '억제'와 '사용'이라는 전혀 반대의 작용이 생겨난 것을 지적인 것이 熊井(1988)이다. 熊井(1988)는 三宅(1944), 三上(1972)와 마찬가지로 화자가 청자에 대한 배려로 화제주를 상위로 대우하는 표현을 억제하는 것을 '경어 억제'라고 정의하였으며 井上(1981), 大石(1981)와 마찬가지로 화자가 청자에 대한 배려로 화제주를 상위로 대우하는 표현을 선택하는 것을 '경어 사용'이라고 정의하고 있다.

또한 경어 억제라는 용어는 渡辺(1971)가 최초로 사용한 용어로 渡辺(1971)는 '경어 억제, 즉 화제의 인물에 대한 경어는 청자에게 실례가 될 경우에는 자제한다는 사실은 간접적으로 청자를 높이는 수단이라고 해석되어야 한다'고 지적하고 있다.

다음으로 화제주에 대한 경어 사용에 청자가 관여한다는 관점을 기본으로 한 한국인에 의한 일본어의 제3자 경어연구로 정혜경(1989)이 있다. 정혜경(1989)은 설문조사(조사 대상 : 46명)를 통하여 화제주에 대한 경어 사용은 청자의 지위 상하관계가 강하게 관여하고 있다는 사실을 보고하고 있다.

이에 반해 제3자와 청자와의 상하관계뿐만 아니라 친소관계에도 주목해서 일본어와 중국어의 호칭에 관해서 조사한 것으로 郭俊海(1996)가 있다. 결론적으로, 일본어에서는 친소관계가 상하관계보다 약간 우선적이고 중국어에서는 상하관계는 그다지 좌우되지 않고 친소관계에 따른 영향이 크다는 것을 명백하게 하였다. 더욱이 일본어와 중국어 모두 화제주가 화자에게 있어서 친하지 않을수록 화제주에 대한 대우가 더욱 높아지는 경향이 있다는 흥미 있는 결과도 나왔다.

이 밖에 嶺田(1997)에서는 회화의 장소에 따른 차이나 청자에 따른 사용의 차이, 화자의 질문 방법에 따른 차이에 관해서 논하고 있지만 제3자로서 교사 한 사람을 상정하고 있으며 조사 대상자가 여자 대학생에 한정되어 있다는 점에 문제가 있다.

또한 'ハル경어'의 적용 범위가 확장되는 과정이나 경어 사용의 변화 과정을 알아보기 위해서 교토시 장년층 방언 화자의 담화 자료나 문헌자료를 사용한 辻村(2001)등이 있다.

한편 강석우(1997a, 2001)는 일본어만을 분석한 것이지만, 우선 강석우(1997a)에서는 대학 생활 중에서 비교적 상하관계가 엄격하다고 하는 대학응원단이라는 집단을 대상으로 집단 내의 상하의식 실태와 동일 집단에 속하는 상위자를 외부 사람에게 어떻게 대우하는가를 조사하였다. 피조사자가 28명에 지나지 않아 사례연구에 머문 듯한 인상은 있지만 모든 피조사자가 최상위자 앞에서 상위자를 높인다는 결과가 나와 규범으로 여겼던 경어법에 어긋나는 실태 결과를 제시하고 있다.

다음으로 강석우(2001)에서는 관료 사회 집단의 하나인 시청 직원을 조사 대상으로 집단 내의 상사를 화제로 삼는 장면에서 경어를 사용한 실태에 관해서 고찰했다. 결론적으로 강석우(2001)는 '우치소토(ウチソト)13)'라는 것은 기본적으로 집단 내부와 외부와의 관계에 적용되는 것이지만 '미우치(身内)인 인물을 높여서는 안 된다'는 경어의식에 과잉 반응하여 그 결과 같은 집단 내의 인간관계에까지 적용·확산시키는 경향이 있다고 지적하고 있다. 구체적으로는 상사를 화제로 삼을 경우 대화 상대가 집단 내부의 인물일 경우에는 화제의 상사를 높게 대우하는 비율이 3~4할을 차지하는 데 반해, 집단 외부일 경우에는 그 비율이 1할 전후에 머물러 있다는 것을 증명하였다. 그러나 강석우(2001)에서는 청자의 변수는 많이 설정되어 있지만 제3자가 한 명에 지나지 않고 전체적인 고찰 방법(경어의식을 포함해서)이 어형에 관련되어 있어 인간관계를 중심으로 한 분석이 부족한 것이 안타깝다.

---

13) '우치소토(ウチソト)관계'는 일본어의 경어사용에 있어서의 하나의 잣대로 제3자가 화자와 청자 중 어느 영역에 속하는 가에 따라 제3자를 높였다가 낮췄다가 하는 것을 의미한다. 이 경우 영역이라는 것은 반드시 혈연관계만을 의미하는 것이 아니라 화자와 제3자, 청자 간의 상대적인 거리를 의미한다. 즉, 화자와 제3자의 거리는 청자에 따라서 상대적으로 변하는 경우가 많아 같은 회사의 사람이 화자의 가족과 비교하면 소토(밖)의 관계가 되지만 다른 회사 사람과 비교하면 우치(안)의 관계가 되는 것이다.

이상으로 일본어의 제3자 경어에 관한 선행 연구에 관해서 검토해 보았지만 전술한 '제3자 경어의 청자 경어화'와 같이 제3자 경어를 대자 경어의 한 측면으로 보는 시점은 아마도 한국어의 경어에도 유효하리라고 본다. 왜냐하면 저자는 한국어의 경우도 점점 제3자 경어에서 청자의 영향이 커지고 있다고 생각하기 때문이다. 이 점에 관해서는 3, 4, 5, 6장에서 차례대로 검증해 나가겠다.

2.3.2 한국어의 제3자 경어에 관한 선행 연구

일본어의 상대 경어에 대해 한국어의 경우는 청자의 영향력은 거의 없다는 것이 일반적인 생각이었다. 예를 들면 梅田(1977)는 한국어는 제3자 경어에서 청자에 대한 배려는 없이 화자와 화제의 인물 간의 상하관계만이 고려된다고 논하고 있으며, 荻野 외(1991)에서도 일본은 제3자를 높이는 성격이 약해지는 방향으로 변하고 있는 데 반해 한국에서는 청자의 영향이 적고 절대 경어적인 성격이 강해서 화자와 제3자 간의 손위·손아래의 관계에 대응한다고 결론짓고 있다.

그 중에서 주체존대에 청자의 존재가 영향을 끼친다는 것을 일찍이 지적한 것에 이익섭(1974)이 있다. 기존의 연구에서는 화자와 주체와의 상하관계에만 주목해 왔지만 이익섭(1974)은 존경의 선어말어미 '시'가 주체가 화자보다 상위자일 경우뿐만 아니라 주체가 화자보다 하위자이더라도 청자보다 상위자일 경우에도 사용된다는 것을 지적하고 있다. 설령 화자보다 상위자인 주체에 대한 경어 사용에 청자가 영향을 끼친다는 사실까지는 논의가 진행되지 않았지만, 주체경어법에 있어서 청자의 적극적인 역할을 지적했다는 것은 획기적인 것이라고 판단된다.

이 밖에도 청자에 따라서 제3자 경어 사용이 변할 수 있다고 하는 상대 경어적인 면을 인정한 것에 荻野 외(1991), 한미경(1982), 김혜숙(1991), 신혜경(1993), 백동선(1993), 이정복(1994)등이 있다. 그러나 이들 연구들은 상대 경어적인 성격이 절대 경어적인 성격을 상회하는 것은 아니라고 단정 짓고 있다.

예를 들면 한미경(1982)은 가정 및 직장이라는 테두리 안에서 화자와 청자 및 화제의 인물이라는 3자를 모두 고려한 후에 결정되는 상대 경어적인 면도 존재하고 있다고 기술하고 있지만 판단의 근거가 저자 자신의 내성에 한정되어 있다는 문제점이 있다.

또한 김혜숙(1991)은 주체대우문을 이루기 위한 호응은 주체와 화자의 관계만으로 이루어지는 것이 아니라 그 두 사람과 청자와의 관계라는 조건 하에 성립한다고 논하며, 주체가 화자의 상대로는 일반적인 표현을 쓰든지 낮추어서 말해야 하더라도 청자에 비해 손위인 경우에는 제3자인 주체를 조금 높이는 청자 중심의 말투(표현)가 쓰인다고 지적하고 있다.

다음으로 이정복(1994)에서는 제3자 경어 사용에서 주체인물의 현장성과 대화참여자(화자 · 청자 · 주체의 3자) 간의 관계로 대우표현이 어떻게 변하는가를 조사했다. 그리고 주체(제3자)를 높이는 것이 청자를 높이는 것으로 연결된다고 지적하고 있다. 이와 같이 주체인물의 현장성과 대화 참가자 간의 관계가 화자가 사용하는 대우표현에 영향을 미친다는 것을 이정복(1994)은 '참여자 효과'라고 부르고 있다. 그러나 여기에 청자 경어가 고려되지 않았다는 문제점을 지적할 수 있다.

다음으로 담화를 이용한 경어연구로 이정복(2001a)이 있다. 이정복(2001a)은 주체나 객체의 인물이 복수일 경우에 각 용법의 변이에 관한 요인과 원리에 대해, 하나의 문장에 주어가 둘이상일 경우 주체경어법의 '시'나 주격조사가 어떻게 사용되며, 객체 인물이 둘 이상일 경우 존경명사나 동사, 조사가 어떻게 사용되는가를 조사한 것이다. 주체 인물이 두 사람일 경우 두 사람이 화자보다 상위자라면 화자는 경어를 사용하며, 두 사람이 화자보다 하위자라면 경어를 사용하지 않는 것이 일반적이라고 논하고 있다. 하지만 두 사람의 지위 차이가 있는데다가 한 사람은 화자보다 상위자이고 한 사람은 하위자일 경우, 화자는 경어를 사용해야 하는지 어쩔지 망설이게 되지만 이 경우 만약 하위자를 중심으로 해서 높이지 않는 경어법을 사용한다면 그것은 상위자에게 실례가 되기 때문에 대개는 상위자를 기준으로 해서 높은 경어법 형식을 사용하는 경향이 있다고 서술하고 있다.

    다음으로 신문의 기술을 분석 대상으로 한 것에 이정복(2001b)이 있다. 이정복(2001b)에서는 미디어에 나타난 경어 사용 가운데, 북한과 한국의 수뇌부에 대한 것을 분석한 결과, 한국의 미디어에서는 인용문을 제외하고 대통령이나 총서기를 언급할 때에 존경어를 사용하지 않지만 북한의 경우에는 한국의 대통령에 대해서는 경어를 사용하지 않고 총서기에 대해서는 철저하게 경어가 사용되고 있다는 것을 명백하게 하였다. 사회체제에 따라서 경어 사용이 다를 수 있다는 것을 밝힌 것으로 매우 의미 깊은 연구라고 지적할 수 있다.

    다음은 제3자 경어와 밀접한 관계를 가지는 압존법에 관해서 살펴보자. 김석득(1977, 1992)은 '더 낮춤법'과 '더 높임법'으로 제3자 경어의 상대 경어화를 설명하고 있다. '더 낮춤법'이라는 것은 일반적으로 화자가 자신과 친한 관계에 있으며 높여야 하는 제3자에 대해 환경의 변동(화자·청자·제3자와의 상관관계)으로 그 제3자를 조금 낮추어 나타내는 방법으로, 결과적으로 청자를 높이는 결과가 된다. 이것은 상대를 높이기 위해 화자가 겸양하여 표현한 것이라고 기술하고 있다. 소위 말하는 압존법이나 일본어의 경어 억제와 일맥상통한다고 말할 수 있다. 이에 반해 '더 높임법'이라는 것은 상대로서는 일반적인 표현이나 낮은 표현을 사용해야 하는 제3자를 그 사람이 청자와 친한 관계가 형성되는 환경조건이 되면 화자는 관계인식의 변동을 일으켜 제3자를 조금 높이는 말투(표현)를 사용하여 결과적으로는 청자를 높이는 방법이라고 지적하고 있다.

    또한 압존법이라는 용어에 관해서 박영순(2001)에서는 김석득(1977)의 용어라고 설명하고 있지만 전술한 대로 확실히 김석득(1977)은 '꽤 높은 청자 앞에서 청자보다 높지 않은 사람에 관해서 언급하는 경우 그 언급되는 사람이 화자보다 손위더라도 높이지 않거나 자신을 낮추는 겸양어를 사용한다는 것을 의미한다'라고 설명하면서 압존법에 관해서 지적하고 있다. 김석득(1977)이 사용한 용어는 전술한 대로 '더 낮춤법'과 '더 높임법'이라는 용어인데, 압존법이라는 용어를 누가 최초로 사용했는지는 명확하지는 않다.

    또한 거의 모든 선행 연구에서는 압존법의 예로 위와 같은 가족 간의 경어를 예로 들고 있지만 서정수(1996)에서는 선생님과 선배와 같은 상하관계나 전영우(2003)에서는 '사장님, 과장이 옵니다'와 같은 사회에서의 상하관계도 예로 들고 있는 특징적인 것도 있다.

그런데 최근에는 이 압존법의 사용에 혼란이 많다는 것이 지적되어 있다. 서정수(1984)는 '할아버지, 아버지께서 가십니다'와 같은 예를 들며, 가족제도의 변천으로 조부에 대한 아버지의 상대적 지위가 이전보다 향상된 결과라고 해석하고 있다. 특히 핵가족제도에 있어서 아버지의 위치는 가정의 중심인물이기 때문이라고 해석하면서 이것은 매우 흥미로운 현상으로 대우법 변천의 일례라고 서술하고 있다.

그러나 저자는 그것만으로 설명이 되는 문제는 아니라고 생각하고 있다. 그 같은 현상의 배경은 높여야 하는 청자의 앞에서 더욱 바른 경어를 사용하려는 의식이 과잉하게 작용하여 원래 높이지 않아도 좋은 제3자에게까지 경어를 사용하고 있다는 다른 요인이 작용하였다고 해석한다.

소위 압존법에 관해서 그것의 소멸을 인정한 기술도 있다. 신혜경(1993)에서는 '최근 조부에게 부모에 대해 언급하는 경우 제3자인 부모에 대한 경어 사용을 억제하는 손자는 없고 상당히 연배인 사람이나 그 분야의 연구자는 별개로 치고 일반적으로 종래의 언어 사용법을 알고 있는 사람은 그다지 많지 않다'고 서술하고 있으며, 전영우(2003)에서도 '요즘은 규칙이 느슨해지는 분위기로 그다지 그 규칙에 집착하는 것도 시대에 뒤처지는 느낌이 있다'와 같이 서술하고 있어 압존법이 완전히 소멸했다는 견해도 있다.

더욱이 KBS 우리말 길잡이(1995)에서도 상기와 같은 예문에서 본래 아버지를 높이지 않는 것이 규범적인 말투(표현)라고 할 수 있지만 근래에는 최상위자의 앞에서도 상위자를 높이는 것이 일반화되어 표준화법에서는 그와 같은 현실을 인정하여 아버지를 높이는 것을 인정하고 있다'라고 설명하고 있다. 공영방송 KBS에서 압존법의 소멸을 인정하고 있다는 것은 특기할 만한 것이라고 할 수 있다. 본 연구에서는 KBS 아나운서실 한국어 연구회(1995)에서 말하고 있는 일반화라는 것이 실제로 어느 정도 퍼졌는지 어느 정도로 사용되고 있는지에 관해서도 고찰을 한다.

2.3.3 제3자 경어에 관한 한일 대조연구에 관한 선행 연구

한일 양 언어의 제3자 경어에 대한 대조연구로 선구적인 것에 荻野 외(1991)가 있다. 설문조사에서 수수동사를 이용하여 동작주와 동작의 피동작주와의 관계에서 쓰이는 제3자 경어(존경어나 겸양어)가 자세히 고찰되어 있다. 그러나 荻野 외(1991)에서는 제3자로서는 일상생활에서 접하는 인물(피조사자 자신, 아버지, 학장, 선생, 상급생, 동급생)을 상정하고 있지만 청자로서는 선생의 경우와 친한 친구일 경우의 두 가지밖에 설정하고 있지 않아 청자에 따른 제3자 경어 사용의 변화가 충분히 고찰되었다고는 할 수 없다고 했다.

또한 우메다(1992)는 대학 관계의 인물을 설정한 조사에서 한국어의 경우는 수수동사의 사용은 주체와 객체의 상하관계에 따라 존경의 선어말어미 '시'와 주격조사 '께서'의 사용은 주체에 따라, 여격조사 '께'의 사용은 객체에 따라 결정된다고 서술하고 있다. 더욱이 한일 양 언어의 차이로 한국어에서는 청자의 영향이 적어져 주로 제3자 간의 상하관계에 영향 받는다고 하며 일본어의 경우는 이것과는 반대로 제3자에 대한 존대의 성격은 약해져 청자에 대한 존대를 나타내는 방향으로 변했다고 서술하고 있다.

다음으로 백동선(1993)은 '한국어 상대 경어의 현상을 볼 수 있는 것은 주로 미우치(身內)경어로 화자의 영역 내의 인물이 화제의 인물이고 청자가 외부의 인물인 경우 종래라면 절대 경어가 나타나야 하는 곳에 때때로 상대 경어가 나타난다'라고 기술하고 있다. 이것을 백동선(1993)은 새로운 경향의 일탈로 보고 있다. 그리고 한일 양 언어 모두 전통적인 경어용법에 얽매이는 것 없이 상황에 따라서 바꾸어 사용하려는 경향 즉, 경어를 상하관계에 근거한 용법이라고 판단하기보다는 친소관계 혹은 환경에 근거한 용법으로 파악하려는 경향이 관찰된다고 지적하고 있다.

더욱이 전숙미(1995)에서는 사회인을 대상으로 한 설문조사를 실시하여 한국어에서는 혈연관계가, 일본어에서는 사회적 소속관계가 대우의 결정요인으로 작용한다고 기술하고 있다. 단 설문조사에서 설정한 인간관계가 단순하여 청자에 따른 제3자 경어의 사용 실태를 충분히 파악한다는 것은 어렵다고 할 수 있다.

강석우(1995)에서는 전전의 일본군과 전후의 자위대의 경어의 변화, 양국에서의 군대 경어의 시스템이나 사용자의 의식 등을 명백하게 하려고 하고 있다. 그 결과로 구 군대에서는 최상관의 앞에서 상관에 관한 것을 화제에 올릴 때 자신의 상관에 대해서 존경어를 사용하고 있는 것을 명백하게 하고 있다.

신혜경(1993)에서는 한국에 있어서는 제3자의 영역이 고려되지 않고 상하의식이 중요한 요인으로서 작용하며, 일본어의 경우는 제3자의 영역이 결정적인 요인이 된다고 논하고 있지만 피조사자의 수가 그다지 많지 않아 사례연구에 그친 것 같이 보인다.

이상과 같이 한일 양 언어의 제3자 경어에 대한 대조연구는 주로 설문조사를 이용한 것이 대부분을 이루고 있어 본 연구와 같이 다양한 수법을 이용한 연구는 저자가 알기로는 없다.

2.4 일본어와 한국어의 사회언어학적 관점에서의 선행 연구

여기에서는 좁은 의미에서의 경어나 제3자 경어라는 관점에서가 아니라 더욱 넓은 범위의 사회언어학적 연구에 관해서 검토하겠다. 사회언어학적인 관점에서 한일 양 언어의 대조연구를 테마별로 정리하면 다음과 같다.

① 언어행동(감사, 사죄, 칭찬, 거절, 의뢰, 인사, 맞장구 등) : 김수영(2000), 임현수(2001) 등
② 대우법 · 경어 : 荻野 외(1990), 신혜경(1993), 강석우(1995), 전숙미(1995), 김순임(2001), 김순임(2002) 등
③ Politeness · Strategy : 김경분(2001), 김진아(2002), 이은미(2004), 임현수(2004) 등

　최근의 사회언어학적인 연구 동향으로는 담화분석·회화분석에 관한 연구가 많다(Matsumoto 1987, Kasper 1990, Smith 1992, Maynard 1993, 김하수 1996, 안정근 1997, 백경숙 1998, 김미정 2002, 2003 등). 이들 연구는 주로 서양에서 배운 바가 많다고 할 수 있지만 현대사회에서는 국제화에 맞추어 사람들의 교류가 많아져 따라서 언어적, 문화적으로 다른 배경을 가지는 사람들 간에 회화할 기회가 많다. 이처럼 다양한 회화를 분석하여 문법과 실제 언어 사용과의 관계를 명백하게 하는 것도 가능할 것이다.

　또한 다른 언어, 다른 문화 간에 커뮤니케이션에 관한 연구도 많이 이루어지고 있다. 신혜경(2000)에서는 한국인과 일본인은 문화적인 유사성이나 언어의 유사성으로 언어습득도 빠르지만 어느 정도 언어를 알게 되면 저절로 서로 간의 문화 차이를 알게 되어 그것에 위화감을 느끼는 경우도 많아진다고 지적하고 있다.

　더욱이 최근에는 좁은 의미에서의 경어가 아니라 원활한 인간관계의 확립·유지를 위한 언어행동을 강조한 Brown & Levinson(1987, 이하 B&L 이라고 표기)의 Politeness이론에서의 연구도 많이 이루어지고 있다. B&L(1987)은 Goffman(1967)의 'Face'라는 개념을 응용하여 Politeness를 설명하였다. 즉 인간에게는 모두 'Face'라는 것이 있어서 그 'Face'에는 남에게 이해·공감 받고 싶다는 'Positive Face'와 남에게 방해받고 싶지 않다는 'Negative Face'의 2가지의 욕구가 있다고 한다. 더욱이 각각 Positive Face에 호소하는 전략(Strategy)을 'Positive Strategy'라고 하고, Negative Face를 배려하는 전략(Strategy)을 'Negative Strategy'라고 하며 이들의 'Face'를 위협할 가능성이 있는 행위를 FTA(Face Threatening Acts)라고 불러 이 FTA의 정도가 높을수록 더욱 정중한 전략(Strategy)이 필요하게 된다고 논하고 있다.

　Politeness 이론의 의의는 인간관계를 조정하는 매체로서의 형식화된 경어뿐만 아니라 농담을 하거나, 아예 언어행동을 회피하거나 하는 전략까지 고려되고 있다는 것이다. 이 이론의 영향으로 경어형식을 가지고 있지 않은 서양어에서도 대인 커뮤니케이션을 위한 다양한 노력이 있다는 해석이 가능하게 되어, 타인과의 원활한 커뮤니케이션을 이루기 위해 노력한다는 것은 경어를 가지고 있는가의 문제와는 관계없이 모든 언어에 보편적으로 있다는 것을 알게 되었다.

또한 宇佐美(1998)는 이 Politeness 이론을 발전시켜 'Discourse Politeness'라는 이론을 제창하고 있다. 宇佐美(1998)에서는 Discourse Politeness라는 것은 '한 문장이나 하나의 발화행위로는 파악할 수 없고 더욱 긴 담화 단위로서의 요소 및 문 단위의 요소도 포함한, 여러 요소가 화용론적 Politeness에 영향을 끼치는 다이나믹한 기능의 총체이다'라고 서술하고 있다. B&L의 Politeness 이론의 추상적인 면을 자연 회화 분석을 통하여 계량적으로 밝히려고 한 점은 매우 흥미롭다.

더욱이 일본어의 경어연구에도 영향을 미치는 제22기 국어심의회 답신에서는 Politeness적 관점에서 '경의 표현'이라는 새로운 개념을 제창하고 있다. 그 심의회의 좌장을 맡은 井出(2001)에 의하면 경의 표현은 형식에서 기능으로, 신분·지위에서의 역할로, 정형에서 비정형으로, Negative Politeness에서 Positive Politeness로, 표준어에서 비표준어로, 대화 상대에서 화자로'와 같은 새로운 전환이 포함되어 있다고 서술하고 있다.

이와 같이 Politeness 이론의 도입은 복잡한 경어 체계를 가지는 일본어와 한국어뿐만 아니라 경어형식을 가지지 않는 언어의 경어 연구에도 일조할 것이라 예상된다. 이것은 대인커뮤니케이션을 배려한다는 측면에서 경어 체계는 모든 언어가 보편적으로 가지는 특징이라는 것을 명백하게 한 것이다.

2.5 선행 연구의 정리

지금까지 여러 선행 연구를 개관해 왔지만 본 절에서는 본 연구와 선행 연구와의 관계에 대해서 서술하겠다.

일본어와 한국어의 대조연구는 오랜 세월 동안 다양한 점에서 이루어져 왔다. 최근에는 담화 및 커뮤니케이션이라는 넓은 관점에서의 연구도 활발하게 이루어지고 있다. 이들의 연구도 양 언어의 교육이나 학습에 매우 도움이 될 것으로 여겨진다.

특히 본 연구에서 다루고 있는 제3자 경어에 관해서는 일본어와 한국어 모두 실제의 사용면에서 혼란이 많아 지금 현재가 변화의 최전선에 있다고 해도 과언이 아니다.

박영순(2001)에서는 언어변화의 요인으로서 자주성의 확보, 산업과 경제의 획기적인 발전, 권위주의와 비민주로 대한 투쟁, 가치관의 다양화라는 4가지 요인을 들고 있다. 즉 박영순(2001)은 사회적인 변동이 가족에도 영향을 미쳐 가족관계에서 가부장적인 권위에 무조건적인 순응을 강조해 온 전통적인 가치관에서 더 수평적이고 쌍방향적인 협조를 강조하는 근대적인 가치관으로의 전환이 일어났고, 그로 인해 현대사회의 인간관계에서는 자신을 낮출 필요성이 줄어 겸양의식의 쇠퇴가 필연적으로 일어나게 되었다고 한다. 또한 상하관계의 차이가 작아짐에 따라 대우등급의 간소화가 일어나 격식형이 후퇴하고 친근형이 많이 사용되게 되었다고 서술하고 있다.

한편, 네오스토프니(1974)는 경어변화에 관해서 표 2-4[14]와 같이 정리하고 있다.

【표 2-4】 네오스토프니(1974)

	←더 전통적	더 근대적→
①	언어적 표현	비언어적 표현
②	존중	예법
③	신분	연대
④	귀속	획득
⑤	등장인물	상대

---

14) ①은 사회의 근대화와 동시에 경어의 종류나 수가 적어지는 것은 억양이나 주제 등을 선택할 때에 경의가 표현되게 되었다는 것을 의미한다. ②는 전통사회에서는 계층의 차이가 중요했지만 근대사회에서는 대인관계에 따른 예의가 중요하게 되었다는 것을 의미한다. ③은 ②와 관련 있는데 전통사회에서는 사회의 구조의 하나인 신분에 따라 경어가 쓰였지만, 근대에는 상대와의 연대적인 거리에 따라 경어가 쓰이게 되었다는 것을 의미한다. 다음으로 ④는 전통적으로는 소속이나 출신 등에 따라 경의가 결정되었지만 근대에 들어서는 장면에 따른 경의가 중요시되게 되었다는 것을 의미한다. 마지막으로 ⑤는 표에도 적었다시피 회화에 등장하는 인물의 경의보다 상대에의 경의가 더 근대적인 것으로 어떤 언어라도 소위 말하는 정중어가 새롭게 만들어진 것이라고 할 수 있다.

즉 근대가 되면서 비언어적인 표현까지 배려하게 되어 상하관계가 아니라 친소관계가 언어 사용을 좌우하여 상대를 더욱 배려하게 되었다고 말할 수 있다.

이것을 제3자 경어와 관련지어 보면, 높여야 한다고 여겨지고 있는 제3자를 늘 높이는 것이 아니라 대면해 있는 청자에 대한 친근감이나 배려로 제3자에 대한 경어 사용을 생략하는 경우도 일어나게 되었다고 할 수 있다.

실제로 설문조사를 실시해 보면 청자만을 고려하면 되는 청자 경어와는 달리, 제3자 경어에 관해서는 화자는 대면해 있는 청자만을 고려하는 것이 아니라 거기에 제3자라는 인물이 가세하기 때문에 화자는 청자와 제3자 모두를 고려하여 청자와 제3자의 관계까지 고려하지 않으면 안 된다. 그러므로 어떤 표현을 사용해야 하는지 난처해지는 경우가 많다.

제3자 경어에 관한 한일 양 언어의 대조연구로서 대표적인 것에 荻野 외(1991)가 있지만 조사대상이 대학생에 한정되어 있다는 점이 문제라고 할 수 있다. 왜냐하면 대학생의 경어 운용력은 사회인의 그것보다도 낮다고 여겨지며 또한 장년층의 사용법과도 다를 가능성이 있기 때문이다. 본 연구에서는 대학생이나 사회인을 대상으로 한 설문조사 및 한일의 드라마의 시나리오 담화를 연구 자료로 하여 한일 양 언어의 제3자 경어의 시스템과 사용 실태에 관해서 고찰하기로 한다.

3장

대학생 설문조사 결과로 본 제3자 경어

3.1 대학생 설문조사의 목적

　본 연구에서는 연대나 교육환경, 사회경험의 차이에 따라 제3자 경어를 습득하는 상황의 차이에 관해서도 고찰하지만, 여기에서는 우선 일본과 한국의 대학생을 대상으로 한 조사결과로 살펴본다. 발음이나 어휘, 문법과 같이 인간관계와 관계가 없는 언어습득과는 달리, 경어의 습득에 관하여는 가정교육, 학교교육으로만 익힐 수 없는 부분이 많아, 이와 같은 문제는 사회경험으로 몸에 배는 경우도 많다. 따라서 사회경험이 적은 대학생과 사회경험이 있는 사회인 모두를 조사할 필요가 있다.

　김순임(2000)에서는 일본어뿐만 아니라 한국어에서도 제3자와 화자의 관계뿐만 아니라 청자도 제3자 경어에 영향을 끼치고 있어서 한국어에도 상대 경어의 면이 있음을 지적했다. 그러나 전술한 대로 김순임(2000)에서는 조사에서 상정한 제3자는 한 사람에 지나지 않아 충분한 검토가 이루어졌다고는 할 수 있다.

　그러므로 본 장에서는 제3자를 동등한 경우, 화자의 영역인 경우, 상위자인 경우와 같이 다양하게 설정하여 일본어와 한국어의 청자에 따른 제3자 경어 사용을 비교·검토한다. 더욱이 화자의 남녀차도 살펴봄으로써 더욱 중층적으로 제3자 경어 사용을 명백하게 하는 것을 목적으로 하고 있다.

제3자 경어에서 '절대 경어의 상대 경어화'는 제3자가 청자의 영역 내의 인물인지 화자의 영역 내의 인물인지에 따라서 달라진다고 생각할 수 있다. 상대 경어로 알려져 있는 일본어에서 청자가 친구이면 선배, 아버지, 지도교수, 학장에 관해서 언급할 때 경어가 쓰이지 않는 것이 당연한 것처럼 되어 있지만, 한국어에서는 제3자 경어 사용에 정도의 차이가 있을 것으로 예측된다. 즉 친구가 청자이면 일종의 동질감이 작용하여 서로 부담 없는 말투(표현)를 사용하여 제3자에 대한 경어는 그다지 쓰이지 않을 것이라고 예측된다.

또한 지도교수와 학장에 관해서는 학장이 더 사회적 지위가 높지만 일반 학생에게 있어서 학장은 너무 먼 존재로 역사상의 인물이나 정치권의 인물 등과 같은 부류의 느낌이 있어서, 사회적 지위는 더 낮지만 지도교수에 대해 제3자 경어가 더 많이 쓰일 것이라고 예상된다.

한편 한국어의 규범적 경어법인 압존법은 청자가 꽤 높은 대우대상자인 경우에 그다지 높지 않은 주체를 낮춘다는 것인데, 이것은 김순임(2000)에서 경향을 보였듯이 화자·청자·제3자라는 3자 간 관계 파악이 복잡하여 젊은층에서는 그다지 지켜지지 않을 것이라는 가설을 세워 본다.

3.2 대학생 설문조사의 개요와 분석 방법

3.2.1 조사 방법

본 장에서는 조사 방법으로서 설문조사를 이용하였다. 설문조사에 관해서는 사용 실태 조사가 아니라 의식 조사에 지나지 않는다는 비판도 있다. 하지만 대량의 데이터를 모으기 쉬울 뿐만 아니라 어느 정도 동등한 조건의 데이터를 모을 수 있다는 데이터수집의 편의성과, 한편으로 실제의 회화에서 제3자 경어의 데이터를 대량으로 얻는 것이 어렵다는 것을 생각하여 본 장에서는 설문조사를 이용하기로 하였다. 본 조사는 사용 의식 조사라고 할 수 있는 것으로 양적인 분석으로 경어 운용의 전체상을 파악할 수 있을 것으로 사려 된다. 단 실제의 사용 장면 등 질적인 분석은 드라마의 시나리오에서 용례를 수집하여 분석을 한 5장이나 자연 담화의 용례를 분석한 6장에서 살펴보겠다.

3.2.2 대학생 조사의 피조사자

조사 시기는 2001년 8월~9월이며 동경과 서울에 있는 대학에서 실시하였다. 조사는 수업 중에 질문용지를 배부하여 그 장소에서 써서 받는 형식으로 이루어졌다.

일본어의 경어에 관해서, 경어가 서일본에서는 발달하였고 동일본에서는 간소하며, 존경어의 사용은 서일본에서 사용률이 높고 간소한 지역인 동일본에서 낮아진다는 보고도 있어서(吉岡, 1997), 경어 운용에서 지역 차이가 인정된다. 그러나 본 연구에서 대상으로 한 피조사자의 60%이상이 관동 출신인 점, 또한 지방출신자의 응답에서도 방언 경어형을 거의 찾아 볼 수 없었다는 점에서[15] 본 연구에서는 일본어에서 경어의 지역차는 특별히 언급하지 않기로 한다. 한국어의 경우에는 경어 사용의 지역차에 관한 연구가 그다지 없으므로 앞으로 지역차에 관해서 고찰을 하는 것도 매우 의의가 있는 것이라고 할 수 있다.

【표 3-1】 피조사자의 남녀 구성과 평균 연령

	남성	평균연령	여성	평균연령	합계	평균연령
일본	52명	21.6세	74명	22.4세	126명	22.1세
한국	64명	24.1세	85명	22.3세	149명	23.2세

---

15) 수도권 대학에서 조사하였지만 그 중에는 지방 출신자도 있어서 일본어의 경우는 교토 출신의 학생이 '撮らはった'와 같은 방언 형식을 사용하고 있었다. 이것은 공통어인 '撮られた'와 경어 형식은 다르지만 경어 의식의 관점에서는 제3자를 높였다는 점에서 공통되므로 둘 다 같은 등급으로 분류하였다.

일본인은 126명으로 평균 연령이 22.1세이고 한국인은 149명으로 평균 연령은 23.2세이다. 더욱이 한국인의 경우 남성이 여성보다 평균 연령이 2세 정도 높지만 그것은 병역의 영향이라고 할 수 있다[16].

3.2.2 대학생 조사의 조사 항목

설문조사에서 설정한 인물이나 질문문은 아래와 같으며 설문조사지에서 밑줄 친 부분은 조사자가 물은 것이다. 더 자세한 질문문의 내용은 자료를 참조하기 바란다.

- 청자　: 친한 친구 아버지 친한 학과의 선배 지도교수 학장
- 제3자 : 친한 친구 아버지 친한 학과의 선배 지도교수 학장
- 질문문: (각 청자에 대해) '이 사진은 (각 제3자)가 찍었어[17]'

설문조사는 더 정확한 실태를 반영한 데이터를 얻을 수 있도록 배려하여 자유기입식으로 하였다. 또한 마지막 부분에 조사에 대해 불분명한 점이나 의문점 등을 기재하도록 하여 앞으로 할 조사를 보충할 수 있도록 하였다.

본 연구의 목적은 청자에 따른 제3자 경어의 사용과 나아가서는 제3자와 화자의 관계에 따른 차이를 보는 것인데 그 변수로서는 화자, 청자, 제3자라는 3자 간의 상하관계, 친소관계, 제3자의 영역 문제, 장면의 격식성도 등을 생각할 수 있다. 그러나 이번에는 이 모든 변수를 고려하지는 못하고 우선 상하관계, 제3자의 영역 문제에 주목하기로 한다[18].

---

16) 한국의 남성에게는 병역 경험의 유무도 물어 본 결과, 병역 경험자가 51명, 미경험자가 13명이었다. 김순임(2000)에서는 남녀차 이외에 병역 경험의 유무에도 주목하였는데 병역 경험자가 더 정중한 말씨를 쓸 것이라는 가설과 반대로 미경험자가 더 정중한 표현을 쓴다는 결과를 얻을 수 있었다. 하지만 그 차이가 연령에 따른 결과인지 병역 경험에 따른 결과인지 단정할 수 없는 부분도 있어서 병역 경험에 따른 차이는 앞으로 피조사자의 조건을 통제하여 재조사를 할 필요가 있다.

17) 질문문의 동사의 경우 'いる(있다), 行く(가다), 言う(말하다)'와 같은 동사가 특수경어형이 존재하므로 더 다양한 표현이 쓰일 것이라고 예상할 수 있다. 하지만 이번에는 표현의 차이까지는 분석하지 않을 뿐만 아니라 한국어와의 비교도 용이하게 하기 위하여 변화형이 단순한 동사로 질문문을 만들었다.

또한 제3자로서는 청자와 동일한 인물을 설정했는데 특히 지도교수와 학장이 청자와 제3자로 교체되는 경우에 경어습득이 완전하지 못하다고 지적 받는 대학생이 어떠한 경어법을 선택하는지에 관해서 고찰하는 것도 본 연구 목적 중의 하나이다.

다음으로 이들 인물들을 선택한 배경을 설명하기로 하자. 우선 청자로서는 가장 캐주얼한 표현을 사용하는 친구를 설정하고 그 반대로 손위 인물로서는 지도교수를 설정하였다. 또한 지도교수는 손위라고는 하더라도 화자와 직접적인 관계가 있는 인물이므로 그다지 직접적인 관계를 가지지 않는다고 예상되는 학장을 더 설정하였다. 다음으로 선배는 지도교수보다는 낮은 사회적 지위나 연령으로 친구와의 중간 정도의 관계에 위치할 것으로 예상하고 설정하였다. 마지막으로 아버지를 설정한 이유는 한국어에서는 가장 절대 경어성이 강하다고 언급된 바가 있다는 점이나(梅田, 1987), 한국어와 일본어의 차이가 현저할 것으로 예상되는 점이 있기 때문이다.

다음으로 분석 대상으로서 화자는 제3자에 대한 대우표현을 선택할 경우 문장의 여러 부분으로 나타낼 수가 있다. 예를 들면 호칭에 관해서는 'さん'을 붙이느냐 안 붙이느냐 또한 어떤 술부형식을 사용하였는가 등으로 자신의 의향을 나타낼 수가 있다. 이상적으로는 다양한 요소를 분석해야 하지만 이번에는 가장 명확하게 제3자에 대한 대우가 나타나 있다고 할 수 있는 술부형식에 주목하기로 한다. 한일 양 언어의 타칭사나 한국어의 조사 부분은 김순임(2000)를 참조하기 바란다.

또한 조사 결과, 일본어의 '～てくれる, ～てもらう, ～てくださる, ～ていただく'나 한국어의 '～어 주다, ～어 주시다'와 같은 수수표현이나 'お撮りになる' 등의 'お～になる'형이나 '撮られた'와 같은 'れる / られる'형의 경어 표현이 쓰였다. 이러한 분석도 흥미롭다고 할 수 있지만 이번에는 대략적인 등급의 4유형 분류에 머무르고 상세한 술부형식의 분석은 본연구의 고찰 범위에서 제외한다.

---

18) 조사에서 설정한 상하관계, 제3자의 영역 문제에 관해서는 각각의 피조사자에 따라 인식이 다를 가능성이 있다는 것을 미리 밝혀 둔다.

3.2.4 분석 방법

데이터의 분석 방법으로는 주로 2가지를 이용하였다. 하나는 '오기노(荻野)의 수량화'로 얻어진 '오기노치(荻野値)'의 분석이고 다른 하나는 각 어형을 제3자 경어의 유무와 청자 경어의 유무로 분류해서 단순화한 4유형 분류에 따른 분석이다. 우선 오기노치에 관해서 상술하기로 하자.

3.2.4.1 오기노치(荻野値)에 관해서

분석에서는 荻野(오기노)가 개발한 GLAPS를 이용하였다. GLAPS는 원래 방언조사 분석용으로 만들어진 패키지 프로그램이지만 이번과 같은 사회언어학의 데이터에도 응용할 수 있는 것이다.

GLAPS의 기능 중에서 본 연구에서 이용한 주요 기능은 ①크로스집계표의 작성, ②응답수의 집계, ③오기노의 수량화로 얻어진 오기노치이다. 이 수량화의 수법으로 얻어진 오기노치는 대소의 절대치는 의미를 가지지 않고 상호 간의 상대적인 관계만이 의미를 가진다. 또한 오기노치라는 것은 어형이나 청자만의 단편적인 수치가 아니라 상대와의 거리·친소의 정도·상하관계·응석과 같은 모든 것을 포함한 종합적인 관계를 가리킨다.

오기노의 수량화로 얻어진 오기노치는 경우에 따라서는 정중도라고 해석되지만, 이 오기노치가 정중도를 나타낸다는 것은 오기노가 생각하는 가설에 의한 것이다. 이 가설은 표현의 정중도라는 것은 그 표현이 어떤 장면에서 많이 쓰이는가를 기준으로 계산되며, 장면의 정중도는 그 장면에서 어떤 표현이 많이 쓰였는가를 기준으로 구해진다는 관점에 기인하고 있다(荻野, 1986).

이 방법론에 대한 비판도 있어서 沼崎(1990)는 오기노의 수량화의 방법으로 얻어진 수치는 일련의 가정을 전제로 해서 산출된 것이라고 지적하고 있지만 소기 자신도 인정하고 있듯이 다른 계량분석의 수법도 모두 어떤 형태로든 가정을 전제로 해서 데이터를 조작하고 있기 때문에 이번에는 특별히 이 문제에 관해서는 개입하지 않겠다.

오기노의 수량화의 방법을 이용한 이유로는 무엇보다 상식적으로 쓰이고 있는 것을 수량적으로 확인하여 계량적으로 명백히 할 필요가 있다고 판단했기 때문이지만, 그와 동시에 선행 연구와 같은 방법론을 사용함으로써 직접적인 비교를 가능하게 한다는 장점도 있다.

다음으로 오기노치의 계산법을 나타내겠다(荻野, 1981).

아래와 같은 조사결과가 얻어졌다고 가정하자.

	장면5	장면1	장면2	장면3	장면4	장면6	합계
어형A	438	371	164	90	10	4	1077
어형B	39	110	280	279	243	195	1146
어형C	7	17	39	88	142	143	436
어형D	1	3	9	31	98	148	290
합계	485	501	492	488	493	490	2949

① 우선 어형에 다음과 같은 초기치를 부여한다.
　어형A=1　어형B=2　어형C=3　어형D=4
② 어형의 초기치에 따라서　각 장면에 점수를 붙인다.
　예) 장면5=(438×1+39×2+7×3+1×4)÷485=1.115

장면5	장면1	장면2	장면3	장면4	장면6
1.115	1.305	1.783	2.123	2.665	2.888

③ 각 장면의 점수를 최소가 1 최대가 6이 되도록 비례 변환하여 수직 선상에 mapping한다.
　예) 장면2=(1.783−1.115)÷(2.888−1.115)×(6−1)+1=2.884

장면5	장면1	장면2	장면3	장면4	장면6
1.000	1.536	2.884	3.842	5.371	6.000

④ 이 장면의 점수를 이용하여 어형의 점수를 붙인다.
　예) 장면A=(438×1.115+371×1.305+164×1.783+90×2.123
　　　+10×2.665+4×2.888)÷1077=1.387

어형A	어형B	어형C	어형D
1.387	2.172	2.472	2.674

각 어형의 점수를 최소가 1 최대가 4가 되도록 비례 변환하여 수직

선상에 mapping한다.

예) 어형B＝(2.172−1.387)÷(2.674−1.387)×(4−1)＋1＝2.830

어형A	어형B	어형C	어형D
1.000	2.830	3.529	4.000

이 어형의 점수를 이용하여 사이클②로 되돌아 가 다시 각 장면에 점수를 붙인다. ②~⑤의 사이클을 몇 차례 반복한다. 전회의 점수와의 차이가 ±0.001이하가 될 때까지 반복하면 아래와 같은 최종 결과가 얻어진다.

장면5	장면1	장면2	장면3	장면4	장면6
1.000	1.757	3.665	4.550	5.717	6.000
어형A	어형B	어형C	어형D		
1.000	3.015	3.619	4.000		

본 장에서는 인간관계의 오기노치를 산출하였는데 荻野(1980)에 의하면 오기노치의 대소 절대치는 의미를 가지지 않고 상호의 상대적인 관계만이 의미를 가진다고 한다. 수치가 떨어져 있을수록 양자의 대우등급에 차이가 있고 수치가 가까울수록 대우등급이 가깝다는 것을 의미하고 있다고 서술하고 있다. 즉 본장에서 오기노치의 의미는 화자가 느끼는 제3자와 청자 간의 거리라고 할 수 있다. 오기노치가 작을수록 제3자와 청자의 관계가 멀리 해석되며 오기노치가 클수록 제3자와 청자와의 관계는 가깝다고 할 수 있다.

3.2.4.2 술부형식의 4유형분류

본 연구에서는 제3자 경어에 연동해서 청자 경어가 쓰이는 경우(반대일 경우도 포함)도 있으며 청자 경어도 제3자와 청자, 화자 간의 관계에 따른 것으로 간주하여 모두 고찰 범위에 포함시키기로 한다.

하나의 술부형식은 제3자에 대한 경어형식과 청자에 대한 경어형식이라는 2가지의 기능을 내포하고 있다. 술부형식 내부에서의 승접순서는 전반부에 제3자를 향한 제3자 경어가 위치하고 후반부에 청자에 대한 청자 경어가 위치한다. 조사에서 얻어진 어형을 제3자 경어와 청자 경어

의 경어 사용의 유무로 '+(플러스)'와 '−(마이너스)'로 분류하여 아래와
같이 4유형으로 분류하였다.

【표 3-2】 제3자 경어와 청자 경어의 4유형 분류(대학생)

제3자 경어 ＼ 청자 경어	− (정중어 없음)	+ (정중어 있음)
− (존경어 없음)	− −	− +
+ (존경어 있음)	+ −	+ +

즉 제3자 경어에서 일본어의 경우는 존경어 'なさる, れる / られる'가
있으면 '+', 없으면 '−'로, 한국어의 경우는 존경의 선어말어미 '시'가
있으면 '+', 없으면 '−'가 되며, 청자 경어에서는 일본어의 경우는 정중
'デス・マス'의 사용 유무, 한국어에 있어서는 경의체인지 비경의체인지
에 따라서 분류했다[19].

또한 한국어 청자 경어의 경우 '해요체'와 '합니다체'를 같은 '+'로
하여 다루고 있다. 이들은 대우 등급이라는 점에서는 차이가 인정되지
만[20], 여기에서는 제3자를 높이는지 아닌지에 주목하기 때문에 양자의
대우등급의 차이는 구별하지 않고 양자를 같은 등급의 것으로 취급하기

【표 3-3】 일본어와 한국어의 회답어형

	− −	− +	+ −	+ +
일본어	撮った(よ) 撮ったんだ(よ) 撮ってくれた(よ)等	撮りました 撮ったんです(よ) 撮ってくれたんです(よ) 等	撮られた お撮りになった 撮ってくださった 撮影された 撮られたんだ(よ) 等	撮られました お撮りになりました 撮ってくださいました 撮影されました 撮られました 等
한국어	찍었어 찍었다 찍었는데 등	찍었어요 찍은 거에요 찍었는데요 찍었습니다 등	찍으셨어 찍어 주셨어 찍으신 거야 등	찍으셨어요 찍어 주셨어요 찍으셨습니다 등

---

19) 노마(1996)에서 대우법의 등급을 '비경의체'와 '경의체'로 나누고 있다.
20) 김순임(2000)에 따르면 각각의 오기노치가 '비경의체' 2~4, '해요체' 7~11, '합니다체' 14~16이었다.

로 한다. 표 3-3은 조사에서 얻어진 어형을 유형별로 분류한 것 중의
일부 예이다.

3.3 대학생 설문조사의 결과와 고찰

3.3.1 한일의 대학생 조사의 전체적인 경향

여기에서는 일본과 한국 대학생의 제3자 경어 사용에 대한 전체적인
경향을 대략적으로 파악하기 위해서 제3자의 상위나 청자의 상위를 무시하
고 전체를 단순화하여 비율을 내었다. 아래의 표 3-4와 그림 3-1을 제시한다.

【표 3-4】 4유형분류의 사용률(대학생)

	－－	－＋	＋－	＋＋	합계
일본어	39.0	50.3	2.0	8.7	100%
한국어	12.7	41.2	14.7	31.4	100%

그림 3-1을 보면 '－－'나 '＋＋'가 가장 한일 양 언어에서 상이점이
있다는 것을 알 수 있다. 그림 3-2는 그림 3-1과 같은 결과를 막대그래프
로 나타낸 것이다.

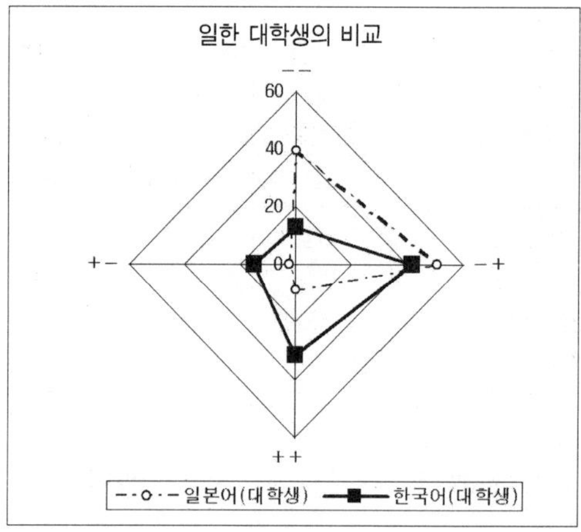

【그림 3-1】 4유형 분류의 결과
(레이더 차트·대학생)

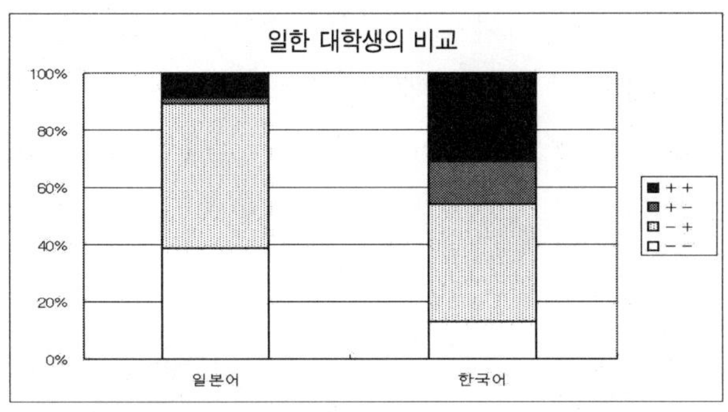

【그림 3-2】4유형 분류의 결과(대학생)

　한일 양 언어에서 큰 차이가 인정되는 것은 제3자를 어느 정도 높이고 있느냐는 점이다. 일본어의 경우에는 제3자를 높이는 비율은 10%에 머무르고 있지만 같은 인간관계를 설정한 한국어의 경우에는 '＋－'와 '＋＋'를 합쳐서 45%나 된다. 이에 반해 '－－'의 사용률은 일본어가 39%, 한국어는 11.7%로 큰 차이가 있었다.

　또한 4.3.1에서 후술하는 사회인의 경우와 비교해 보면 한일 양 언어 모두 '－＋'의 사용이 사회인보다 20%정도 높다. 대학생과 사회인에 있어서 청자를 파악하는 방법에 상이점이 보인다. 표 3-5에서는 청자 경어의 유무와 제3자 경어의 유무를 더 간략화해서 제시한다.

【표 3-5】한일의 청자 경어와 제3자 경어의 사용률(대학생)

	청자		제3자	
	높이는 비율	높이지 않는 비율	높이는 비율	높이지 않는 비율
일본어	59.0%	41.0%	10.6%	89.4%
한국어	72.6%	27.4%	46.1%	53.9%

　다음으로 그림 3-3과 그림 3-4를 보면 청자를 높이는 비율도 한국어가 14% 정도 높고 제3자를 높이는 비율도 한국어가 35% 정도 높다는 것을 알 수 있다. 같은 인간관계를 설정했는데도 불구하고 한일에서 청자나 제3자의 파악 방법에 상이점이 보여 흥미로웠다. 더욱이 이 상이점은 제3자 경어에서 더 현저하다는 것도 알 수 있다.

또한 후술하는 사회인의 결과인 그림 4-3이나 그림 4-4와 비교해 보면 제3자 경어의 사용률은 대학생과 사회인에서 유사점을 보이고 있지만 청자 경어에서는 상이점이 보인다. 즉 상술한 대로 대학생이 청자를 더 높이고 있다.

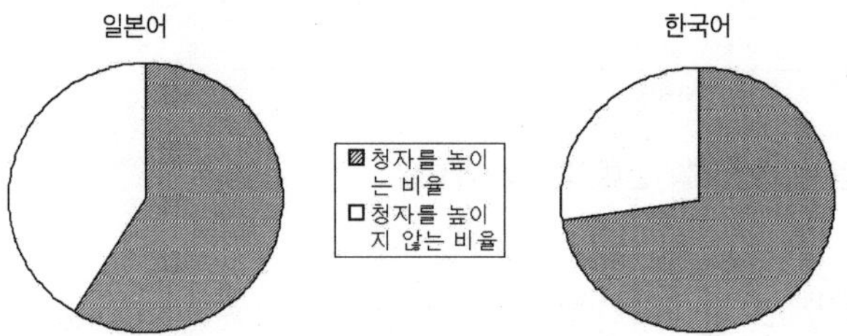

【그림 3-3】 한일의 청자 경어의 사용률(대학생)

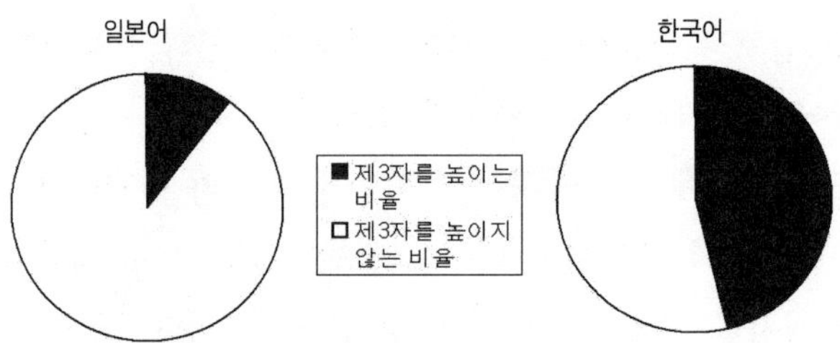

【그림 3-4】 한일의 제3자 경어의 사용률(대학생)

이하 한일의 오기노치의 분석과 제3자 경어 사용에 관해서 자세히 고찰해 보겠다.

3.3.2 한일의 대학생 조사의 오기노치의 비교

다음으로 인간관계의 오기노치에 관해서 보겠다. 이것은 표 3-6에 나타내었다. 인간관계의 나열 순서는 오기노치의 순서가 아니라 제3자의 순서이다.

【표 3-6】 인간관계에 따른 오기노치(대학생)

제3자	청자	일본어	한국어
친구	선배	18.36	16.07
	아버지	1.00	17.99
	지도교수	19.64	20.00
	총장	19.96	19.97
선배	친구	1.57	4.07
	아버지	1.04	17.99
	지도교수	19.64	19.97
	총장	19.98	19.91
아버지	친구	1.53	1.60
	선배	18.56	12.96
	지도교수	19.67	16.20
	총장	20.00	16.59
지도교수	친구	1.72	1.00
	선배	18.36	12.39
	아버지	1.42	14.96
	총장	19.60	16.81
총장	친구	2.01	1.50
	선배	18.30	12.60
	아버지	1.59	15.08
	지도교수	19.35	15.82

　　오기노치 그 자체를 1 : 1로 비교하는 것은 의미가 없지만 여기에서 이와 같은 그림을 제시하는 것은 전체적인 개요를 파악하는 데 유효하다고 판단했기 때문이다. 위에서 2가지의 그림을 제시하는데 그림 3-5는 제3자를 기준으로 나열한 것이고 그림 3-6은 청자를 기준으로 나열한 것이다. 2개의 그림을 비교해 보면 아래의 그림 3-6이 오기노치의 대소가 깨끗하게 반영되어 있어서 오기노치의 결정에는 제3자보다 청자의 영향력이 크다는 것을 알 수 있다. 이것은 제3자 경어에 미치는 청자의 영향력을 보여주는 일례라고 할 수 있다.

　　또한 한일 양 언어에서 가장 눈에 띄는 차이는 청자가 아버지일 경우에 생긴다. 일본어에서는 아버지에 대해 그다지 청자 경어를 사용하지 않는데 반해 한국어에서는 일반적으로 아버지에 대해 청자 경어를 사용하기 때문에 이것은 당연한 결과라고도 할 수 있다.

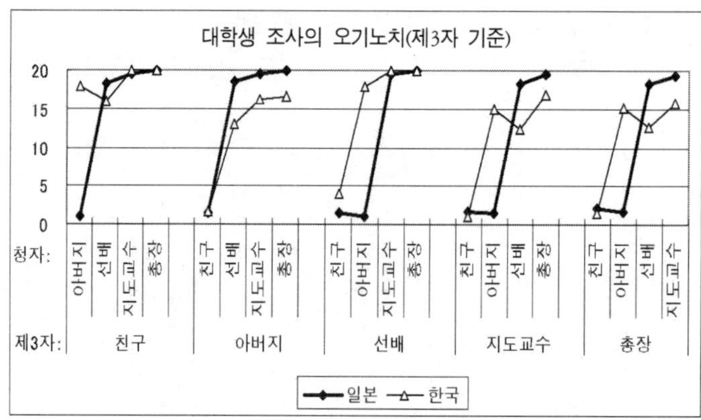

【그림 3-5】 대학생 조사의 인간관계의 오기노치(제3자 기준)

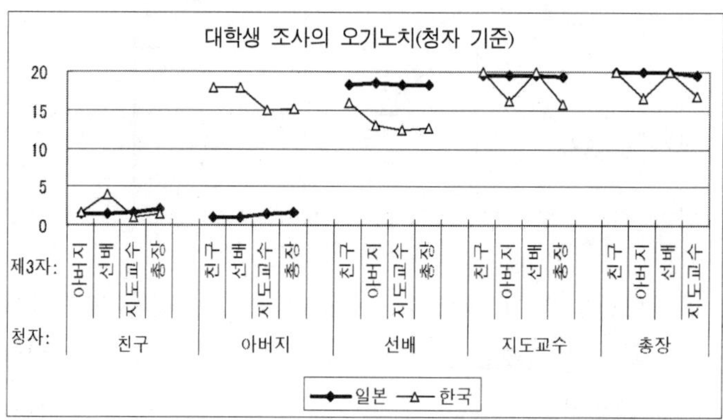

【그림 3-6】 대학생 조사의 인간관계의 오기노치(청자기준)

이하에서는 한일의 인간관계에 따른 제3자 경어 사용에 관해서 고찰한다.

3.3.3 대학생 조사의 일본어의 결과와 고찰

그림 3-7에서는 청자에 따른 제3자 경어 사용을 나타내었다.

그래프의 전체적인 경향을 먼저 서술하면 제3자로서 높여지는 인물이라는 것은 선배, 지도교수, 학장으로 이들 인물을 높이는 비율도 청자에 따라서 차이가 크다는 것을 알 수 있다. 아래에서 그 결과를 자세하게 보기로 하자.

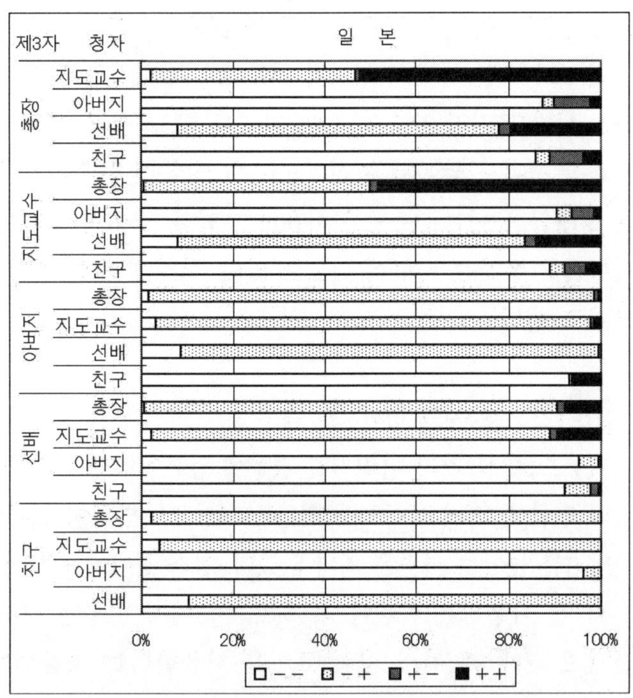

【그림 3-7】 인간관계에 따른 4유형의 사용률(일본)

3.3.3.1 장면에 따른 경어 사용

3.3.3.1.1 제3자가 친구일 경우

우선 제3자가 친구일 경우에 제3자를 높이는 비율은 0%로 청자 경어에서만 상이점을 볼 수 있다.

청자가 아버지일 경우에는 96%의 사람이 '－－'를 사용하며 아버지에 대해서는 정중어를 사용하지 않는다는 것을 알 수 있다. 다음으로 청자가 선배일 경우는 '－－'를 사용하는 것은 10.3%에 지나지 않고 89.7%는 정중어를 사용하고 있다. 다음으로 청자가 지도교수, 학장이 되면 정중어의 사용이 증가하여 96% 이상이 '－＋'를 사용하고 있다.

3.3.3.1.2 제3자가 선배일 경우

제3자가 선배일 경우에 청자가 선배나 아버지면 '－－'를, 청자가 지도교수나 학장이면 '−＋'를 주로 사용하고 있다.

단 소수이긴 하지만 청자가 지도교수나 학장일 경우는 '＋＋'를 사용하는 사람도 각각 9.5%와 7.9% 보였다. 제3자인 선배가 청자보다 연령도 사회적 지위도 낮아서 본래 '−＋'가 쓰일 것이라고 기대되지만 실제로는 양자를 높이는 '＋＋'를 사용하고 있다. 규범적인 경어법에 반대되는 표현을 사용하는 사람이 나오고 있다. 이것에 관한 해석은 3.3.3.1.4에서 하기로 한다.

3.3.3.1.3 제3자가 아버지일 경우

다음으로 제3자가 아버지일 경우에 일본어에서는 가족을 화자의 영역 밖의 인물에 대해 높여서는 안 된다는 경어법칙이 있지만 이 법칙대로 아버지를 높이는 사람은 거의 없었다. 청자 경어에 관해서는 선배에 대해 '−＋'를 사용하는 비율이 90.5%로, 제3자가 친구일 경우와 마찬가지로 선배에 대해 꽤 격식 차린 표현을 사용한다는 것을 알게 되었다.

또한 이번 조사에서는 간접적으로 청자를 높이는 효과를 만들어 내는 겸양어의 사용을 볼 수 없었다. 예비조사에서는 'する(하다)'라는 동사를 이용해서 질문을 만들었지만 그 때는 제3자가 가족인 아버지로 청자가 지도교수나 학장일 경우에 겸양어를 사용하는 예가 20~37%에 이르렀다. 그러나 이번에 '撮る(찍다)'라는 동사의 경우는 겸양어가 1회도 쓰이지 않았다. '사진을 찍다'라는 아버지의 행동과 지도교수나 학장와의 사이는 은혜관계가 생기지 않기 때문에 아무리 가족인 아버지의 행위라도 겸양어로 나타내는 것은 부자연스러운 것이다. 井上(1999a, 2004)도 지적하고 있듯이 겸양어는 상대에게 은혜를 베푸는 문맥에서만 사용할 수 있다는 조건이 겸양어 사용의 전제조건이라고 할 수 있다.

3.3.3.1.4 제3자가 지도교수일 경우

다음으로 제3자가 지도교수일 경우를 보기로 하자.

친구와 아버지는 청자로서 거의 높여지지 않는다는 점에서 성격이 비슷한데 이 경우를 먼저 보면 거의가 '−−'를 사용하며 아무리 제3자가 청자에게서 높여서 대우받는 인물이더라도 친한 청자의 경우에는 제3자를 높이지 않는다는 것을 알게 되었다. 이에 대해 청자가 선배나 학장이 되면 '++'의 사용이 각각 14.3%, 48.4%로 제3자를 높이는 비율이 높아진다.

이하 청자가 학장일 경우를 더 자세하게 보기로 하자. 일반적으로 청자인 학장보다 사회적 지위가 낮다고 여겨지는 지도교수에 관해서 언급할 때 원래는 청자보다 조금 낮은 지위의 인물을 화제로 삼은 경우에 겸양어를 사용하든지 조금 낮은 정도의 경어를 사용하는 것이 경어를 정당하게 사용이라고 여겨져서(井上, 1999a) 제3자의 지도교수에 대한 존경어 사용을 자제해야만 한다. 그러나 설문조사의 결과를 보면 '++'와 같이 양자를 모두 높이는 비율이 48.4%로, 요즘에는 이와 같은 장면에서는 양자를 높이는 경어법도 일반적으로 널리 사용되고 있다는 것을 알 수 있다. 3.3.3.1.2에서 본 바, 제3자가 선배로 청자가 지도교수, 학장일 경우에도 이와 마찬가지 현상이 관찰되고 있다.

그 원인으로서는 상위자인 제3자를 높이려는 의식과 청자를 높이려는 의식에 연동해서 제3자까지 높게 대우해 버린다는 상황이 맞물렸기 때문이거나, 상위자인 청자의 앞에서 올바른 경어를 사용해야 하는 필요를 느끼고 제3자를 높게 대우하려는 의식이 작용했기 때문이라고 판단된다.

3.3.3.1.5 제3자가 학장일 경우

마지막으로 제3자가 학장인 경우에는 전술한 제3자가 지도교수일 경우와 같은 경향을 볼 수 있었다. 청자가 친구, 아버지일 경우에는 '--'가, 청자가 선배나 지도교수가 되면 각각 19.8%, 52.4%의 사람이 '++'를 사용하며 제3자를 높이고 있다.

청자가 선배고 제3자가 학장일 경우와 3.3.3.1.4에서 본 제3자가 지도교수인 경우를 비교해 보면 제3자가 지도교수인 경우는 '++'가 14.3%였지만 제3자가 학장인 경우는 19.8%로 약간 높은 학장쪽이 더 높여지고 있다는 것을 알 수 있다.

3.3.3.2 경어 사용에서의 남녀차

다음으로 제3자 경어 사용의 남녀차를 그림 3-8에 나타내었다.

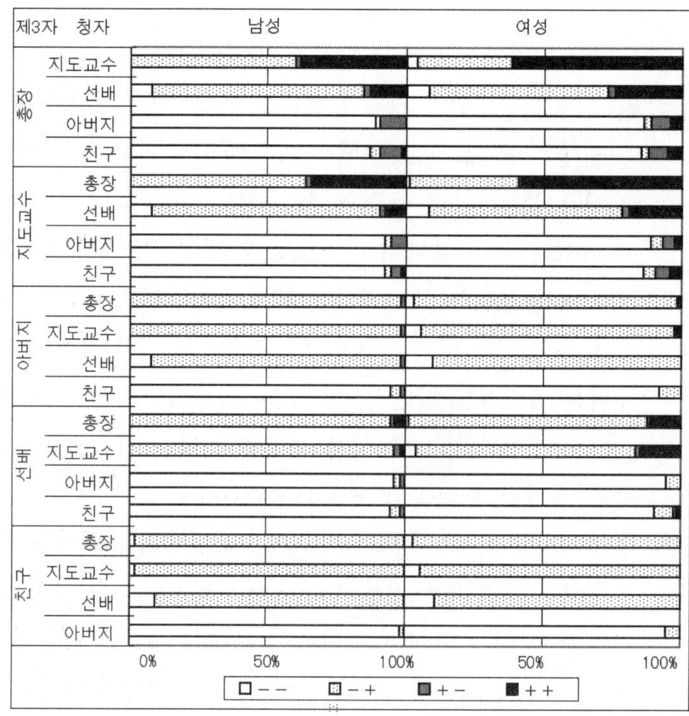

【그림 3-8】 인간관계에 따른 4유형 분류 사용률의 남녀차(일본)

우선, '＋＋'의 사용이 여성이 많다는 것을 알 수 있다. 이것은 전체적으로 검은 색으로 나타내었다.

제3자가 지도교수와 학장이고 청자가 선배일 경우, '＋＋'의 사용에 주목해 보면 남성은 각각 7.7%, 13.5%인 것에 반해 여성은 18.9%, 24.3%로 남성보다 '＋＋'의 사용이 많아져 더 양자를 높이고 있다는 것을 알 수 있다.

또한 제3자가 학장이고 청자가 지도교수일 경우나 제3자가 지도교수고 청자가 학장일 경우도 남성은 '＋＋'를 34.6%와 38.5% 사용하고 있는데 반해 여성은 58.1%와 62.2%로 제3자와 청자 모두를 높이는 경어법을 선택하고 있다는 것을 알 수 있다.

즉 여성은 청자와 제3자 모두를 높이는 '경어 사용'의 경향이 강한데 반해 남성은 청자를 더 배려하여 제3자에 대한 존경어의 사용을 억제하는 '경어 억제'의 경향이 강하다고 말할 수 있다. 이것은 熊井(1988)나 김순임(2000)과도 일치하는 결과이다.

3.3.4 대학생 조사의 한국어의 결과와 고찰

먼저 그림 3-9에 한국 대학생의 청자에 따른 제3자 경어 사용의 전체를 나타내고 이하 제3자 별로 고찰을 하기로 한다.

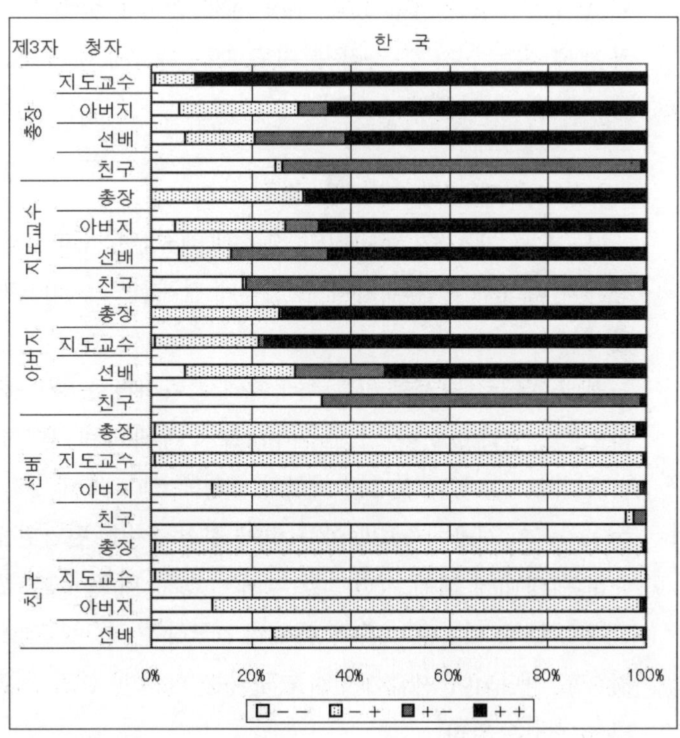

【그림 3-9】 인간관계에 따른 4유형 분류의 사용률(한국)

3.3.4.1 장면에 따른 경어 사용

3.3.4.1.1 제3자가 친구일 경우

우선 3자가 친구일 경우를 보면 당연한 결과라고도 할 수 있지만 제3자인 친구를 높이는 사람은 거의 없다. 청자 경어에서 약간 차이가 보여 청자가 선배일 경우 '청자 경어-'가 24.2%로 가장 높고 다음으로 청자가 아버지일 경우에 12.1%로 지도교수나 학장에 대해서는 거의 모든 사람이 '청자 경어+'를 사용하고 있다.

3.3.4.1.2 제3자가 선배일 경우

다음으로 제3자가 선배인 경우는 친구일 경우와 마찬가지로 제3자로서 높이는 사람은 거의 없다. 오직 청자 경어에 있어서 차이가 보여 친구에 대해서는 '--'를 아버지, 지도교수, 학장에 대해서는 '-+'가 압도적으로 많이 사용되고 있다.

3.3.4.1.3 제3자가 아버지일 경우

다음으로 제3자가 아버지인 경우에 제3자인 아버지를 높이는 비율은 청자에 따라서 약간의 차이가 있어서 전체적으로 66~78%를 차지하고 있다.

절대 경어로 알려져 있는 한국어에서 아버지는 청자에 상관없이 절대적으로 높인다고 한다. 그러나 이번 조사 결과에서 아버지를 높이지 않는 비율이 22~34%나 된다는 사실이 증명되었다. 특히 청자가 친구인 경우는 '--'의 사용이 34.2%이나 되어 일상적이고 편안한 말투(표현)를 사용하는 상대에 대해 아버지를 높이지 않는 비율이 더 높아진다는 것을 알게 되었다. 이것은 가족에 관해서 언급하는 경우로 경어 사용을 자제한 것으로 판단되어 지금까지의 연구와는 상이한 점으로서 흥미로운 결과라고 할 수 있다.

김순임(2000)에서는 아버지에 대해 주격조사 '께서'의 사용률이 낮다는 것을 밝혔는데 이와 같은 결과로 저자는 한국어에서 '절대 경어의 상대 경어화'는 가족에 대한 경어에서 시작되고 있다고 할 수 있다.

3.3.4.1.4 제3자가 지도교수인 경우

다음으로 제3자가 지도교수일 경우로 청자가 친구인 경우는 '+-'가 80.5%로 가장 높고 다음이 '--'로 18.1%이다. 당연한 결과이지만 '청자 경어-'가 압도적으로 많이 사용되고 있다. 다음으로 청자가 아버지나 학장이 되면 '++'가 66.4%와 69.1%로 가장 높지만 '-+'도 22.2%와 30.2%로 낮은 비율이라고는 할 수 없다.

제3자가 지도교수고 청자가 학장인 경우는 규범적인 경어법으로는 손윗사람(학장)을 더 높이기 때문에 그보다 조금 낮은 지위의 인물(지도교수)에 대한 경어 사용을 자제한다는 압존법(서정수, 1996)이 나타나는 장면이지만 실제 사용을 보면 70%가 지도교수까지 높이고 있어 압존법은 거의 지켜지고 있지 않다는 것을 알 수 있다.

그 원인으로서는 피조사자의 경어 사용의 미숙함, 지도교수와 학장의 사회적 지위의 차이를 그다지 인정한지 않는다는 화자의 판단, 나아가서는 일본어와 마찬가지로 청자를 높이는 일환으로서의 제3자 경어의 연동 등을 생각할 수 있다. 또한 이와 같은 현상의 원인구명을 위해서는 follow-up interview 등으로 실제의 사용의식을 알아볼 필요가 있지만 이것에 관해서는 앞으로의 과제로 남겨 둔다.

3.3.4.1.5 제3자가 학장일 경우

마지막으로 제3자가 학장이고 청자가 친구일 경우 '+-'가 72.5%로 가장 높고 다음이 '--'로 24.8%를 차지하고 있다. 전술한 제3자가 지도교수일 경우와 비교해 보면'--'의 사용이 약간 높으므로 제3자로서는 학장보다 지도교수를 더 높이고 있다는 것을 알 수 있다. 그것은 사회적 지위는 학장이 위이지만 일반적으로 자주 접하는 사람은 지도교수로 화자나 청자인 친구에게는 더 친근한 존재이므로 존경어가 더 많이 사용된 것이라고 할 수 있다.

지도교수와 학장이 각각 청자나 제3자로서 역할을 바꾸는 경우를 비교해 보면 '++'의 사용이 지도교수에게 학장에 관해서 언급하는 경우는 91%, 학장에게 지도교수에 관해서 언급하는 경우는 70%로 사회적 지위가 높은 쪽인 학장을 제3자로서 더 높이고 있다는 것을 알 수 있다.

3.3.4.2 경어 사용에서의 남녀차

다음으로 한국 대학생의 제3자 경어 사용의 남녀차를 그림 3-10에 나타내었다.

전체적으로 남녀차는 그다지 많지는 않았다. 가장 큰 남녀 차이가 보인 것은 제3자가 지도교수이고 청자가 학장일 경우로 여성은 남성보다 높은 비율로 '++'를 사용하고 있으며, 한편 남성은 여성보다 높은 비율로 '－+'의 사용을 보였다. 이 장면은 전술한 압존법이 작용하여 제3자를 향한 경어 사용을 자제해야 하는 장면이지만 남녀 모두 압존법을 그다지 지키지 않고 있다. 그 중에서도 여성이 위반하는 비율이 높고 남성 중에서 압존법을 준수하고 있는 것은 약 40%에 지나지 않는다는 것을 알게 되었다.

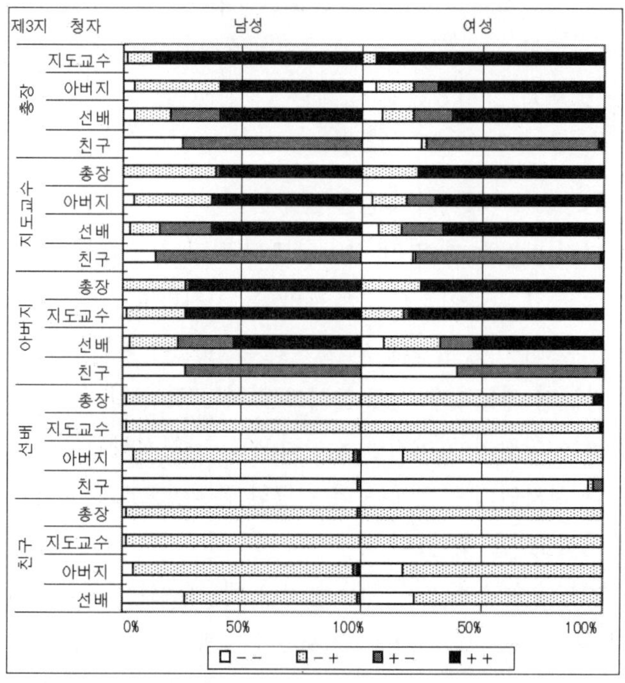

【그림 3-10】 인간관계에 따른 4유형 분류의 사용률의 남녀차(한국)

일본어에서는 제3자 경어 사용의 큰 특색으로서 남성은 '경어 억제'의 경향을, 여성은 '경어 사용'의 경향을 보이고 있지만 한국어에서는 양쪽 모두가 '경어 사용'의 경향을 보여 '경어 억제'와 같은 용법이라고 할 수 있는 압존법은 붕괴되고 있다는 것을 알 수 있다.

3.3.5 대학생 조사의 한일 비교

다음은 한일 양 언어의 인간관계별의 제3자 경어 사용을 표 3-7과 그림 3-11에 나타내었다.

표 3-7과 그림 3-10에서 자세한 비교가 가능하지만 한일 양 언어의 경어 사용을 더욱 간략화한 분석 방법으로 한일 양 언어의 비교를 시도해 보겠다.

【표 3-7】 인간관계에 따른 4유형분류의 사용률

제3자	청자	일본어				한국어			
		−−	−+	+−	++	−−	−+	+−	++
친구	선배	10.3	89.7			24.2	75.2	0.7	
	아버지	96.0	4.0			12.1	86.6	0.7	0.7
	지도교수	4.0	96.0			0.7	99.3		
	총장	2.4	97.6			0.7	98.7		0.7
선배	친구	92.1	5.6	1.6	0.8	96.0	1.3	2.7	
	아버지	95.2	4.0	0.8		12.1	86.6	0.7	0.7
	지도교수	2.4	86.5	1.6	9.5	0.7	98.7		0.7
	총장	0.8	89.7	1.6	7.9	0.7	97.3		2.0
아버지	친구	92.9	0.8		6.4	34.2	0	64.4	1.3
	선배	8.7	90.5	0.8		6.7	22.2	18.1	53.0
	지도교수	3.2	94.4	0.8	1.6	0.7	20.8	1.3	77.2
	총장	1.6	96.8	0.8	0.8		25.5	0.7	73.8
지도교수	친구	88.9	3.2	4.8	3.2	18.1	0.7	80.5	0.7
	선배	7.9	75.4	2.4	14.3	5.4	10.7	19.5	64.4
	아버지	90.5	3.2	4.8	1.6	4.7	22.2	6.7	66.4
	총장	0.8	49.2	1.6	48.4	0.0	30.2	0.7	69.1
총장	친구	85.7	3.2	7.1	4.0	24.8	1.3	72.5	1.3
	선배	7.9	69.8	2.4	19.8	6.7	14.1	18.1	61.1
	아버지	87.3	2.4	7.9	2.4	5.4	24.2	6.0	64.4
	지도교수	2.4	44.4	0.8	52.4	0.7	8.1		91.3

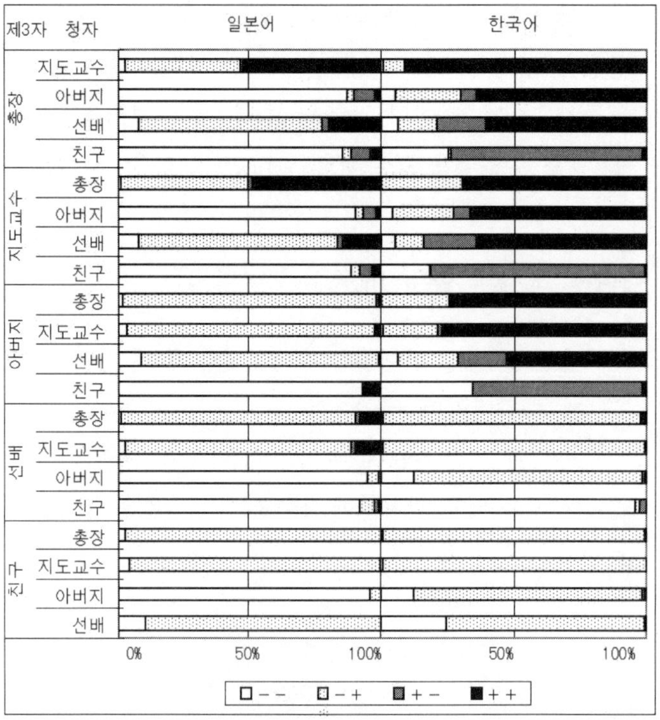

【그림 3-11】 인간관계에 따른 4유형분류의 사용률(한일의 비교)

그림 3-12와 그림 3-13에서는 한일 양 언의에서 인간관계에 따른 제3자를 높이는 정도나 청자를 높이는 정도를 비교하기 위해서 '－－, －＋,

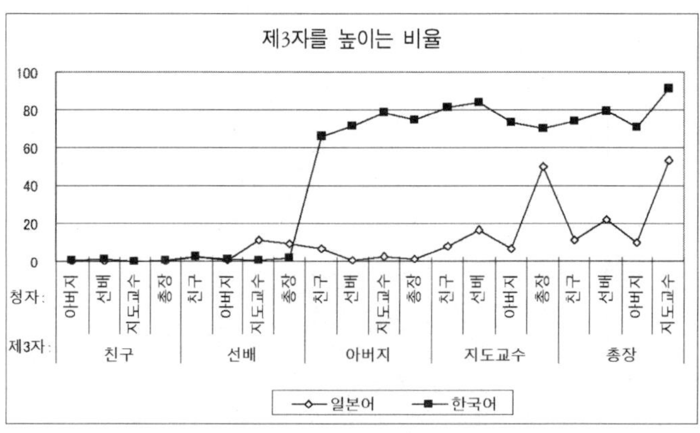

【그림 3-12】 제3자를 높이는 비율(한일의 대학생의 비교)

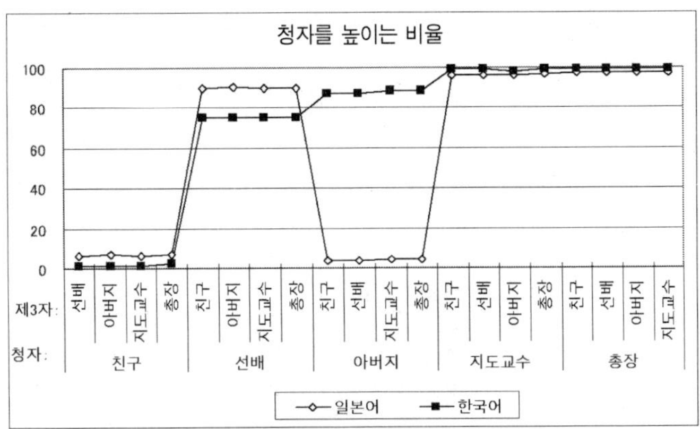

【그림 3-13】 청자를 높이는 비율(한일의 대학생의 비교)

＋－, ＋＋'의 4유형 분류 항목 중에서 '＋－'와 '＋＋'를 합쳐서 '제3자를 높이는 비율'로 하였다. 더욱이 '－＋'와 '＋＋'를 합쳐서 '청자를 높이는 비율'로 하여 다시 그래프를 그렸다.

이하, 전체적인 한일 양 언어의 차이에 관해서 서술하겠다.

제3자가 아버지, 지도교수, 학장일 경우에 한일 양 언어에서 차이가 있어, 한국어가 이들 인물들을 높이는 비율이 66~91%로 높다. 일본어의 경우는 원래 제3자에 대한 존경어 사용이 적다고는 하지만 청자와 제3자가 각각 지도교수나 학장인 경우에만 50% 정도가 제3자를 높이고 있다. 그러나 한일 양 언어 모두 청자가 친구, 선배의 경우에는 제3자가 아무리 화자보다 연령이나 사회적 지위가 높은 인물이라 하더라도 이들 인물에 대한 제3자 경어는 거의 쓰이고 있지 않다는 것을 알 수 있다.

일본어의 경우 가족인 아버지에 관해서 언급할 때 존경어가 전혀 쓰이고 있지 않는 데 반해, 한국어의 경우는 화자의 영역 밖의 인물에 대해 가족인 아버지에 관해서 언급할 때에도 아버지를 높이는 비율이 64~78%로 일본어보다 훨씬 높고 이것은 한일 양 언어에서 눈에 가장 띄는 차이였다.

또한 청자인 아버지에 대해 사용한 경어를 일본어의 경우는 거의 모든 사람이 아버지에 대해 경어체를 사용하지 않는 것에 반해 한국어의 경우는 88% 정도의 사람이 아버지에 대해 경어체를 사용하고 있다. 이것은 일본에서는 가정 내에서 경어가 그다지 쓰이고 있지 않는 데 반해 한국에서는 양친이나 연상의 형제에 대해 경어를 사용하고 있다는 지금까지의 선행 연구와도 일치하는 결과였다. 청자에 따른 차이는 다소 있지만 한국어에서는 전체적으로 아버지, 지도교수, 학장에 관해서 언급할 때는 제3자를 높이는 경어법이 사용되고 있다.

또한 한국어의 경우 이번 조사로 종래의 연구(梅田, 1987등)에서 지적되고 있는 것과 같이 아버지가 절대적으로 높여지고 있는 것은 아니라는 것을 알게 되었다. 즉 청자가 누구냐에 따라서 22~34%의 사람이 아버지에 대해 언급할 때 존경어 사용을 자제하고 있으며, 청자가 누구냐에 관계없이 특히 아버지를 타인에게 언급할 때는 반드시 높인다는 梅田(1977, 1987)와는 다른 결과가 나왔다. 즉 이것은 한국어의 가족에 대한 경어사용에서 '절대 경어의 상대 경어화'를 얘기하는 것이라고 할 수 있다.

또한 선배의 경우는 조사에서는 친한 선배를 설정했는데 한일 양 언어에서 차이가 보여 한국어의 경우는 25% 정도가 선배라 하더라도 친하다는 이유로 청자를 높이지 않고 있으나 일본어의 경우는 10% 정도에 머물러 있다는 것을 알게 되었다. 한일에서 '친하다'라는 의미의 파악 방법에 차이가 있었다.

다음으로 그림 3-14는 각 인물의 제3자로서의 대우도와 청자로서의 대우도를 산포도로 나타낸 것이다. 오른쪽 방향의 대각선상에 가까울수록 한일 양 언어가 공통적이라는 것을 의미하며, 대각선의 왼쪽에 위치하면 한국 쪽이 높게 대우되고 있다는 것을 의미하며, 오른쪽에 위치하면 일본 쪽에서 더 높게 대우되고 있다는 것을 의미한다.

즉 제3자로서의 지도교수, 학장 및 제3자와 청자로서의 아버지는 한국어에서 일본어 이상으로 높게 대우되고 있다고 할 수 있다. 일본어에서 한국어보다도 높게 대우되는 것으로서는 청자로서의 선배일 경우뿐이라는 것을 알 수 있다.

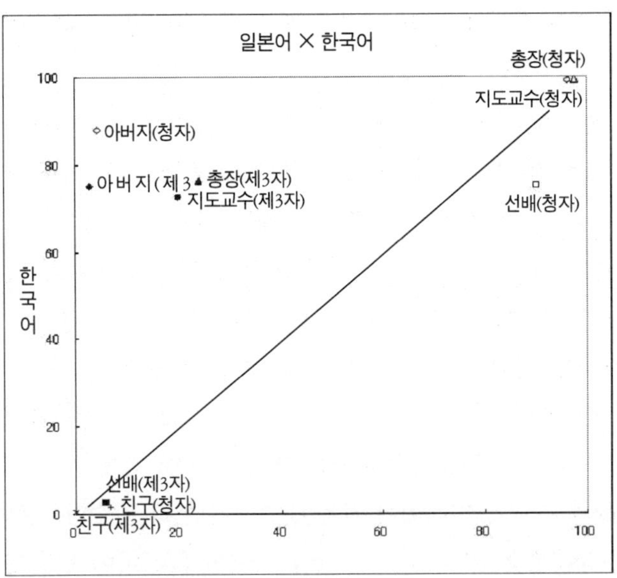

【그림 3-14】 각 인물에서 청자로서의 경어도와 제3자로서의 경어도

3.4 대학생 설문조사의 맺음말

이상으로 한일의 대학생을 대상으로 한 설문조사를 통하여 청자에 따른 제3자 경어 사용에서 한일 양 언어의 공통점과 상이점을 고찰했다.

같은 인간관계를 설정한 한일 양 언어의 대략적인 경향을 정리하면 청자 경어에서는 일본어가 60%, 한국어가 75%로 그다지 큰 차이는 없었지만 제3자 경어에 관해서는 일본어가 11%인 데 반해 한국어는 46%나 되어 한일 양 언어에서 제3자를 어떻게 인식하는가에 큰 상이점이 인정되었다.

오기노치의 분석으로 한일 양 언어에서 가장 상이점이 보였던 것은 아버지에 대한 경어 사용이라는 것을 알 수 있었다. 한국어의 경우 아버지는 청자가 되어도 제3자가 되어도 높이는 것이 일반적인 데 반해 일본어의 경우는 청자가 되는 경우도 경어체를 사용하지 않으며 제3자가 되는 경우에도 제3자의 영역 문제로 제3자인 아버지를 높이는 사람은 없다는 것을 알 수 있었다.

한국어의 경우 가장 절대적으로 높여진다고 하는 아버지에 관해서 언급할 때 2~3할의 사람이 청자가 동등한 경우에 아버지를 높이지 않고 있어, 절대적으로 높여진다고 하는 아버지를 청자가 누구냐에 따라서 상대적으로 경어 사용을 바꾸고 있는 것으로, 이것은 '절대 경어의 상대 경어화'로 생각된다. 이와 같이 한국어의 '절대 경어의 상대 경어화'는 가족을 언급하는 장면에서 발생하고 있다고 할 수 있다.

더욱이 청자가 학장이고 제3자가 지도교수인 장면에서는 한일 양 언어 모두 혼란이 관찰되었다. 일본어에서는 이 경우 규범적인 경어법으로는 제3자 경어를 자제해야 하는 장면이지만 약 반수의 사람이 제3자에 대한 존경어를 사용하고 있어서 이것은 청자 경어에 연동해서 제3자까지도 높여 버리는 '제3자 경어의 청자 경어화'라고 볼 수 있다. 한편 한국어에서는 이 장면은 압존법이 나타나는 장면이지만 약 7할의 사람이 지도교수까지 높이고 있어서 압존법은 거의 지켜지지 않고 있다는 것을 알 수 있었다. 즉 화자는 청자와 제3자와의 상하관계는 고려하지 않고 어쨌든 손위인 청자의 앞에서 정중한 언어 사용을 하려는 의식이 있었다고 해석할 수 있다.

이상과 같이 한국어에서도 일본어와 마찬가지로 제3자에 대한 경어 사용을 청자에 대한 배려의 일환으로서 사용하고 있어서 '제3자 경어의 청자 경어화'가 관찰되었다.

실제로 조사를 해 보면 청자와 제3자 모두가 높여야만 하는 손위 인물인 장면에서 많은 피조사자가 어느 쪽을 높여야 하는지 망설이는 경우가 많아 현실적으로 제3자 경어에 있어서 혼란이 일어나고 있다고 생각된다.

더욱이 이번 조사는 경어 습득이 완전하지 않은 대학생을 대상으로 하고 있기 때문에, 이와 같은 결과는 경어 습득에 미숙하였던 것에 원인이 있었을 가능성이 있다. 그러므로 사회인을 대상으로 한 조사와 비교해 볼 필요가 있다고 생각된다. 다음 4장에서는 본장의 결과와 사회인을 대상으로 한 조사를 비교해 가면서 검증을 해 나가겠다.

4.1 사회인 설문조사의 목적

본장에서는 사회 경험으로 어느 정도 경어의 습득을 완료했다고 볼수 있는 한일의 사회인을 대상으로 설문조사를 하여, 제3자에 대한 경어 사용이 청자에 따라서 상대적으로 변화하는지 여부와, 나아가서는 제3자에 따른 차이 유무를 검토하는 것을 목적으로 하고 있다.

이제까지 제3자 경어를 다룬 연구는 몇 가지 있었지만 여러 종류의 청자를 설정하여 각 청자 경어와의 관련에서 제3자 경어를 파악하려는 연구는 그다지 없었다. 절대 경어와 상대 경어의 문제는 제3자 경어에 있어서 특히 중요한 문제점이며, 절대 경어라고 알려져 있는 한국어에서는 원래 절대적으로 높여야만 하는 상사나 아버지가 과연 청자의 사회적 지위나 화자의 상하, 친소관계에 관계없이 절대적으로 높여지고 있는지 아니면 이러한 요인에 따라서 제3자에 대한 경어 사용이 바뀌는지, 이러한 점에 주목하면서 고찰할 것이다.

4.2 사회인 설문조사의 개요와 분석 방법

4.2.1 사회인 조사의 조사 시기

설문조사는 한국에서는 2002년 8월에서 9월에 걸쳐서 일본에서는 2002년 9월에 1차 조사를 실시하고 11월에 추가 조사를 실시하였다. 응답 방식으로는 선택식도 고려했었지만 예비 조사에서 다소 곤란함을 느낀다는 의견이 있었기 때문에 자유기입식으로 했다.

4.2.2 사회인 조사의 피조사자

표 4-1은 한일의 피조사자의 남녀별 구성과 평균 연령을 나타낸 것이다.

【표 4-1】 피조사자의 남녀 구성과 평균 연령

		남성			여성			합계	
		인원수	%	평균연령	인원수	%	평균연령		
일본	방송관계자	33	70.2	48.33	14	29.8	42.5	47명	100%
	대학사무직	26	59.1	39.46	18	40.9	37.61	44명	100%
한국	방송관계자	116	61.1	41.74	74	38.9	34.24	190명	100%

【표 4-2】 피조사자의 연대별 분포

		20대		30대		40대		50대		소계	합계
		인원	%	인원	%	인원	%	인원	%		
일본	남성	4	6.8	16	27.1	17	28.8	22	37.3	59명	91명
	여성	6	18.8	12	37.5	8	25.0	6	18.8	32명	
한국	남성	8	6.9	47	40.5	28	24.2	33	28.4	116명	190명
	여성	25	33.8	27	36.5	19	25.7	3	4.1	74명	

피조사자는 한일에서 가능한 한 조건을 통일하기 위해서 동류의 직업인을 대상으로 하려고 했다. 한일 모두 방송업에 종사하는 사람을 대상으로 설문조사를 실시하여 한국에서는 190명, 일본에서는 47명의 데이터를

수집하였다. 그러나 일본인의 데이터가 충분하지 않았기 때문에 추가 조사가 필요하게 되어 대학의 일반 사무원을 대상으로 추가 조사를 실시한 결과, 최종적으로 합계 91명의 데이터를 얻었다.

피조사자의 수가 충분하지 않지만 고찰을 명료하게 하기 위해서 4.3.7.3의 세대차의 분석을 할 때에는 크게 20대와 30대를 합친 그룹과 40대와 50대를 합친 그룹의 2가지 세대로 나누어서 고찰하기로 한다.

4.2.3 사회인 조사의 조사 항목

조사에서 설정한 3개의 장면이나 인간관계에 관해서 아래의 표 4-3에 자세히 나타내었다. 더 상세한 질문문의 내용은 자료를 참조하였으면 한다.

제3자는 장면에 따라 달리 두었는데 가족에 대한 언급의 장면에서는 아버지, 업무 중의 장면에서는 과장, 회사 밖의 장면에서는 상사, 연하의 상사, 연상의 부하를 설정했다. 청자로는 부하, 동료, 상사를 설정하여 각각 친소의 2가지 경우를 설정하였다. 또한 제3자인 상사의 성별에 따라서도 경어 사용은 달라질 것으로 예상되었지만 질문문의 길이 등을 고려해서 이번에는 그 차이에 대해서는 묻지 않았다.

또한 한국에서 한 조사와 일본에서 한 1차 조사에서는 제3자의 친소를 나누어서 물었지만, 분석 결과 제3자의 친소차가 그다지 없었기 때문에 일본에서 한 추가 조사에서는 제3자의 친소 차이를 묻지 않았다. 그러므로 본 연구에서는 제3자와 화자와의 친소차라는 시점은 제외하기로 한다.

【표 4-3】 설정한 인간관계와 질문문의 내용

장면	제3자	청자	설정한 질문문
가족의 언급	아버지	부하(친소의 경우), 동료(친소의 경우), 상사(친소의 경우)	당신이 차고 있는 시계를 보고, 회사 동료가 "시계 멋있는데, 웬 거야?" 라는 내용의 질문을 했습니다. 당신은 "아버지가 여행 가서 <u>사 왔다</u>." 라는 내용을 전달할 경우에 "<u>사 왔다</u>." 라는 부분을 어떻게 말씀하시겠습니까?

업무 중	과장	부하(친소의 경우), 동료(친소의 경우), 부장(친소의 경우), 타 부서의 과장(친소의 경우), 외부에서 온 손님	<u>근무 중에</u>, 이하의 상대가 당신에게 "차장(님)은 있는가?" 라고 물었습니다. 당신은 "차장(님)은 <u>없다.</u>" 라는 내용을 전달할 경우에 "<u>없다.</u>" 라는 부분을 어떻게 말씀하시겠습니까? (그 자리에 차장(님)은 없습니다.)
회사 밖	상사	부하(친소의 경우), 동료(친소의 경우), 상사의 동료(친소의 경우), 상사의 상사(친소의 경우)	<u>점심 시간에 회사 근처 편의점에 갔더니</u>, 회사동료가 있었습니다. 당신이 그 회사 동료에게 "이번에 임시보너스가 나온대." 라는 내용을 얘기했더니 상대가 "누가 그 말을 했느냐" 라고 물었습니다. 당신은 "제3자인 ○○가 <u>말했다.</u>" 라는 내용을 전달할 경우에 "<u>말했다.</u>" 라는 부분을 어떻게 말씀하시겠습니까? (그 자리에 제3자는 없습니다.)
	연하의 상사	부하(친소의 경우), 동료(친소의 경우), 상사(친소의 경우)	
	연상의 부하	부하(친소의 경우), 동료(친소의 경우), 상사(친소의 경우)	

업무 중의 장면에서 제3자가 과장일 경우는 청자로서 상사가 아니라 같은 부서의 부장(이하, '부장'이라고 씀)이나 타부서의 과장, 외부에서 온 손님(이하 '손님'이라고 씀)과 같이 더 구체적인 상대를 설정하여 회사 내부에서의 제3자의 영역의 문제를 살펴볼 수 있도록 계획을 세웠다.

또한 회사 밖의 장면에서는 제3자가 상사의 경우는 청자로서 같은 상사가 아니라 제3자인 상사의 동료(이하 '상사의 동료'라고 씀)와 제3자인 상사보다 더 상위의 상사(이하 '상사의 상사'라고 씀)를 설정하여 '제3자 경어의 청자 경어화'와 한국의 규범적인 경어법인 압존법의 운용에 관해서 고찰할 수 있도록 고려했다.

조사를 실시할 때는 인간관계 외에 장면 차도 고려해야 하므로 과장의 경우는 격식적인 장면을, 그 외의 것은 비격식적인 장면을 설정하게 되었다.

4.2.4 술부형식의 5유형 분류

조사에서 얻어진 다양한 언어형식을 청자 경어의 등급과 제3자 경어의 등급으로 5가지의 유형으로 분류하여 한일 양 언어의 비교나 남녀차,

세대차에 따른 경어 사용의 차이에 관해서 본다. 표 4-4에 5유형 분류의 기준을 제시한다.

【표 4-4】 제3자 경어와 청자 경어의 5유형 분류(사회인)

기호	제3자 경어	청자 경어	일본어 예문	한국어 예문
－－	존경어 불사용(－)	상체(－)	(父が) 買ってきた.	(아버지가) 사 왔다.
－＋	존경어 불사용(－)	경체(＋)	(父が) 買ってきました.	(아버지가) 사 왔습니다.
＋－	존경어 사용(＋)	상체(－)	(父が) 買っていらっしゃった.	(아버지가) 사 오셨어.
＋＋	존경어 사용(＋)	경체(＋)	(父が) 買っていらっしゃいました.	(아버지가) 사 오셨습니다.
겸양어 사용			(父が) 買ってまいりました.	해당 없음

또한 한국어의 청자 경어에 있어서는 경어체에 '해요체'와 '합니다체'의 2가지가 있지만 위의 분류 기준에서는 양자 모두 청자 경어를 '＋'로 하며 양자의 차이에 따른 고찰은 후술하기로 한다. 어형의 차이에 따른 자세한 분석은 4.3.6에서 하기로 하고 여기에서는 우선 제3자나 청자에 대한 경어 의식을 단순화하여 대략적인 경향을 파악하려고 노력하였다.

여기에서 5번째 항목인 겸양어에 관해서 상술하기로 하자. 겸양어는 학교문법에서는 주어를 낮춘다고 가르치고 있지만 자세히 보면 몇 가지의 성질로 나눌 수가 있다. 菊地(1997)는 다음과 같이 기술하고 있다.

> 겸양어A는 'お～する, 伺う, いただく' 등이 있으며 화자가 보어를 높이는 것에 부수적으로 주어를 낮추는(보어보다도 낮게 위치한다) 표현이고, 겸양어B는 'いたす, まいる, 申す, 存じる'가 있으며 자신 쪽을 낮추어서 서술함으로써 화자가 청자에 대해서 정중함을 나타내는 용법이다. (중략) 후자는 사실상 청자에 대한 '대화의 경어'로서 기능하고 있다고 해도 좋지만 이러한 청자에 대한 정중함은 본래는 화자가 자신이나 자신의 영역의 인물에 관해서 주어로서 서술할 때에 《손아래》로 낮게 대우한다는 것에서 기인한 것이라고 여겨져 역시 원래는 '화제의 경어'임에 틀림없다.

본 연구에서도 菊地(1997)의 주장에 따라 겸양어B도 넓게 겸양어로서 취급하기로 한다. 또한 한국어의 겸양어는 서정수(1984)에서도 지적하고 있듯이 최근에 겸양표현이 약화되는 경향이 있어서 현대에는 소수의 어휘에 밖에 남아 있지 않다(여쭙다, 드리다, 모시다, 뵙다 등). 또한 이들 겸양동사는 제3자가 여격이나 목적격일 경우에 나타나는 것으로 이번 조사에서는 제3자가 주격으로 등장하는 장면을 설정했기 때문에 당연히 겸양어는 쓰이지 않았다.

4.3 사회인 설문조사의 결과와 고찰

4.3.1 한일의 사회인 조사의 전체적인 경향

여기에서는 한일 사회인이 제3자 경어를 사용하는 전체적인 경향을 대략적으로 파악하기 위해서 제3자의 상위나 청자의 상위를 무시하고 각 어형의 패턴 별로 그 비율을 산출했다. 이하에 표 4-5와 그림 4-1을 제시한다.

【표 4-5】 4유형 분류의 사용률(사회인)

	－－	－＋	겸양어 사용	＋－	＋＋	합계
일본어	46.5	30.1	9.2	4.4	9.7	100%
한국어	32.6	21.6	0.0	20.3	25.5	100%

한일 양 언어에서 인정되는 큰 차이는 역시 제3자를 어느 정도로 높이느냐는 문제이다. 그림 4-1을 보면 일본어는 '－－'와 '－＋'의 비율이 한국어보다 높고 한국어는 '＋－'와 '＋＋'의 비율이 일본어보다 높다는 것을 알 수 있다. 즉 일본어에서 제3자를 높이는 비율은 15%정도에 지나지 않지만 같은 인간관계를 설정한 한국어에서는 '＋－'와 '＋＋'를 합쳐서 45%나 된다. 그만큼 일본어의 경우에는 '－－'이나 '－＋'가 많다는 것을 그림 4-2에서 알 수 있다.

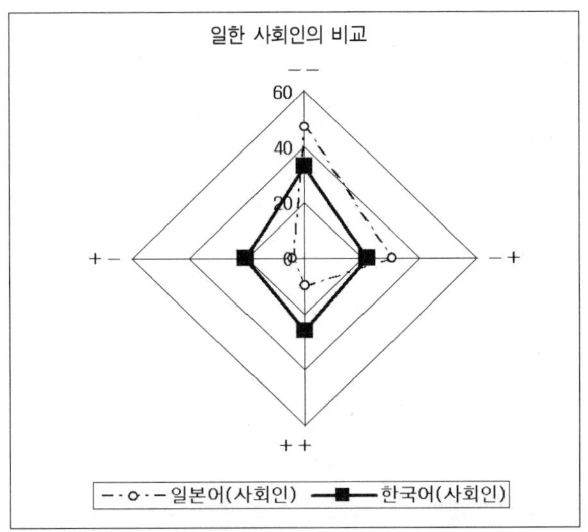

【그림 4-1】 4유형 분류의 결과(레이더 차트ㆍ사회인)

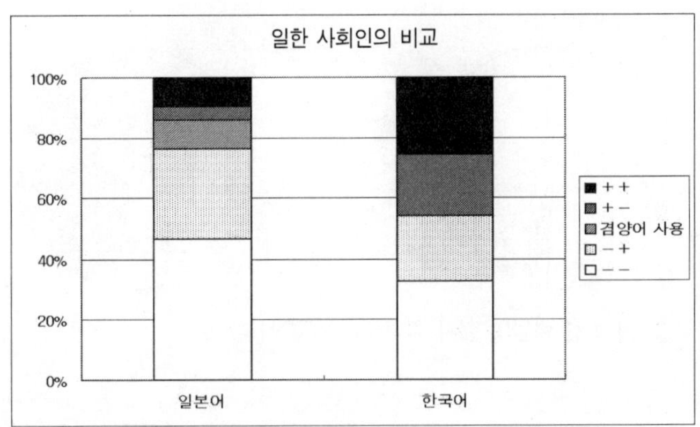

【그림 4-2】 4유형 분류의 결과(사회인)

또한 3.3.1에서 본 대학생의 결과(그림 3-1과 그림 3-2)와 비교해 보면 사회인이 '-+'의 비율이 낮고 '--'가 대학생보다 많이 쓰이고 있다는 것을 알 수 있다. 이것은 사회인 조사에서는 청자로서 상위자뿐만 아니라 부하나 동료 도 설정한 데 기인하는 것으로 판단된다.

다음으로 청자 경어의 사용 유무나 제3자 경어의 사용 유무를 더 간략화한 것으로서 그림 4-6과 그림 4-3, 그림 4-4를 제시한다.

【표 4-6】 한일의 청자 경어와 제3자 경어의 사용률(사회인)

	청자		제3자	
	높이는 비율	높이지 않는 비율	높이는 비율	높이지 않는 비율
일본어	49.1%	50.9%	14.1%	85.9%
한국어	47.1%	52.9%	45.7%	54.3%

　여기에서 비율의 산출법을 설명해 두겠다. 우선 청자를 높이는 비율은 5유형 분류 중에서 '－＋, ＋＋, 겸양어 사용'을 합계한 비율이다. '겸양어 사용'을 청자를 높이는 비율에 넣은 이유로는 이번 조사에서는 '參った'와 같은 '겸양어＋상체(常体)'의 예는 1예도 없었고 모든 것이 '參りました'와 같은 '겸양어＋경체(敬体)'였기 때문이다. 다음으로 제3자를 높이는 비율은 '＋－'와 '＋＋'의 합계 비율이다.

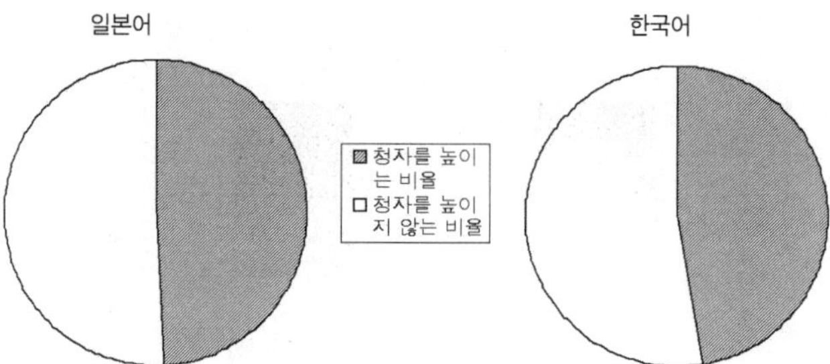

【그림 4-3】 한일의 청자 경어의 사용률(사회인)

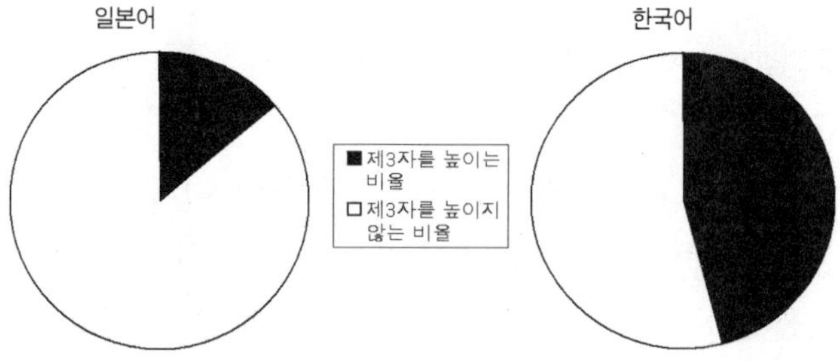

【그림 4-4】 한일의 제3자 경어의 사용률(사회인)

우선 청자를 높였는지 어떤지를 나타낸 그림 4-3을 보면 청자를 높이는 비율은 한일 양 언어에서 유사하다는 것을 알 수 있다. 다음으로 제3자를 어느 정도 높였는지를 나타낸 그림 4-4를 보면 한국어가 일본어보다 제3자를 높이는 비율이 3배 정도 높다는 것을 알 수 있다.

또한 3.3.1에서 본 대학생의 결과(그림 3-3, 그림 3-4)와 비교해 보면 제3자 경어의 사용률을 나타낸 그림 4-4와 그림 3-4는 꽤 비슷하다는 것을 알 수 있다. 그러나 청자 경어의 사용률을 나타낸 그림 4-3과 그림 3-3은 약간 상이점이 보여 사회인이 청자를 높이는 비율이 낮았다. 이것은 전술한 대로 양 조사에서 설정한 청자의 차이에 따른 것이라고 할 수 있다.

4.3.2 한일의 사회인 조사의 오기노치의 비교

다음으로 인간관계에서 오기노치의 결과를 살펴보기로 하자. 대학생 조사와 마찬가지로 오기노치의 결정은 청자의 영향력이 크기 때문에 그림 4-5에서는 청자의 순으로 순서를 바꾸어서 그래프를 만들었다. 오기노치의 계산법에 관해서는 3.2.4.1을 참조하기 바란다.

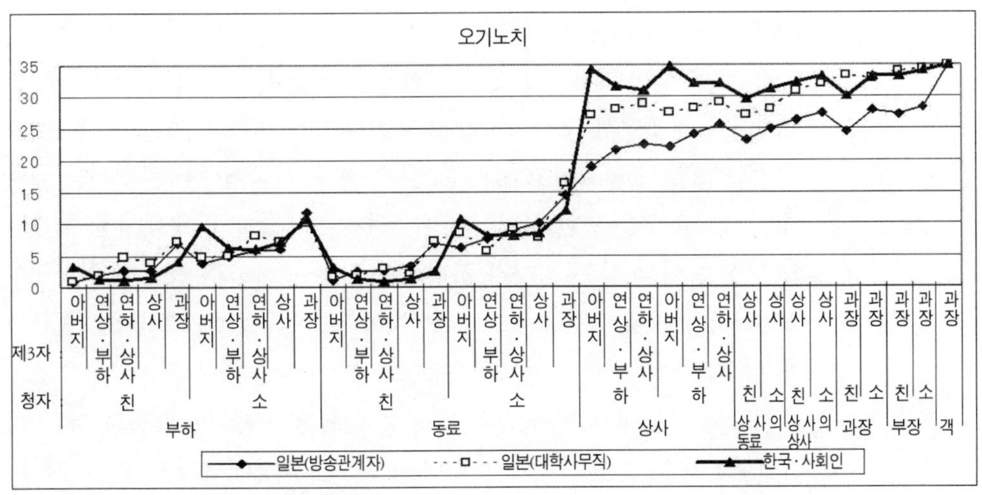

【그림 4-5】 인간관계의 오기노치(사회인)

또한 설문조사에서 설정한 3가지 장면에서 사용한 동사가 각각 다르기 때문에 이들을 같이 계산하는 것은 불가능하다. 따라서 얻어진 어형을 4.2.4에서 제시한 5가지의 유형으로 분류하여 그 결과를 가지고 오기노치를 산출하였다.

그림 4-5의 결과를 보면 한일 양 언어 모두 청자가 친한 부하나 친한 동료의 경우에 오기노치가 낮고, 친하지 않은 부하, 친하지 않은 동료, 친한 상사, 친하지 않은 상사의 순서로 오기노치가 높아진다는 것을 알 수 있다.

또한 제3자에 따른 경향은 청자에 따른 경향을 번복할 정도의 것은 아니었기 때문에, 따라서 인간관계에 관한 오기노치는 제3자가 누구냐는 것보다도 누구에 대해서 이야기하고 있는가 하는 청자의 영향이 더 크다는 것을 알 수 있다. 더욱이 일본어의 경우에는 오기노치의 변화가 완만하지만 한국어의 경우에는 청자가 상사나 부하, 동료에 따라서 2개의 그룹으로 크게 나뉘는 경향을 보이고 있다.

구체적으로 보면, 우선 제3자가 아버지로 청자가 상사인 경우에 한일 양 언어의 차이가 크다. 한국어에 있어서는 오기노치가 가장 높은 제3자가 과장으로 청자가 손님일 경우와 큰 차이가 없는 데 반해 일본어에 있어서는 전체에서 중간보다 약간 위에 위치하는 정도라는 점도 일본어와 한국어에서 아버지의 위상의 차이를 보여주는 것이라서 흥미롭다.

또한 제3자가 과장이고 청자가 친한 부하나 친한 동료인 경우에 일본어에서는 전체에서 오기노치가 높고 한국어에 비해 이들의 인간관계가 더 먼 것으로서 여겨지고 있다고 할 수 있다. 한국어에서는 청자를 배려하지 않아도 좋은 친한 상대이기 때문인지 오기노치가 꽤 낮지만, 일본어의 경우는 이와 같은 청자라 하더라도 업무 중이라는 장면의 격식성이 작용하여 말씨에 신경을 쓰고 있는 것이라고 판단된다. 그러므로 일본어가 더 격식적인 장면을 고려하고 있다고 말할 수 있다.

그것은 일본에서 회사나 직장의 성격과 한국에서의 그것과 다른 데 기인했을지도 모른다. 일본인의 내성으로는 직장에서는 아무리 친하다고 해도 그렇게 친하게 될 수는 없다는 모어화자의 의견도 있었다. 물론 직장의 분위기나 개인 차이도 크겠지만 평균적인 일본인의 친한 동료나 친한 부하의 친함과 한국인의 그것이 어긋났을 가능성도 있다. 이 문제에 관해서는 앞으로 의식 조사 등을 실시하여 명백하게 할 필요가 있다고 생각된다.

4.3.3 일본어의 데이터의 전체적인 위치 매김(문화청 조사와의 비교)

이번에 실시한 설문조사에서 사회인의 성격을 재기 위하여 문화청의 여론조사(1996, 1997)에서 질문한 것과 같은 것을 설정하여 문화청 결과와 비교해 보려고 했다. 문화청에서는 여론조사로 전국 16세 이상의 남녀 3,000명을 대상으로 경어에 관한 의식 등에 관해서 조사하고 있다. 비교할 때는 문화청의 여론조사의 전체의 결과와 문화청에서 실시한 분류 중에서 이번의 조사 집단과 가장 가깝다고 여겨지는 관리·전문기술·사무직의 결과 2개를 살펴보기로 한다.

우선 회사 수부의 사람이 외부인에게 자신의 회사의 鈴木 과장에 대해서 말할 경우 어떤 타칭사를 사용하는 가라는 문제를 표 4-7과 그림 4-6에 정리하였다.

【표 4-7】 문화청의 결과와 이번의 조사대상과의 비교(호칭)

	鈴木	鈴木課長	鈴木さん	기타	합계
문화청 전체	48.4	43.0	5.3	3.3	100%
문화청(관리·전문기술·사무직)	66.3	30.4	2.6	0.7	100%
대학 일반 사무직	69.6	30.4			100%
방송 관계자	80.4	16.1	1.8	1.8	100%

문화청의 결과는 가장 규범적이라고 할 수 있는 '鈴木'가 66.8%로 가장 높고 다음이 '鈴木 과장'으로 30.6%이다. 이 결과는 대학사무직의 결과와도 매우 유사하다. 그러나 방송 관계자의 결과를 보면 '鈴木'는 10% 정도 많아 81.8%를 차지하고 그만큼 '鈴木 과장'이 10% 정도 적어 16.4%를 차지한다. 즉 방송 관계자의 경어 사용이 약간 규범적이라고 할 수 있다.

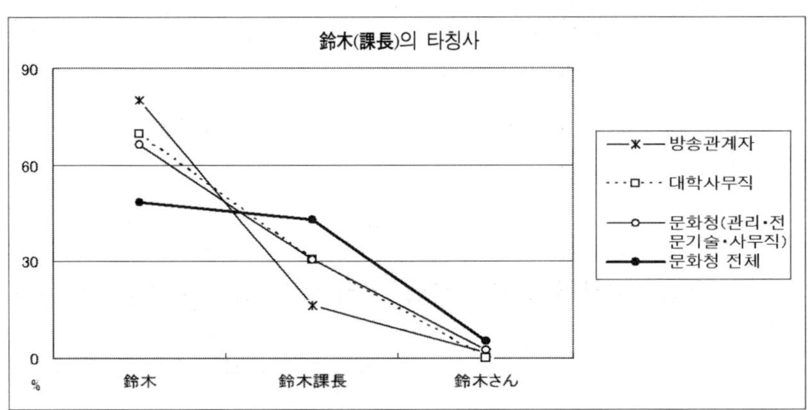

【그림 4-6】 鈴木(과장)의 타칭사

다음으로 회사에서 부장에 대해서 자신의 상사인 과장이 지금 사무실에 없다는 것을 사원이 말한다면 어떻게 말하는 것이 바람직한지에 관해서 보자. 표 4-8과 그림 4-7에 나타내었다.

【표 4-8】 문화청의 결과와 이번의 조사대상과의 비교(술부)

	おりません	いらっしゃいません	いません	おいでになりません	その他	合計
문화청 전체	48.0	24.2	10.9	13.1	3.8	100%
문화청(관리·전문기술·사무직)	50.5	24.7	10.4	12.1	2.3	100%
대학 일반 사무직	50.0	21.7	13.0	4.3	10.9	100%
방송 관계자	35.7	41.1	14.3	5.4	3.6	100%

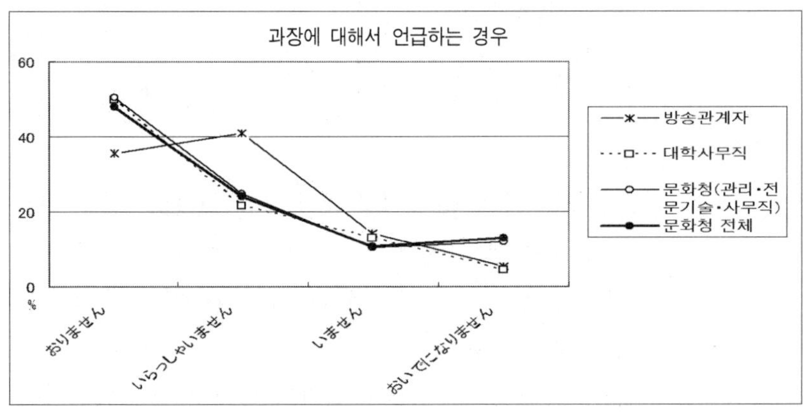

【그림 4-7】 과장에 관해서 언급하는 경우

이 경우도 타칭사의 경우와 마찬가지로 문화청의 결과와 대학일반사무원의 결과가 유사한 경향을 보이고 있다. 즉 부장보다는 화자의 영역 내에 있는 과장을 낮추는 가장 규범적인 말투(표현)인 'おりません'이 50% 정도이고, 제3자인 과장과 청자인 부장 모두를 높이는 'いらっしゃいません'이 20% 정도이다.

이에 반해 방송 관계자는 문화청이나 대학사무직의 결과와 약간 달라서 'いらっしゃいません'이 40%이고, 더 규범적인 'おりません'이 35% 정도로 바르다고 여겨지는 'おりません'이 적었다.

요컨대 방송 관계자는 '鈴木はいらっしゃいません(스즈키는 안 계십니다)'과 같이 타칭사에 관해서는 가장 바른 경어 사용을 하고 술부 부분에 있어서는 제3자까지 높여 버리는 경향이 확인되었다. 일반적으로 방송 관계자는 언어 사용에 민감하다고 일컬어지고 있지만 타칭사와 술부에서 다른 성격을 보이고 있다는 것은 의외의 결과였다. 그러나 타칭사 부분도 술부 부분도 방송 관계자의 결과가 문화청의 결과와 차이가 난다라는 점에서는 공통되고 있다.

다음으로 문화청의 항목과 설문조사 항목의 결과의 비교를 해 보자.

즉 위 문화청의 술부에 관한 경어의식을 물은 항목과 '직속 상사가 ○○를 말했다' 라는 것을 '그 상사의 상사에 대해서 어떻게 말하느냐'는 저자가 설정한 동류의 질문과 비교를 해 보자. 표 4-9와 그림 4-8에 나타내었다.

최상단을 예로 들어 표를 보는 방법을 설명해 본다. 문화청의 질문과 같은 질문에 대해서 'おりません'이라고 대답한 사람이 저자가 설정한

【표 4-9】 의식 항목과 사용 실태 항목과의 비교

문화청과 같은 질문에 대한 응답	저자가 설정한 질문에 대한 응답					
	－－	－＋	겸양어사용	＋－	＋＋	합계
おりません		13	9	3	15	38
いません	3	9		1	2	14
いらっしゃいません		6	2	5	17	29
おいでになりません		2	2		2	5
기타		2	2		2	5
합계	3	32	14	8	36	91

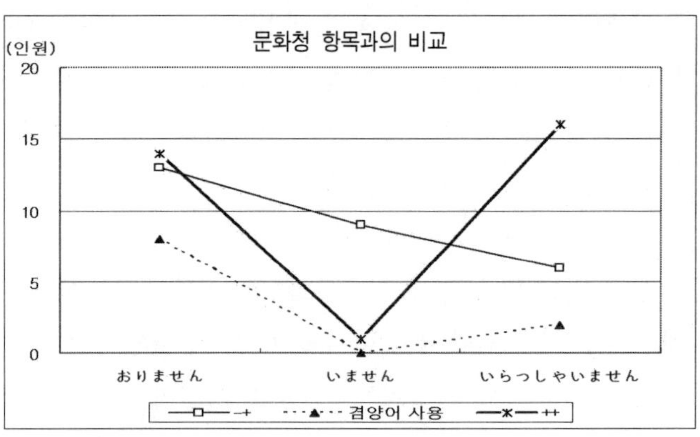

【그림 4-8】 의식 항목과 사용 실태 항목과의 비교

설문조사의 질문에 대해서 '-+'를 사용한 사람이 13명, '겸양어 사용'을 사용한 사람이 9명, '+-'를 사용한 사람이 3명, '++'를 사용한 사람이 15명이라는 것을 의미한다. 즉 'おりません'이라고 답한 38명 중에서 9명만이 일관된 응답을 하고 나머지 29명은 다른 응답을 하고 있다는 것을 의미한다.

'いません'이나 'いらっしゃいません'이라고 대답한 사람의 경우는 이렇게까지 일치하지 않은 것은 아니었으나 'おりません'의 경우는 꽤 일치하지 않았다. 문화청의 경어 의식을 물은 질문과 본 연구에서 설정한 경어 사용을 물은 질문은 장면의 격식성에 차이가 없음에도 불구하고 겸양어 사용에 있어서 불일치가 보이는 것은 왜 그럴까? 그것은 의식과 사용에 차이가 생기는 현상이라고 말할 수 있다.

어수정(2004)에서도 보통의 말투(표현)와 바르다고 여겨지는 말투(표현)가 반드시 일치하는 것은 아니라는 것을 설문조사에서 명백하게 하고 있지만, 이번의 조사를 예로 해 보면 경어 의식을 물은 문화청의 질문에 관해서는 더 바르다고 여겨지는 말투(표현)를 선택하여 더 규범적인 답인 겸양어를 선택하고 저자가 설정한 실제의 장면을 상정한 경우는 보통의 말투(표현)로 여겨지는 응답을 하며 좀처럼 규범대로 겸양어는 사용하기 어렵게 된 것이라고 판단된다. 의식과 사용에 모순이 있는 것으로 이것은 매우 흥미로운 결과이다.

4.3.4 사회인 조사의 일본어의 결과와 고찰

이하 조사항목별로 상세한 분석에 들어간다.

우선 일본어의 경우는 방송 관계자와 대학사무직의 결과를 각각 본 후 양자의 비교도 하기로 한다. 그러나 4.3.6에서 한일 양 언어를 비교할 때는 이들 2가지 결과의 평균을 내서 분석하기로 한다. 그것은 한일 양 언어의 차이에 비하면 일본어 중의 방송 관계자와 대학사무직의 차이는 큰 것이 아니라고 판단했기 때문이다.

4.3.4.1 방송 관계자조사의 분석

방송 관계자의 인간관계에 따른 제3자 경어 사용을 그림 4-9에 나타내었다.

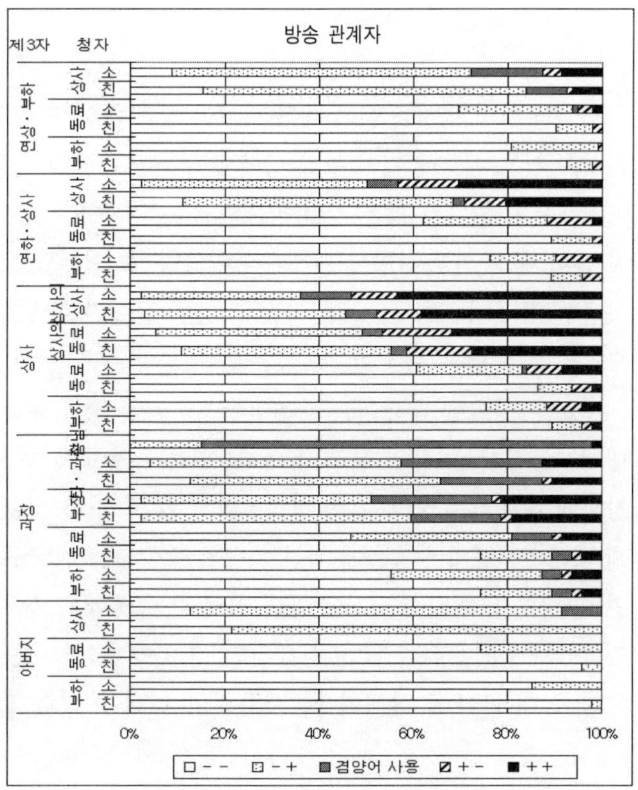

【그림 4-9】 인간관계에 따른 5유형 분류의 사용률(방송 관계자)

4.3.4.1.1 가족에 대한 언급

우선 화자의 영역 밖의 인물이 청자인 경우에 어떻게 아버지에 관해서 언급하느냐에 관해서 고찰을 하겠다.

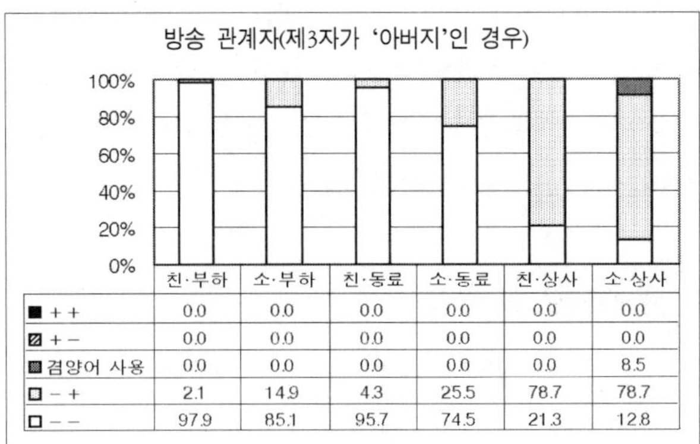

	친·부하	소·부하	친·동료	소·동료	친·상사	소·상사
■ ＋＋	0.0	0.0	0.0	0.0	0.0	0.0
▨ ＋－	0.0	0.0	0.0	0.0	0.0	0.0
▦ 겸양어 사용	0.0	0.0	0.0	0.0	0.0	8.5
□ －＋	2.1	14.9	4.3	25.5	78.7	78.7
□ －－	97.9	85.1	95.7	74.5	21.3	12.8

【도표 1】 청자에 따른 아버지의 언급

화자의 영역 밖의 인물에 대해 화자의 영역 내의 인물에 관해서 언급하는 장면이기 때문에 격식 차린 상대에 대해서는 겸양어가 쓰일 것이라고 예상했지만 친하지 않은 상사에 대해서도 '겸양어 사용'은 8.5%에 지나지 않아 예상 외로 겸양어는 쓰이지 않았다. 그 원인으로는 설문조사에서 사용한 동사가 '買ってくる'라는 テ형이 들어간 술부였기 때문일지도 모르지만 원인은 단정할 수 없다.

부하나 동료에 대해서는 7~9할이 '－－'를 사용하고 있으며, 상사에 대해서는 7할이 '－＋'를 사용하고, 부하나 동료에 대해서는 '상체'가, 상사에 대해서는 '경체'가 일반적이라고 할 수 있다. 또한 청자의 친소차에 따라 '－－'의 사용률에 약간 차이가 보여 동료일 경우에 친한 상대라면 약 96%가, 친하지 않은 상대라면 약 75%, 부하의 경우에는 친한 상대라면 약 98%, 친하지 않은 상대라면 약 85%가 '－－'를 사용하고 있어 친한 상대에 대해 상체가 더 사용되고 있다는 것을 알 수 있다.

4.3.4.1.2 업무 중의 장면

다음으로 격식적인 장면에서의 제3자 경어와 청자 경어의 사용에 관해서 고찰을 하겠다. 제3자는 과장이고 장면은 업무 중이다. 도표 2에 나타내었다.

제3자인 과장은 청자가 부장일 경우에 가장 높여지고 청자가 동료나 부하일 경우에는 가장 높여지고 있지 않다는 것을 알 수 있다.

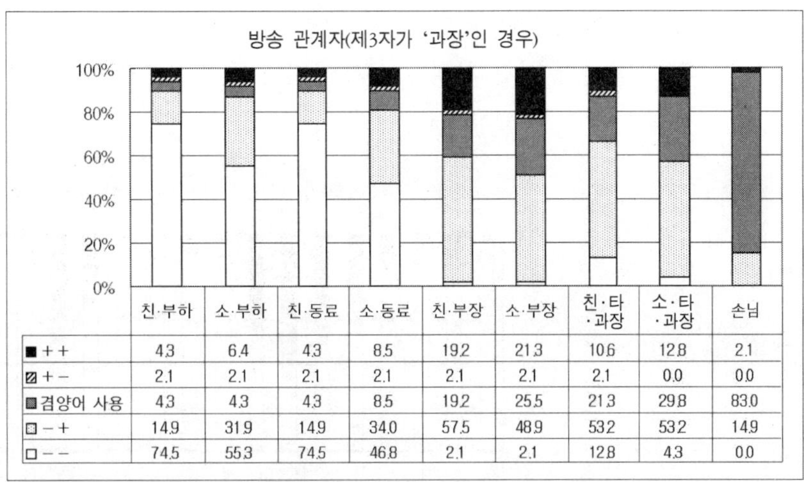

	친·부하	소·부하	친·동료	소·동료	친·부장	소·부장	친·타 ·과장	소·타 ·과장	손님
■ + +	4.3	6.4	4.3	8.5	19.2	21.3	10.6	12.8	2.1
▨ + −	2.1	2.1	2.1	2.1	2.1	2.1	2.1	0.0	0.0
▨ 겸양어 사용	4.3	4.3	4.3	8.5	19.2	25.5	21.3	29.8	83.0
▨ − +	14.9	31.9	14.9	34.0	57.5	48.9	53.2	53.2	14.9
□ − −	74.5	55.3	74.5	46.8	2.1	2.1	12.8	4.3	0.0

【도표 2】 청자에 따른 과장의 언급

또한 청자가 같은 부서의 부장일 경우와 타부서의 과장일 경우를 비교해 보면 청자가 전자일 경우에 제3자를 더 높이고 있다. 전자는 화자의 영역 내이면서 손위이고 후자는 화자의 영역 밖이면서 동등한 지위의 인물이지만 전자에 대해서 제3자를 더 높이고 있는 것이다. 이것은 즉 회사 내의 제3자의 영역 문제보다는 사회적 지위의 상하관계가 강하게 영향을 미치고 있다고 해석할 수 있다.

다음으로 외부에서 온 손님에 대해서는 외부에서 온 인물에 대해서 내부의 인물을 낮추는 제3자의 영역 문제가 크게 작용하여 겸양어가 83%로 압도적으로 많이 쓰이고 있다.

4.3.4.1.3 회사 밖의 장면

다음으로 비격식적인 장면에 관해서 고찰하겠다. 제3자는 상사, 연하의 상사, 연상의 부하로, 결과는 도표 3에 나타내었다.

먼저 제3자가 상사일 경우를 보면, 청자로서는 당연히 '경체'가 쓰이는 상사라 하더라도 그 상사가 제3자가 되면 높여지는 비율은 4~53% 정도로 그다지 높게 대우되지 않는다는 것을 알 수 있다.

상세히 보면, 부하나 동료에 대해서는 '－－'가 많이 쓰이는 것이 전체적인 경향이다. 이 경우 청자의 친소차에 따른 차이도 약간 있어서, 특히 청자가 친한 부하나 동료인 경우에 '－－'의 사용률이 더 높아진다.

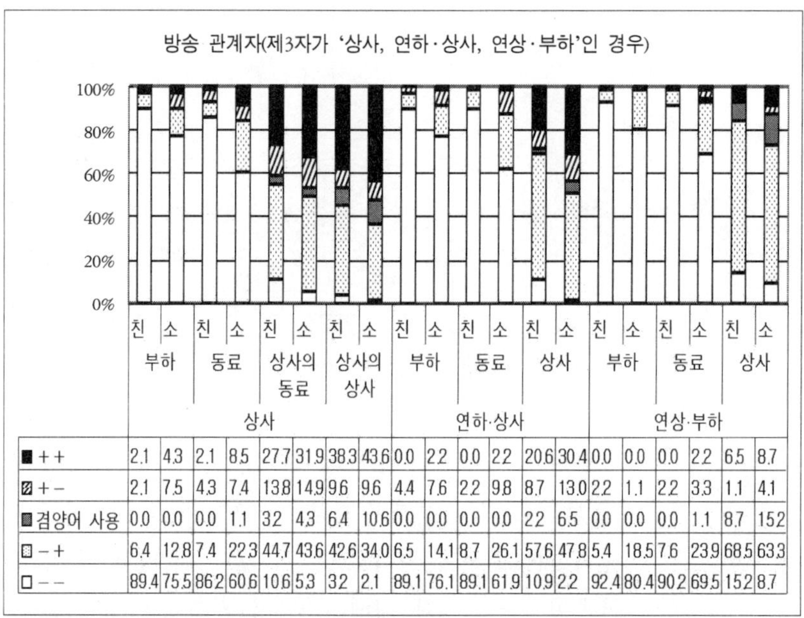

	상사 친 부하	상사 소 부하	상사 친 동료	상사 소 동료	상사 친 상사의동료	상사 소 상사의동료	상사 친 상사의상사	상사 소 상사의상사	연하·상사 친 부하	연하·상사 소 부하	연하·상사 친 동료	연하·상사 소 동료	연하·상사 친 상사	연하·상사 소 상사	연상·부하 친 부하	연상·부하 소 부하	연상·부하 친 동료	연상·부하 소 동료	연상·부하 친 상사	연상·부하 소 상사
＋＋	2.1	4.3	2.1	8.5	27.7	31.9	38.3	43.6	0.0	2.2	0.0	2.2	20.6	30.4	0.0	0.0	0.0	2.2	6.5	8.7
＋－	2.1	7.5	4.3	7.4	13.8	14.9	9.6	9.6	4.4	7.6	2.2	9.8	8.7	13.0	2.2	1.1	2.2	3.3	1.1	4.1
겸양어 사용	0.0	0.0	0.0	1.1	3.2	4.3	6.4	10.6	0.0	0.0	0.0	0.0	2.2	6.5	0.0	0.0	0.0	1.1	8.7	15.2
－＋	6.4	12.8	7.4	22.3	44.7	43.6	42.6	34.0	6.5	14.1	8.7	26.1	57.6	47.8	5.4	18.5	7.6	23.9	68.5	63.3
－－	89.4	75.5	86.2	60.6	10.6	5.3	3.2	2.1	89.1	76.1	89.1	61.9	10.9	2.2	92.4	80.4	90.2	69.5	15.2	8.7

【도표 3】 청자에 따른 상사, 연하의 상사, 연상의 부하의 언급

다음으로 청자가 상사의 동료나 상사의 상사와 같이, 더 상위의 인물에 될수록 '＋＋'가 많아진다. 4.3.4.1.2에서 전술한 제3자가 과장일 경우와 비교해 보면 제3자가 과장일 경우가 존경어 사용이 더 적다. 장면이 더 격식적인데도 불구하고 이 같은 결과가 나온 것은 피조사자의 회사 내

지위에 따른 것으로 생각된다. 즉 피조사자 중에는 지위가 과장보다 더 상위의 인물도 포함되어 있어서 그들에게는 높여야 하는 제3자가 아니기 때문일 것이다.

다음은 제3자가 연하의 상사와 연상의 부하일 경우에 양자를 비교하면서 보도록 하겠다.

우선 그래프에서 검은 색으로 나타낸 '++'의 비율을 보면, 연하의 상사가 연상의 부하보다 더 높여지고 있다는 것을 알 수 있다. 즉 경어 사용에 영향을 미치는 요인인 연령과 사회적 지위라는 두 요인을 비교해 보면 직장 내에서는 사회적 지위가 연령보다 우선되는 요인이라고 말할 수 있다.

연하의 상사는 그냥 상사보다는 높이는 비율이 낮지만 이것은 조사표에서 상사에 관해서는 특별한 조건을 달지 않았기 때문에 피조사자는 일반적인 상식으로 상사를 연상의 인물로 생각한 것이라고 여겨진다.

4.3.4.2 대학사무직 조사의 분석

다음으로 대학사무직의 결과를 제3자별로 나누어서 고찰하겠다. 그림 4-10에 전체를 나타내었다.

4.3.4.2.1 가족에 대한 언급

먼저 제3자가 아버지인 장면에 관한 결과를 도표 4에 나타내었다.

화자의 영역의 인물(가족)인 제3자를 화자의 영역 밖의 인물에 대해 낮춘다는 제3자의 영역 문제는 화자의 영역 밖의 모든 인물에 해당하는 것은 아니라 상사와 같이 청자로서 높이는 상대에 한정된다는 것을 알 수 있다. 즉 '겸양어 사용'은 청자가 상사일 경우에 한해서, 게다가 사용률도 10% 정도로 상당히 낮다. 이 결과는 전술한 방송 관계자의 결과와도 일치하고 있다.

다음으로 청자가 동료나 부하의 경우에는 '--'가 다용되고 있지만 청자의 친소에 따른 차이도 약간 있어서 특히 친한 동료나 부하에 대해서는 가장 높은 90% 이상의 사용률을 보이고 있다.

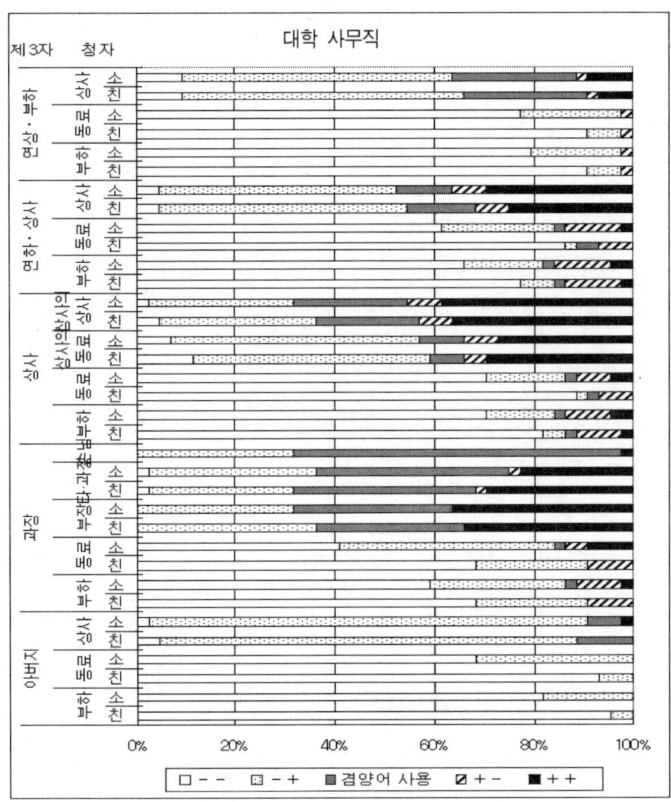

【그림 4-10】 인간관계에 따른 5유형 분류의 사용률

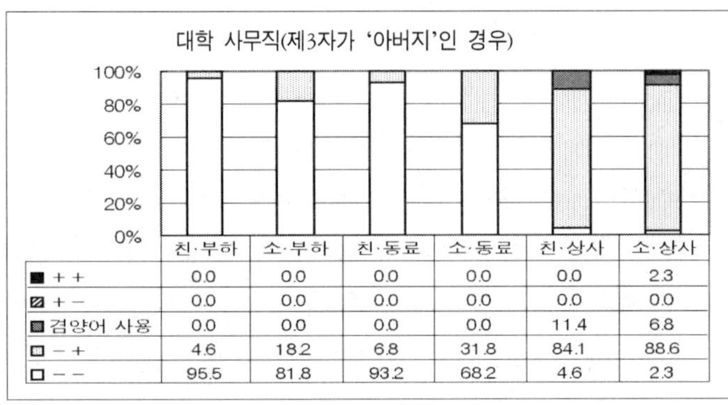

	친·부하	소·부하	친·동료	소·동료	친·상사	소·상사
■ + +	0.0	0.0	0.0	0.0	0.0	2.3
▨ + −	0.0	0.0	0.0	0.0	0.0	0.0
▥ 겸양어 사용	0.0	0.0	0.0	0.0	11.4	6.8
☐ − +	4.6	18.2	6.8	31.8	84.1	88.6
☐ − −	95.5	81.8	93.2	68.2	4.6	2.3

【도표 4】 청자에 따른 아버지의 언급

4.3.4.2.2 업무 중의 장면

다음은 업무 중이라는 격식적인 장면에서 제3자인 과장에 관해서 언급

하는 경우에 그 결과를 도표 5에 나타내었다.

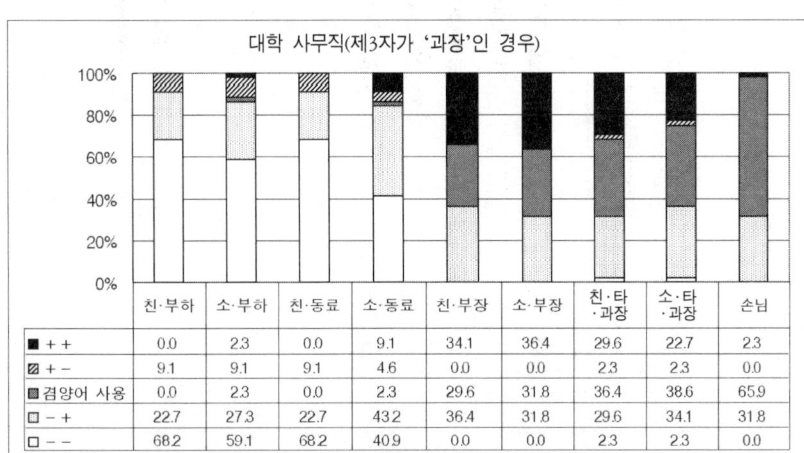

	친·부하	소·부하	친·동료	소·동료	친·부장	소·부장	친·타·과장	소·타·과장	손님
■ ＋＋	0.0	2.3	0.0	9.1	34.1	36.4	29.6	22.7	2.3
▨ ＋－	9.1	9.1	9.1	4.6	0.0	0.0	2.3	2.3	0.0
▦ 겸양어 사용	0.0	2.3	0.0	2.3	29.6	31.8	36.4	38.6	65.9
▢ － ＋	22.7	27.3	22.7	43.2	36.4	31.8	29.6	34.1	31.8
▢ － －	68.2	59.1	68.2	40.9	0.0	0.0	2.3	2.3	0.0

【도표 5】 청자에 따른 과장의 언급

위 방송 관계자의 결과와도 일치하지만 제3자인 과장은 청자가 부장일 경우에 가장 높여지고, 청자가 동료나 부하일 경우는 그다지 높여지지 않고 있다. 이것 역시 제3자 경어가 청자 경어에 연동해서 생긴 현상이라고 할 수 있는 것은 아닐까?

다음으로 청자가 같은 부서의 부장일 경우와 타부서의 과장일 경우를 비교해 보면 청자가 전자일 경우 제3자를 더 높이고 있어서 회사 내의 제3자의 영역 문제보다는 사회적 지위의 상하관계를 보다 배려하고 있다는 것을 알 수 있었다.

또한 외부에서 온 손님에 대해서는 외부의 인물에 대해 내부의 인물을 낮춘다는 제3자의 영역 문제가 작용하여 겸양어가 65.9% 쓰이고 있다. 그러나 방송 관계자의 결과(83%)와 비교해 보면 18% 정도 낮고 그것만큼 '－＋'가 사용되고 있다.

4.3.4.2.3 회사 밖의 장면

먼저 제3자가 상사, 연하의 상사, 연상의 부하인 결과를 도표 6에 나타내었다.

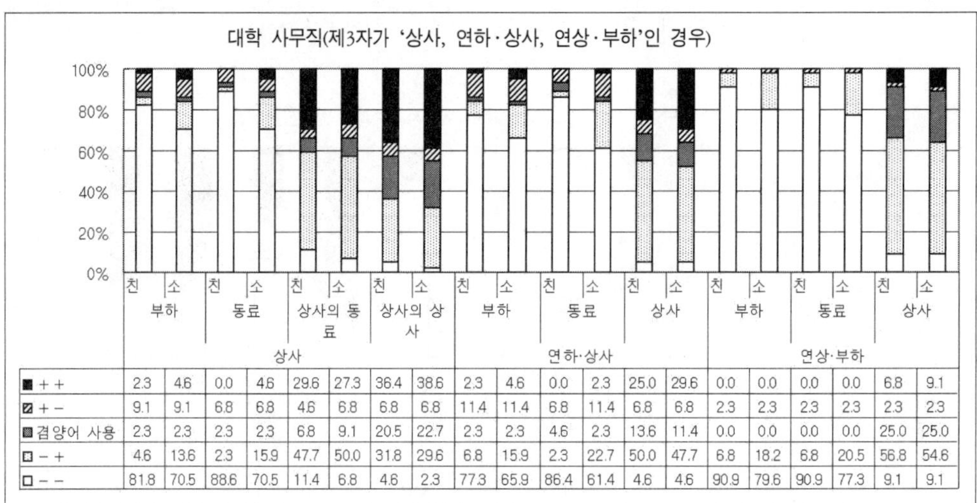

| | 상사 | | | | | | | | 연하·상사 | | | | | | 연상·부하 | | | | | |
| | 부하 | | 동료 | | 상사의 동료 | | 상사의 상사 | | 부하 | | 동료 | | 상사 | | 부하 | | 동료 | | 상사 | |
	친	소	친	소	친	소	친	소	친	소	친	소	친	소	친	소	친	소	친	소
＋＋	2.3	4.6	0.0	4.6	29.6	27.3	36.4	38.6	2.3	4.6	0.0	2.3	25.0	29.6	0.0	0.0	0.0	0.0	6.8	9.1
＋－	9.1	9.1	6.8	6.8	4.6	6.8	6.8	6.8	11.4	11.4	6.8	11.4	6.8	6.8	2.3	2.3	2.3	2.3	2.3	2.3
겸양어 사용	2.3	2.3	2.3	2.3	6.8	9.1	20.5	22.7	2.3	2.3	4.6	2.3	13.6	11.4	0.0	0.0	0.0	0.0	25.0	25.0
－＋	4.6	13.6	2.3	15.9	47.7	50.0	31.8	29.6	6.8	15.9	2.3	22.7	50.0	47.7	6.8	18.2	6.8	20.5	56.8	54.6
－－	81.8	70.5	88.6	70.5	11.4	6.8	4.6	2.3	77.3	65.9	86.4	61.4	4.6	4.6	90.9	79.6	90.9	77.3	9.1	9.1

【도표 6】 청자에 따른 상사, 연하의 상사, 연상의 부하의 언급

청자가 부하나 동료인 경우는 '－－'가 많이 사용되며 더욱이 청자의 친소차도 영향을 미치고 있어서, 특히 청자가 친한 부하나 동료인 경우에는 '－－'의 사용률이 더 높아진다는 것을 알 수 있다.

다음으로 청자가 상사의 동료나 상사의 상사와 같이 더 상위자가 되면 '＋＋'가 많아진다. 4.3.4.2.2에서 전술한 제3자가 과장일 경우와 상사일 경우를 비교해 보면 방송 관계자의 결과와 마찬가지로 과장이 존경어 사용이 적다. 그 원인은 피조사자 중에는 지위가과장보다 상위의 인물도 포함되어 있어서 그들에게 있어서는 높여야 하는 제3자가 아니기 때문이라고 생각된다.

다음으로 제3자가 연하의 상사와 연상의 부하일 경우를 각각 비교해 보면 전자가 더 높여지고 있다는 것을 알 수 있다. 4.3.4.1.3에서 본 방송 관계자의 결과도 마찬가지로 경어 사용에서 요인 중에서 제3자 경어로서는 연령보다 직장의 지위관계가 우선되고 있다는 것을 알 수 있다.

또한 제3자가 연상의 부하인 경우는 상사에 대해 '겸양어 사용'이 25％로 높은 편이다. 청자인 상사보다는 제3자인 연상의 부하를 친근한 관계로 판단하여, 더 먼 관계의 인물인 상사에 대해 화자의 영역 내의 인물을

낮추는 겸양어를 사용한 것으로 여겨진다. 그러나 이 결과만으로 결론을
내는 것은 어려우므로 앞으로 재고할 필요가 있다.

4.3.4.3 방송 관계자와 대학사무직의 비교

여기에서는 방송 관계자와 대학사무직이라는 두 집단을 비교해 보겠
다. 그림 4-11에 나타내었다.

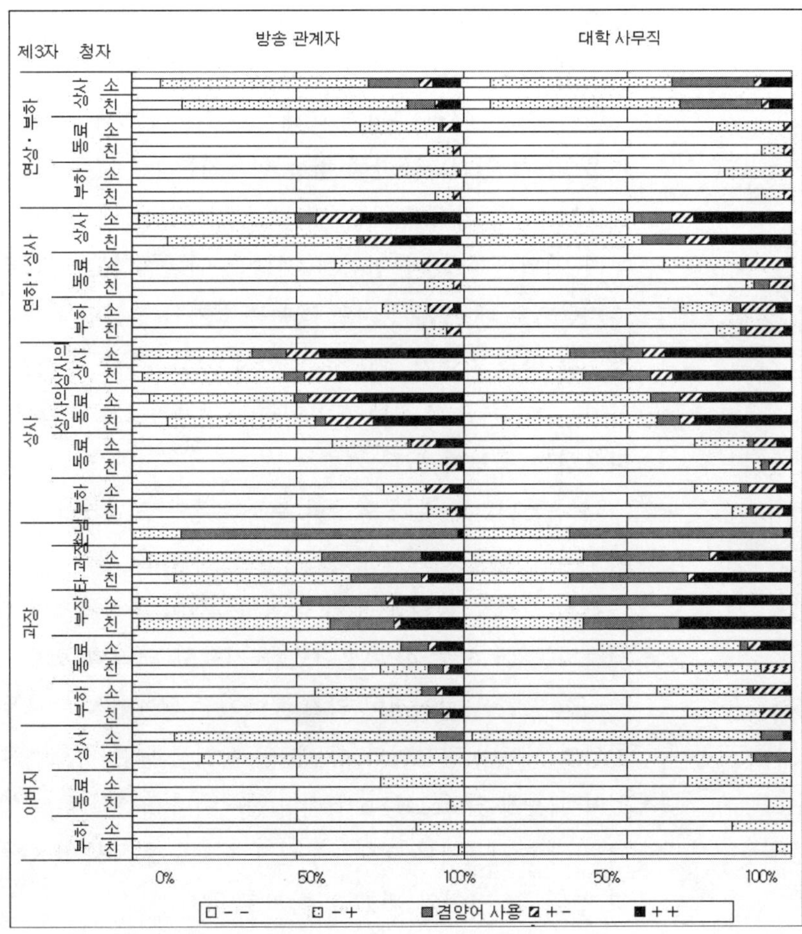

【그림 4-11】 인간관계에 따른 5유형 분류의 사용률

4.3.3에서 본 바와 같이 문화청의 여론조사의 결과와 비교해 보았더니,

문화청의 결과와 일치하는 것은 대학사무직으로 방송 관계자는 다소 다른 결과를 나타내었다. 즉 타칭사의 부분은 다른 그룹보다 더 화자의 영역 내의 인물을 낮추고, 술부는 다른 그룹보다 더 화자의 영역 내의 인물을 높인다는 모순된 결과였다. 이상의 2가지의 조사를 근거로 이것까지 2개의 집단으로 나누어서 고찰을 하였는데, 과연 구체적인 조사 내용에 있어서는 어떠한 차이가 있는지 여기에서 검증하겠다.

방송 관계자와 대학사무직을 비교해 보면 비교적 큰 차이가 보이는 것은 제3자가 과장, 상사, 연상의 부하일 경우이다.

우선 제3자가 과장인 경우는 대학사무직이 방송 관계자보다 청자가 부장이나 타부서의 과장에 대해 '++'나 '겸양어 사용'을 많이 사용하는 것을 알 수 있다. 그만큼 방송 관계자는 '-+'를 많이 이용하고 있다. 왜 이와 같은 차이가 나온 것일까? 그 원인은 대학사무직이 방송 관계자보다 지위관계에 더 민감한 까닭은 아닐까라고 판단된다.

다음으로 제3자가 상사인 경우는 청자가 상사의 동료나 상사의 상사일 경우에 약간 차이가 있어서, 대학사무직이 방송 관계자보다 '겸양어 사용'이 많아진다. 이 결과를 포함하여 전체적으로 대학사무직이 겸양어를 다용하는 경향이 있다.

마지막으로 제3자가 연상의 부하일 경우도 청자가 상사일 경우에 대학사무직이 방송 관계자보다 '겸양어 사용'을 많이 쓰는 경향이 있다.

위의 결과를 정리해 보면 대학사무직이 최상위자의 앞에서 상위자를 낮춘다는 더 규범적인 경어법을 지키고 있다고 말할 수 있다.

이상과 같은 상이점이 약간 보이기는 하지만 대학사무직과 방송 관계자와의 차이가 일본어와 한국어의 차이를 넘는 정도는 아니라고 판단되었기 때문에 앞으로 4.3.6의 어형 분석이나 4.3.7의 한일 양 언어를 비교할 때는 방송 관계자와 대학사무직의 결과를 합쳐서 양자의 평균치를 가지고 한일 양 언어의 비교를 하기로 한다.

4.3.5 사회인 조사의 한국어의 결과와 고찰

한국어의 경우, 조사대상은 하나의 집단으로 그 직종은 방송 관계자이다. 그림 4-12는 전체를 나타낸 것이지만 제3자별로 자세히 나누어서 고찰하기로 한다.

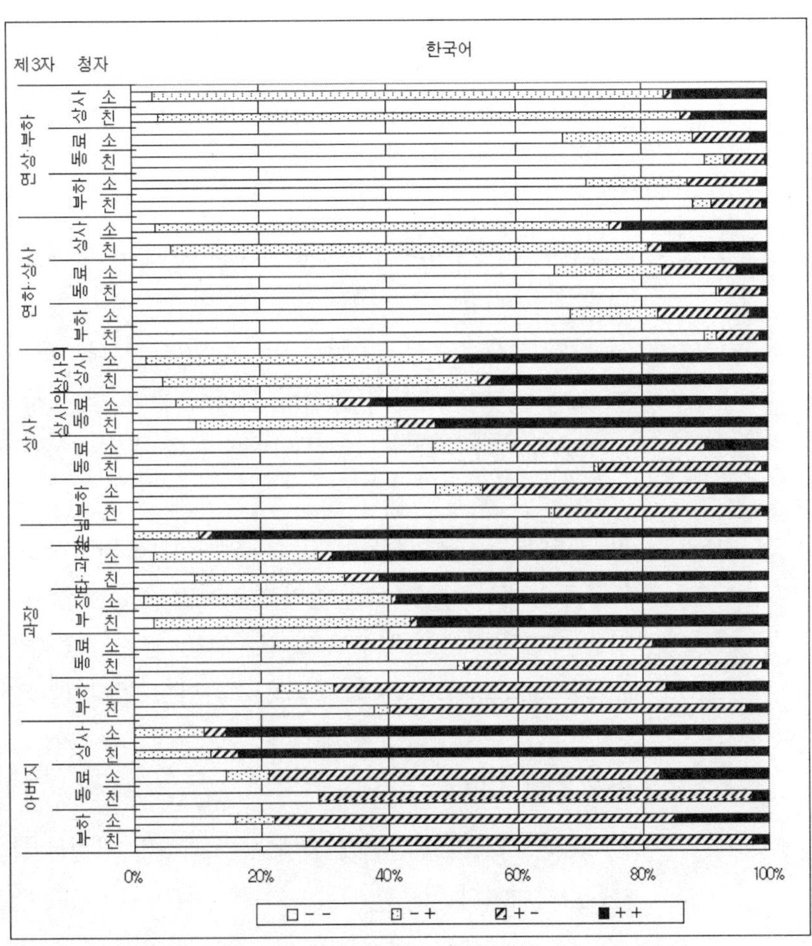

【그림 4-12】 인간관계에 따른 5유형 분류의 사용률

4.3.5.1 가족에 대한 언급

우선 제3자가 아버지일 경우를 도표 7에 나타내었다.

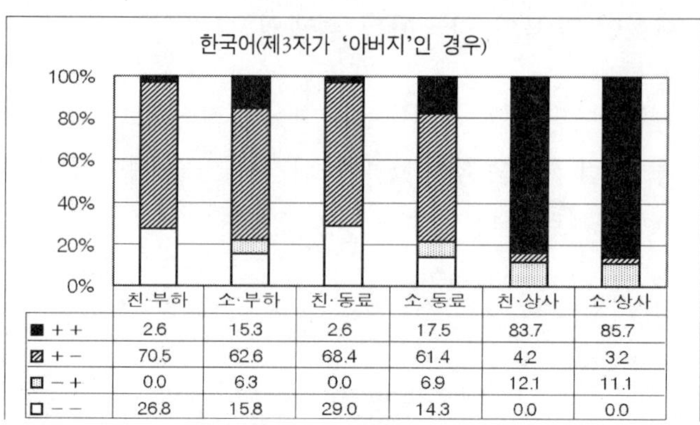

	친·부하	소·부하	친·동료	소·동료	친·상사	소·상사
■ ＋＋	2.6	15.3	2.6	17.5	83.7	85.7
▨ ＋－	70.5	62.6	68.4	61.4	4.2	3.2
▢ －＋	0.0	6.3	0.0	6.9	12.1	11.1
▢ －－	26.8	15.8	29.0	14.3	0.0	0.0

【도표 7】 청자에 따른 아버지의 언급

청자는 크게 2개의 그룹으로 나눌 수가 있다. 즉 청자가 부하나 동료에 대해서는 제3자만을 높이는 '＋－'가 일반적이고, 청자가 상사인 경우는 제3자와 청자 모두를 높이는 '＋＋'가 일반적이다. 모두 다 제3자를 높이고 있다는 것은 변함이 없지만 청자에 대한 경어 사용은 달라진다.

또한 청자의 친소차도 약간 있어서 친한 부하나 동료에 대해서는 아버

지를 높이지 않는 비율도 25％ 정도에 이른다. 아버지는 일반적으로 절대적으로 높여지는 인물로서 알려져 있지만, 친근한 청자에 대해서는 존경어를 사용하지 않는 경우도 있다는 것을 알 수 있었다. 또한 이 결과는 3장의 3.3.4.1.3에서 본 대학생의 결과와도 일치하는 것이다.

4.3.5.2 업무 중의 장면

다음은 격식적인 장면에서 제3자가 과장일 경우를 보기로 하자. 도표 8에 나타내었다.

청자가 동등한지 상위자인지에 따른 차이가 커서 청자가 동등하거나 하위자인 경우에는 '＋－'가 많아지고 청자가 상위자인 경우는 '＋＋'가 많아지는 경향이 있다.

비격식적인 장면으로 더욱이 청자가 부하나 동료와 같이 경어체를 사용하지 않는 상대에 대해서도 5〜6할이 제3자인 과장의 행위에 대해

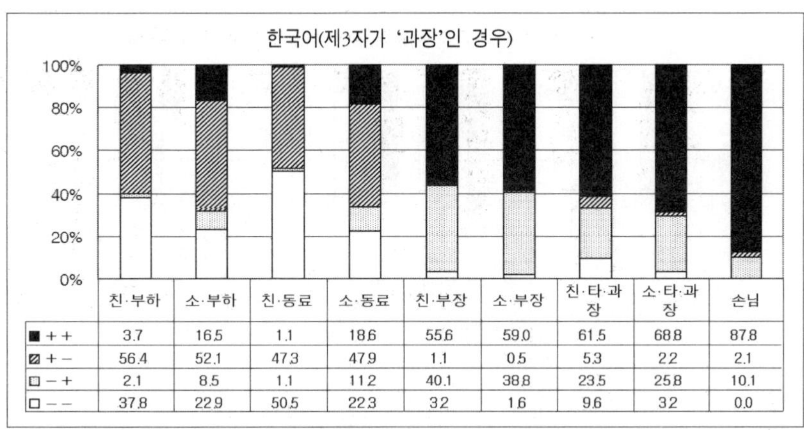

	친·부하	소·부하	친·동료	소·동료	친·부장	소·부장	친·타·과장	소·타·과장	손님
＋＋	3.7	16.5	1.1	18.6	55.6	59.0	61.5	68.8	87.8
＋－	56.4	52.1	47.3	47.9	1.1	0.5	5.3	2.2	2.1
－＋	2.1	8.5	1.1	11.2	40.1	38.8	23.5	25.8	10.1
－－	37.8	22.9	50.5	22.3	3.2	1.6	9.6	3.2	0.0

【도표 8】 청자에 따른 과장의 언급

존경어를 사용하고 있다. 이와 같은 점은 한국어의 절대 경어적인 일면을 보이는 것이라고 할 수 있다.

'＋－'와 '＋＋'를 합친 합계, 즉 제3자를 높인 비율만을 보면 청자에 따른 차이는 그다지 없이 제3자인 과장은 같은 비율로 높여지고 있다고 할 수 있다.

또한 화자와 청자와의 친소관계는 약간 영향을 끼쳐 친한 상대의 경우에는 제3자에 대한 존경어를 사용하지 않는 비율이 15% 정도 높아진다.

4.3.5.3 회사 밖의 장면

다음으로 비격식적인 장면에서 제3자 경어 사용에 관해서 보기로 하자. 도표 9에 나타내었다.

우선 제3자가 상사일 경우를 보면 부하나 동료에 대해서는 '－－'가 과반수를 넘고 청자가 제3자보다 상위자가 되면 '＋＋'가 과반수를 넘기는 정도이다.

다음으로 청자가 상사의 동료와 상사의 상사일 경우를 비교해 보면 제3자인 상사를 높이는 비율이, 청자가 상사의 동료인 경우는 58~68%이고, 청자가 상사의 상사인 경우는 45~50%였다. 즉 후자가 사회적 지위가 높음에도 불구하고 존경어 사용률은 낮은데 그 원인으로서는 한국

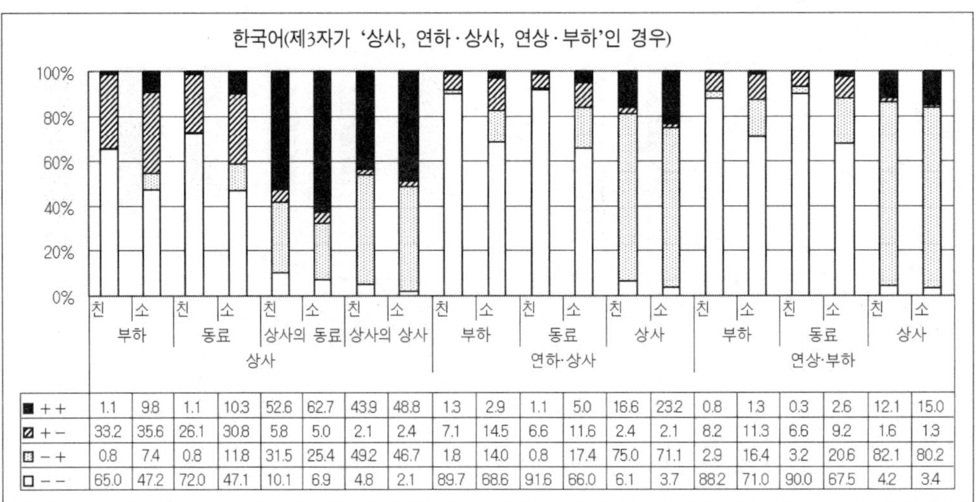

| | 상사 | | | | | | | | 연하·상사 | | | | | | 연상·부하 | | | | | |
| | 부하 | | 동료 | | 상사의 동료 | | 상사의 상사 | | 부하 | | 동료 | | 상사 | | 부하 | | 동료 | | 상사 | |
	친	소	친	소	친	소	친	소	친	소	친	소	친	소	친	소	친	소	친	소
■ ++	1.1	9.8	1.1	10.3	52.6	62.7	43.9	48.8	1.3	2.9	1.1	5.0	16.6	23.2	0.8	1.3	0.3	2.6	12.1	15.0
◩ +−	33.2	35.6	26.1	30.8	5.8	5.0	2.1	2.4	7.1	14.5	6.6	11.6	2.4	2.1	8.2	11.3	6.6	9.2	1.6	1.3
▦ −+	0.8	7.4	0.8	11.8	31.5	25.4	49.2	46.7	1.8	14.0	0.8	17.4	75.0	71.1	2.9	16.4	3.2	20.6	82.1	80.2
□ −−	65.0	47.2	72.0	47.1	10.1	6.9	4.8	2.1	89.7	68.6	91.6	66.0	6.1	3.7	88.2	71.0	90.0	67.5	4.2	3.4

【도표 9】 청자에 따른 상사, 연하의 상사, 연상의 부하'의 언급

어의 규범적인 경어법인 압존법이 작용한 것으로 판단된다. 즉 최상위자(상사의 상사)의 앞에서 상위자(상사)에 관한 존경어 사용을 억제하고 있는 것이다.

다음으로 제3자가 연하의 상사나 연상의 부하일 경우를 비교해 보면, 전자가 '++'의 사용이 약간 많아 제3자로서 더 높여지고 있다는 것을 알 수 있다. 더욱이 이 결과는 일본어의 결과와도 일치하는 것으로 요컨대 양 언어 모두 제3자 경어 사용에서 요인 중에서 직장에서의 지위관계라는 요인이 연령이라는 요인보다는 우선되고 있다고 할 수 있다.

4.3.6 한일의 사회인 조사의 어형 분석

여기에서는 전술한 경어의식이 아니라 자유회답으로 얻어진 어형 그 자체에 주목해서 고찰하기로 한다. 일본어의 2개 집단의 차이가 일본어와 한국어의 차이를 웃도는 것은 아니라고 판단했기 때문에 분석을 할 때는 일본어의 2개 집단을 합쳐서 하나로 계산했다. 또한 제3자별로 설문조사에서 사용한 동사가 다르기 때문에 어형을 제3자별로 나누어서 분석하기로 한다.

4.3.6.1 일본어의 어형 분석

4.3.6.1.1 가족에 대한 언급

이하에서 제3자가 아버지일 경우에 사용한 '買ってきた(사 왔다)'라는 동사의 변이형에 관해서 본다. 표를 제시할 때 더 알기 쉬운 데이터를 제시하기 위하여 숫자는 생략하고 도수 분포와 같이 10% 단위로 등급을 나누어서 그것을 기호화해서 표 4-10에 나타내었다.

【표 4-10】 제3자가 아버지일 경우의 어형분석

기호	오기노치	어형	부하		동료		상사	
			친	소	친	소	친	소
──	2.74	買ってきた	●	●	●	●	─	─
──	1.18	買ってきたんだ	○	○	○	○		
──	2.79	買ってきてくれた	○	─	○	○	─	─
──	1.16	買ってきた＋종조사	─	─	─	─		
──	1.00	買ってきてくれた＋종조사	─	─	─	─		
─＋	13.36	買ってきました		─	─	─	◎	●
─＋	8.74	買ってきたんです	─	─	─	─	○	─
─＋	11.70	買ってきてくれました	─	─	─	─	○	○
─＋	14.66	買ってきてくれたんです				─	○	─
─＋	14.99	買ってきたものです				─	─	○
─＋	8.05	買ってきたんです＋종조사		─	─	─	─	─
겸양어	16.00	買って参りました					─	─
겸양어	15.52	買ってきていただきました					─	─

●: 30~40% 미만, ◎: 20~30% 미만, ○: 10~20% 미만, ─: 10% 미만, 여백: 0%

어형의 나열 순서는 먼저 기호를 우선으로 하고 다음으로 어형의 사용률 순으로 하였다. 그러므로 오기노치의 순서와는 맞지 않는 경우가 있다는 것을 사전에 알린다. 또한 소수 회답은 생략하였다.

전체적으로 가장 많이 쓰인 것은 '買ってきた(사 왔다)'와 '買ってきました(사 왔습니다)'이다. 종조사가 붙은 형태가 적다는 것은 역시 설문조사라는 조사의 특색일 것이다.

어형의 오기노치는 1에서 16의 사이에 분포하지만 이것은 16종의 어형이 사용되었다는 것을 의미하고 있다. 3.2.4.1에서 전술한 대로 오기노치는 상대와의 거리 · 친소의 정도 · 상하관계 · 애교 등의 모든 것을 포함한 총합적인 관계를 가리키는 것으로 본 연구에서 오기노치가 높다는 것은 화자가 의식하는 화자, 청자, 제3자 간의 거리가 멀다는 것이라고 해석할 수 있다.

전체적으로 '－－ ＜ －＋ ＜ 겸양어 사용'의 순서로 갈수록 오기노치는 높아진다. 또한 '買ってきたんです(사 온 것입니다)'나 '買ってきたんです＋종조사'는 '－＋' 중에서도 다른 어형보다 오기노치가 단연 낮은데 그것은 '～んです'가 영향을 끼친 것으로 보인다. 결론은 앞으로의 연구를 기다리는 수밖에 없다.

다음으로 청자에 따른 경어 사용을 보면, 부하나 동료에 대해서는 친소 차도 거의 없어서 '買ってきた'가 40%이상 다용되고 있다. 이에 반해 청자가 상사인 경우는 친소 차이가 약간 보여 친하지 않은 상사에 대해서는 '買ってきました(사 왔습니다)'가 40% 이상 사용되어 친한 상사에 대해서는 '買ってきました'가 30%로 그 밖의 것은 소수 의견이 많았다. 겸양어 형식의 2가지 어형은 모두 10% 미만으로 사용률은 매우 낮다고 할 수 있다.

4.3.6.1.2 업무 중의 장면

다음은 격식적인 장면에서의 경어 사용으로, 제3자로서 설정한 인물은 과장으로 술부로서는 'いない(없다)'를 사용하였다. 이하 'いない'의 변이형과 오기노치, 청자에 따른 경어 사용에 관해서 살펴본다. 표 4-11에 나타내었다.

우선 청자가 부하나 동료인 경우에 친한 상대에 대해서는 'いない＋종조사', 친하지 않은 상대에 대해서는 'いない'가 많이 쓰이며 친한 상대에 대해 종조사가 더 많이 쓰이는 경향이 있었다.

다음으로 청자가 부장인 경우에는 친한 상대에게는 부장만을 높이는 'いません'이, 부장이나 제3자인 과장 모두를 높이는 'いらっしゃいません'이 비슷하게 쓰이고 있다. 일반적으로는 'いません(정중표현)'이나 'おりません(겸양표현)'을 써서 청자보다 하위자인 과장을 높이지 않는 것이 바람직하지만 손위인 청자를 높이려는 의식이 작용하여 양자를 높

【표 4-11】 제3자가 과장일 경우의 어형분석

기호	오기 노치	어형	부하		동료		상사		타 과장		손님
			친	소	친	소	친	소	친	소	
−−	3.66	いない	◎	●	◎	◎	−	−	−	−	
−−	2.12	いない+종조사	●	○	●	−			−		
−−	4.17	いないんだ+종조사	−	−	−	−			−		
−−	2.12	いないんだ	−	−	−	−					
−+	14.11	いません	○	◎	○	◎	◎	◎	◎	◎	−
−+	16.91	いないです	−	−	−	−	−	−	−	−	
−+	13.09	席を空けています	−	−	−	−	−	−	−	−	−
−+	14.20	いません+종조사		−		−			−	−	
−+	22.38	いないようです					−	−	−	−	−
−+	25.10	不在です						−			−
+−	6.87	いらっしゃらない+종조사	−	−	−	−	−	−	−	−	
+−	2.79	いらっしゃらないようよ		−							
++	19.34	いらっしゃいません	−	−	−	−	◎	◎	○	○	−
++	17.65	いらっしゃらないんです	−				−	−	−	−	
++	22.44	おいでになりません						−		−	
겸양어	23.45	おりません	−	−	−	−	○	○	○	◎	★
겸양어	25.28	席を外しております					−	−	−	−	◎
겸양어	11.92	おられません	−	−	−	−	−	−	−	−	
겸양어	10.62	おりません+종조사						−	−	−	−
겸양어	26.00	席を外しております+종조사								−	−

★: 40% 이상, ●: 30~40% 미만, ◎: 20~30% 미만, ○: 10~20% 미만, −: 10% 미만, 여백: 0%

이는 'いらっしゃいません'이 많이 쓰이는 결과가 된 것으로 보인다.

다음으로 청자가 타부서의 과장인 경우에 친한 상대에게는 'いません'이, 친하지 않은 상대에게는 'いません'과 'おりません'이 모두 다용되고 있다. 요컨대 친하지 않은 상대에 대해 겸양어를 더 사용하여 제3자를 낮추고 있다는 것을 알 수 있다. 같은 회사라는 영역 속에서도 타부서의 인물은 화자의 영역 밖이라고 판단해서 겸양어가 쓰이는 것으로 해석할 수 있다.

또한 청자로서의 부장과 타부서의 과장을 '겸양어 사용'이라는 관점에서 비교해 보면 작은 차이이지만 부장에 대해 '겸양어 사용'의 사용률이 더 높다. 이것은 회사 내의 제3자의 영역 문제보다도 청자의 지위관계를 중시한 결과라고 말할 수 있다.

마지막으로 청자가 손님인 경우는 당연한 결과라고도 할 수 있지만

제3자인 과장이 화자의 영역 내의 인물로 파악되고 있기 때문에 'おりません'과 같은 겸양어가 압도적으로 많이 쓰이고 있다.

4.3.6.1.3 회사 밖의 장면(어형 분석)

다음은 제3자가 상사, 연하의 상사, 연상의 부하인 경우로 설문조사에

【표 4-12】 제3자가 상사, 연하의 상사, 연상의 부하일 경우의 어형분석

기호	오기노치	어형	상사 부하 친	소	동료 친	소	상사의 동료 친	소	상사의 상사 친	소	연하의 상사 부하 친	소	동료 친	소	상사 친	소	연상의 부하 부하 친	소	동료 친	소	상사 친	소
——	7.95	言って (い) た	◎	◎	○	○	○	○	—	—	◎	◎	○	◎	○	—	●	●	○	◎	○	—
——	6.78	言って (い) た+終助詞	◎	◎	○	○	○	○			◎	◎	○	○	○		◎	◎	○	◎	—	
——	7.95	言った+終助詞	◎	◎	○	—	○	○	—		◎	○	○	○	○	—	◎	○	○	○	○	—
——	11.40	話していた	—	—	—	—					—	—	—	—	—	—	—	—	—	—	—	—
——	6.91	言っていたんだ+終助詞	—	—	—	—					—	—					—	—		—	—	
——	5.66	聞いた+終助詞	—	—																—		
——	12.22	教えてもらった																—				
——	1.00	言ってくれた+終助詞									—											
+—	14.21	おっしゃって(い)た+終助詞	—	—	—	—	—	—	—	—	—	—	—	—	—	—				—	—	
+—	16.84	おっしゃった	—	—	—	—	—	—	—	—	—	—	—	—	—	—	—	—	—	—	—	
+—	14.91	言われ (てい) た	—	—	—	—	—	—	—	—	—	—	—	—	—	—	—	—	—			
+—	20.03	言ってらした				—																
—+	18.48	言って (い) ました+終助詞	—	○	○	○	◎	◎	◎	◎	—	○	◎	—	◎	●	—	○	◎	○	◎	★
—+	17.82	言いました	—	—	—	—	—	—	—	—	—	—	—	—	—	—	—	—	—	—	—	—
—+	15.38	聞きました	—	—	—	—	—	—	—	—	—	—	—	—	—	—	—	—	—	—	—	—
—+	20.47	言ってたんです+終助詞																		—	—	
—+	17.69	言ってくれたんです				—	—			—				—								
—+	26.11	教えてもらいました							—													
++	22.83	おっしゃって (い) ました	—	—	○	○	○	○	◎	◎	—	—	—	—	—	—	—	○	—	—	—	—
++	24.72	おっしゃいました				—	—			—	—											
++	22.61	おっしゃって(い)ました+終助詞				—	—			—	—											
++	22.94	言われました				—	—			—	—											
++	23.27	話されてました+終助詞				—	—			—	—											
++	25.50	言ってらっしゃいました				—	—			—	—											
++	24.80	言ってくださったんです				—	—			—	—											
겸양어	22.95	言っておりました			—	—			—	—			—	—					—	—	—	—
겸양어	23.91	申しておりました			—	—			—	—			—	—					—	—	—	—
겸양어	12.18	言っておられた			—	—			—	—											—	—
겸양어	29.90	言っておられました			—	—			—	—			—	—					—	—	—	—
겸양어	28.36	申しました				—																—

★: 40% 이상, ●: 30~40% 미만, ◎: 20~30% 미만, ○: 10~20% 미만, —: 10% 미만, 여백: 0%

서 사용한 술부는 '言った'이다. 이하, 어형의 변이형이나 오기노치, 청자에 따른 경어 사용에 관해서 고찰하겠다. 결과는 표 4-12에 나타내었다.

사용된 어형의 오기노치는 위의 것과 마찬가지로 '－－ ＜ ＋－ ＜ －＋ ＜ ＋＋ ＜ 겸양어 사용'의 순서로 높아진다. 제3자가 세 종류에 이르기 때문에 어형의 종류도 다양해서 36종이 사용되었지만 표에는 30종의 대표적인 것만을 제시하였다.

사용률이 높은 어형을 보면 '言って(い)た, 言って(い)た＋종조사, 言って(い)ました＋종조사, おっしゃって(い)ました'등으로 한정된 어형만이 많이 쓰이는 경향이 있다.

또한 '言われた'나 '言われました'와 같은 'れる / られる경어'도 쓰이고 있다. 이 'れる / られる경어'는 중세 이래 가벼운 경어로서 관서 지방 쪽에서는 제3자를 높이는 수단으로서 사용되고 있었지만 현대에는 동경에서도 'れる / られる경어'가 제3자의 언급에 쓰이고 있다는 것을 알 수 있다. 경어 사용에 나타난 지역성은 앞으로 더 고찰할 필요가 있다.

다음으로 제3자 별로 경어 사용을 보면 우선 제3자가 상사고 청자가 부하인 경우는 '言って(い)た, 言って(い)た＋종조사, 言った＋종조사'가 비슷하게 쓰이고 있고, 청자가 동료인 경우는 몇 개의 특정한 어형에 사용이 집중되는 것 없이 다양한 표현이 비슷하게 쓰이고 있다.

또한 청자가 상사의 동료인 경우는 '言って(い)ました＋종조사'가 많이 쓰이며, 청자가 상사의 상사인 경우는 '言って(い)ました＋종조사'와 'おっしゃって(い)ました'가 비슷한 정도로 쓰이고 있다. 전술한 제3자가 과장인 경우와 마찬가지 결과로 최상위자의 앞에서 상위자까지 높이는 경어법이 쓰이고 있어서 이번 조사의 결과 청자가 더 상위자가 될수록 제3자를 더 높이는 경향이 있다는 것을 알게 되었다. 이것은 '제3자 경어의 청자 경어화'의 경향과 관련 있는 것으로 여겨진다. 실제의 사용의식의 변화에 관해서는 앞으로 더욱 상세한 의식조사를 실시할 필요가 있다.

다음으로 제3자가 연하의 상사이나 연상의 부하일 경우를 보면 어느 경우도 청자의 친소차가 보여, 친한 상대에 대해서는 다양한 표현이 사용되고 친하지 않은 상대에 대해서는 デスマス형이나 제3자에 관한 존경어

도 쓰이고 있다. 단 전체적으로 봐서 제3자를 높이는 비율은 매우 낮다.

더욱이 연하의 상사와 연상의 부하 중에서 어느 쪽이 더 높여지고 있는 제3자인가를 고찰해 보면 'おっしゃっていました'와 같은 존경어의 사용 정도가 단서가 될 수 있다고 판단된다. 양자 중에서 연하의 상사가 존경어의 사용률이 높고, 이로써 약간이긴 하지만 제3자로서는 연하의 상사가 더 높여지는 인물이라는 것을 알 수 있다. 4.3.5.3에서 본 것과 같이 한국어에 있어서도 연하의 상사가 더 높여지고 있어서 한일 양 언어 모두 제3자 경어로서는 연령보다 직장의 지위 관계가 경어 사용에 미치는 영향력이 크다는 것이 확인되었다.

4.3.6.2 한국어의 어형 분석

4.3.6.2.1 가족에 대한 언급

다음은 한국어의 어형 분석에 들어간다. 우선 화자의 영역 밖의 인물인 청자에 대해 아버지에 관해서 언급할 때에 어떤 어형이 사용되는지를 보자. 설문에서 사용한 동사는 '사 왔다'이다. 결과는 표 4-13에 나타내었다.

사용된 어형은 전부 23종으로 오기노치는 '－－ ＜ ＋－ ＜ －＋ ＜ ＋＋'의 순서로 높아진다. 제3자만을 높인 '＋－'와 청자만을 높인 '－＋' 중에서 후자의 오기노치가 높은 것을 보면 청자 경어가 오기노치의 결정에 크게 영향을 끼치고 있는 것으로 판단된다. 많이 쓰인 어형으로서는 '사 왔어, 사 오셨어, 사 오셨습니다' 등이다.

친한 부하와 친한 동료의 결과와 친하지 않은 부하와 친하지 않은 동료의 결과는 유사해서 친한 상대는 '사 오셨어'가 압도적으로 많고, 친하지 않은 상대에 대해서는 이것이 약간 줄어 '사 오셨어요'가 증가하고 있다는 것을 알 수 있다.

다음으로 청자가 상사인 경우는 기본적으로 제3자와 청자의 양자를 높이는 어형이 쓰이고 있지만 자세히 살펴보면 청자의 친소 차이가 인정되어 친한 상사에 대해서는 '해요체'인 '사 오셨어요'가 친하지 않은 상사에 대해서는 '합니다체'인 '사 오셨습니다'가 많이 쓰이고 있다. 즉 같은

【표 4-13】 제3자가 아버지일 경우의 어형분석

기호	오기노치	어형	부하		동료		상사	
			친	소	친	소	친	소
−−	1.11	사 왔어	○	−	○	−		
−−	1.37	사 왔다	−	−	−	−		
−−	1.00	사 왔지	−	−	−	−		
−−	1.41	사 온 거야	−	−	−	−		
+−	2.61	사 오셨어	★	●	★	●	−	−
+−	2.17	사 오셨다	−	−	−	−		
+−	1.67	사 주셨어	−	−	−	−		
+−	1.80	사 오신 거야	−	−	−	−		
+−	1.49	사 오셨지	−	−	−	−		
+−	8.06	사 오셨는데		−		−	−	−
−+	10.56	사 왔어요		−		−	−	−
−+	21.10	사 왔습니다		−		−	−	−
++	16.65	사 오셨어요	−	○	−	○	●	◎
++	22.54	사 오셨습니다		−		−	◎	●
++	19.86	사 주셨어요		−		−	−	−
++	20.92	사 오신 겁니다		−		−	−	−
++	23.00	사 주셨습니다					−	−
++	17.94	사 오신거에요		−		−	−	−

★: 40% 이상, ●: 30~40% 미만, ◎: 20~30% 미만, ○: 10~20% 미만, −: 10% 미만, 여백: 0%

상사라 하더라도 친소에 따라서 문말의 청자 경어의 격식성을 차별화시키고 있어서 흥미롭다고 말할 수 있다.

4.3.6.2.2 업무 중의 장면

다음은 업무 중이라는 격식적인 장면으로 사용한 동사는 '없다'로 표 4-14에 결과를 나타내었다. 사용된 어형은 전부 20종으로 오기노치는 상기의 제3자가 아버지일 경우와 마찬가지로 '−− < +− < −+ < ++'의 순서로 높아진다.

전체적으로 부하나 동료에 대해서는 '−−'의 '없어'와 '+−'의 '안 계셔'가 많이 쓰이어 청자가 제3자보다 상위자인 부장의 경우는 제3자와 청자 모두를 높이는 '안 계십니다'와 청자만을 높이는 '없습니다'가 많이 쓰이고 있다.

또한 한국어도 일본어와 마찬가지로 청자와 화자의 친소관계가 경어 사용에 크게 영향을 끼치고 있다는 것을 알 수 있다. 즉 청자가 부하나

【표 4-14】제3자가 과장일 경우의 어형분석

기호	오기노치	어형	부하		동료		상사		타 과장		손님
			친	소	친	소	친	소	친	소	
－－	1.00	없어	◎	○	●	─	─	─	─	─	
－－	3.99	없는데	─	─	─	─	─	─	─	─	
－－	3.56	없다	─	─	─	─	─	─	─	─	
＋－	1.33	안 계셔	●	◎	●	◎	─	─	─	─	
＋－	3.28	안 계시는데	○	○	─	○	─	─	─	─	─
＋－	2.74	안 계신다	─	─	─	─					─
－＋	18.33	없습니다	─	─	─	─	○	◎	○	○	─
－＋	13.15	없어요	─	─	─	─	─	─	─	─	─
－＋	16.76	없는데요		─		─	─	─	─	─	─
＋＋	18.64	안 계십니다	─	─		─	○	●	◎	●	★
＋＋	14.44	안 계세요	─	─	─	─	○	─	○	─	─
＋＋	17.37	안 계시는데요		─		─	○	○	○	○	─
＋＋	16.56	없으십니다		─		─	─	─	─	─	─
＋＋	19.22	자리 비우셨는데요					─	─	─	─	─
＋＋	20.00	자리 비우셨습니다					─	─	─	─	─

★: 40% 이상, ●: 30~40% 미만, ◎: 20~30% 미만, ○: 10~20% 미만, ─: 10% 미만, 여백: 0%

동료일 경우 '안 계셔'가 가장 많이 쓰이고는 있지만 친한 상대에 대해서는 '없어'의 사용률이 증가한다. 친한 상대에 대해서는 언어 선택에 신경을 쓰게 되어 제3자에 대한 존경어를 사용하지 않는 경우가 증가하고 있는 것으로 판단된다.

다음으로 최상위자인 부장에 대해 상위자인 과장에 관해서 언급하는 장면이라는 것은 한국어에서는 압존법이 적용되는 것으로 예상되는 장면으로 규범적으로는 '없습니다' 등 '－＋'의 표현이 바람직하다고 여겨지고 있다. 그러나 친소 모두 '＋＋'의 '안 계십니다'도 많이 쓰고 있고, 특히 친하지 않은 청자의 경우에는 '안 계십니다'가 '없습니다'의 사용률을 더 웃돌고 있다. 즉 압존법은 그다지 지켜지고 않고 있고 청자와 제3자 모두를 배려해서 양쪽 모두에게 경어를 사용하게 되었다고 할 수 있다.

다음으로 제3자인 과장과 지위는 동등하고 회사 내에서도 화자의 영역 밖의 인물에 해당하는 타부서의 과장이 청자가 되는 경우를 보자. 이 경우 청자와 제3자 모두를 높이는 '안 계십니다'가 가장 많이 쓰이고 있다. 특히 친하지 않은 청자에 대해서 그 비율은 더 높아져 화자와 청자가 친한 경우는 청자만을 높이는 '없습니다'나 '해요체'인 '안 계세요'나 '안 계시는데요'가 증가하여 격식 차린 표현을 피하는 경향이 있다.

마지막으로 청자가 완전히 화자의 영역 밖인 손님의 경우는 사용어형의 종류도 적고 '안 계십니다'에 집중해 있다. 이것은 일본어와 같이 화자의 영역 내의 인물을 낮추어서 겸양어를 사용한다는 경어법이 없기 때문에 한정된 어형 중에서 모르는 사람에 대해 가능한 한 경어를 사용하려는 의식이 작용한 결과라고 할 수 있다.

4.3.6.2.3 회사 밖의 장면

다음은 비격식적인 장면에서 제3자가 상사, 연하의 상사, 연상의 부하일 경우이다. 설문조사에서 사용한 동사는 '말했다'이다. 이하, 어형의 변이형과 오기노치, 청자에 따른 경어 사용에 관해서 고찰하겠다.

사용된 어형은 합 43종이나 이른다. 그 이유는 인간관계도 상술한 2개의 어형보다 다양하고 또한 질문문에서 사용한 '말했다' 대신에 회답은 '그랬다' 유형의 어형도 꽤 많이 사용되었기 때문이다. 더욱이 '말하다'라는 동사를 존경어형으로 만드는 방법도 다종이기 때문에 결과적으로 어형의 종류가 많아진 것으로 보인다.

여기에서 '말하다'라는 동사를 존경동사로 만드는 방법을 표 4-15에 나타내었다.

【표 4-15】 '말하다'를 존경어로 만드는 방법

	상체	경체	
		해요체	합니다체
존경 명사를 사용	말씀했다	말씀했어요	말씀했습니다
동사에 존경 선어말어미를 사용	말하셨다	말하셨어요	말하셨습니다
존경 명사와 존경 선어말어미를 사용	말씀하셨다	말씀하셨어요	말씀하셨습니다.

그 방법은 3가지가 있는데 제일 먼저 존경명사를 사용하는 방법, 제2의 방법으로는 존경의 선어말어미 '시'를 넣는 방법, 제3으로는 존경명사와 존경의 선어말어미 모두 넣는 방법이 있다. 당연히 2개의 경어요소가 들어가 있는 3번째 방법이 가장 격식 차린 표현이 된다고 할 수 있다.

인간관계에 따른 어형을 표 4-16에 나타내었다.

【표 4-16】 제3자가 상사, 연하의 상사, 연상의 부하일 경우의 어형분석

기호	오기노치	어형	상사 부하 친	상사 부하 소	상사 동료 친	상사 동료 소	상사 상사의동료 친	상사 상사의동료 소	상사 상사의상사 친	상사 상사의상사 소	연하의상사 부하 친	연하의상사 부하 소	연하의상사 동료 친	연하의상사 동료 소	연하의상사 상사 친	연하의상사 상사 소	연상의부하 부하 친	연상의부하 부하 소	연상의부하 동료 친	연상의부하 동료 소	연상의부하 상사 친	연상의부하 상사 소
−−	3.32	말했어	◎	○	◎	○	−	−	−	−	●	◎	●	◎	−	−	●	●	●	◎	−	−
−−	3.89	말하던데	−	−	○	−	−	−	−	−	−	−	○	○	−	−	−	−	−	−	−	−
−−	5.34	말했다	−	−	−	−	−	−	−	−	○	−	−	−	−	−	−	−	−	−	−	−
−−	3.39	그러던대	−	−	−	−	−	−	−	−	−	−	−	−	−	−	−	−	−	−	−	−
−−	4.47	말하더라	−	−	−	−	−	−	−	−	−	−	−	−	−	−	−	−	−	−	−	−
−−	1.00	그러더라	−	−	−	−	−	−	−	−	−	−	−	−	−	−	−	−	−	−	−	−
−−	2.19	그랬어	−	−	−	−	−	−	−	−	−	−	−	−	−	−	−	−	−	−	−	−
−−	6.40	말했는데	−	−	−	−	−	−	−	−	−	−	−	−	−	−	−	−	−	−	−	−
+−	5.36	말씀하셨어	○	○	○	○	−	−	−	−												−
+−	5.23	그러시던데					−	−	−	−												−
+−	12.41	말씀하시던데					−	−	−	−												−
+−	3.57	말하셨어					−	−	−	−												−
+−	14.46	말씀하셨다					−	−	−	−												−
−+	30.30	말했어요	−	−	−	−	○	−	○	−	−	−	○	○	−	○	−	○	−	○	◎	○
−+	41.98	말했습니다	−	−	−	−	−	−	○	◎	−	−	○	◎	−	−	−	−	○	−	−	●
−+	36.25	말하던데요	−	−	−	−	−	−	−	−	−	−	−	−	○	−	−	−	−	−	−	−
−+	36.64	그러던데요	−	−	−	−	−	−	−	−	−	−	−	−	○	−	−	−	−	−	−	−
−+	42.94	그랬습니다					−	−	−	−					−	−					−	−
−+	27.58	말했데요			−	−									−	−					−	−
−+	37.62	그랬어요			−	−																
++	32.16	말씀하셨어요	−	−	−	−	−	○	−	−												
++	41.28	말씀하셨습니다	−	−	−	−	○	○	−	○												
++	40.47	말씀하시던데요				−	−															
++	38.66	그러시던데요				−	−															
++	36.60	말하셨어요				−									−	−					−	−
++	39.02	말하셨습니다							−	−					−	−			−	−	−	−
++	40.83	말하시던데요					−	−							−	−					−	−
++	43.00	그러셨습니다																				

★: 40% 이상, ●: 30~40% 미만, ◎: 20~30% 미만, ○: 10~20% 미만, −: 10% 미만, 여백: 0%

사용률이 높은 어형을 보면 '말했어, 말했어요, 말했습니다'에 한정되어 있으며 그 밖의 어형은 사용률이 낮다. 다른 장면과 마찬가지로 오기노치는 '−− < +− < −+ < ++'의 순서로 높아진다. 다음으로 제3자별 사용 상황을 살펴보겠다.

우선 제3자가 상사일 경우를 보면 친한 부하나 동료에 대해서는 '말했어'가 많이 쓰이며 친하지 않은 상대에 대해서는 '말했어'가 줄고 '말했어

요’가 증가한다.

다음으로 청자가 상사의 동료인 경우는 친한 상대에 대해서는 ‘－＋’의 ‘말했어요’와 ‘＋＋’의 ‘말씀했습니다’가 비슷한 정도로 쓰이고 있지만 친하지 않은 상대에 대해서는 ‘－＋’의 사용이 줄고 또 다른 ‘＋＋’ 표현인 ‘말씀했어요’가 쓰이고 있다. 즉 청자가 상위자가 될수록 제3자에 대한 존경어 사용이 증가하고 있다고 할 수 있다.

다음으로 제3자가 연하의 상사와 연상의 부하인 경우는 ‘말했어’가 압도적으로 많이 쓰인다. 그 중에서 청자가 상사가 되면 ‘말했습니다’와 ‘말했어요’가 많이 사용되게 된다. 양쪽 모두 ‘＋＋’는 그다지 쓰이고 않고 연하의 상사나 연상의 부하는 제3자로서는 그다지 높여지지 않는 인물이라는 것이 어형 분석을 통해서도 밝혀졌다.

4.3.7 사회인 조사의 한일 비교

다음은 일본어와 한국어의 제3자 경어 사용을 비교해 보기로 하자.

【표 4-17】 제3자 경어 사용의 한일 비교(사회인)

제3자	청자		일본어					한국어			
			－－	－＋	겸양어	＋－	＋＋	－－	－＋	＋－	＋＋
아버지	부하	친	96.7	3.3				26.8		70.5	2.6
		소	83.5	16.5				15.8	6.3	62.6	15.3
	동료	친	94.5	5.5				29.0		68.4	2.6
		소	71.3	28.7				14.3	6.9	61.4	17.5
	상사	친	12.9	81.4	5.7				12.1	4.2	83.7
		소	7.5	83.7	7.7		1.1		11.1	3.2	85.7
과장	부하	친	71.3	18.8	2.1	5.6	2.1	37.8	2.1	56.4	3.7
		소	57.2	29.6	3.3	5.6	4.3	22.9	8.5	52.1	16.5
	동료	친	71.3	18.8	2.1	5.6	2.1	50.5	1.1	47.3	1.1
		소	43.9	38.6	5.4	3.3	8.8	22.3	11.2	47.9	18.6
	부장	친	1.1	46.9	24.4	1.1	26.6	3.2	40.1	1.1	55.6
		소	1.1	40.4	28.7	1.1	28.8	1.6	38.8	0.5	59.0
	타·과장	친	7.5	41.4	28.8	2.2	20.1	9.6	23.5	5.3	61.5
		소	3.3	43.6	34.2	1.1	17.8	3.2	25.8	2.2	68.8
	손 님			23.4	74.4		2.2		10.1	2.1	87.8

제3자	청자		일본어					한국어			
상사	부하	친	85.6	5.5	1.1	5.6	2.2	65.0	0.8	33.2	1.1
		소	73.0	13.2	1.1	8.3	4.4	47.2	7.4	35.6	9.8
	동료	친	87.4	4.9	1.1	5.5	1.1	72.0	0.8	26.1	1.1
		소	65.5	19.1	1.7	7.1	6.5	47.1	11.8	30.8	10.3
	상사의 동료	친	11.0	46.2	5.0	9.2	28.6	10.1	31.5	5.8	52.6
		소	6.1	46.8	6.7	10.9	29.6	6.9	25.4	5.0	62.7
	상사의 상사	친	3.9	37.2	13.4	8.2	37.3	4.8	49.2	2.1	43.9
		소	2.2	31.8	16.7	8.2	41.1	2.1	46.7	2.4	48.8
연하의 상사	부하	친	83.2	6.7	1.1	7.9	1.1	89.7	1.8	7.1	1.3
		소	71.0	15.0	1.1	9.5	3.4	68.6	14.0	14.5	2.9
	동료	친	87.7	5.5	2.3	4.5		91.6	0.8	6.6	1.1
		소	61.6	24.4	1.1	10.6	2.2	66.0	17.4	11.6	5.0
	상사	친	7.7	53.8	7.9	7.8	22.8	6.1	75.0	2.4	16.6
		소	3.4	47.8	8.9	9.9	30.0	3.7	71.1	2.1	23.2
연상의 부하	부하	친	91.6	6.1		2.2		88.2	2.9	8.2	0.8
		소	80.0	18.3		1.7		71.0	16.4	11.3	1.3
	동료	친	90.5	7.2		2.2		90.0	3.2	6.6	0.3
		소	73.4	22.2	0.5	2.8	1.1	67.5	20.6	9.2	2.6
	상사	친	12.1	62.6	16.8	1.7	6.7	4.2	82.1	1.6	12.1
		소	8.9	58.9	20.1	3.2	8.9	3.4	80.2	1.3	15.0

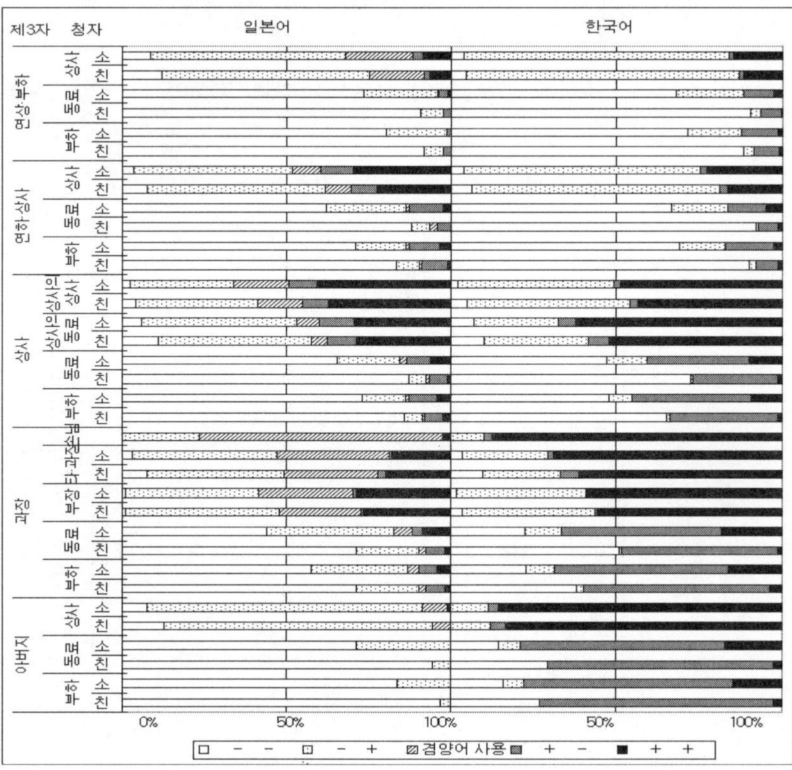

【그림 4-13】 제3자 경어 사용의 한일 비교

분석할 때에는 제3자 경어와 청자 경어의 유무, 겸양어 형식의 유무에 따라 분류한 5유형 분류(4.2.4참조)의 결과를 가지고 고찰을 하기로 한다.

우선 전체를 나타낸 표 4-17과 그림 4-13을 제시하지만 한일 양 언어의 차이가 두드러진 점으로는 한국어가 존경어의 사용이 많다는 점, 일본어는 제3자가 과장일 경우 겸양어의 사용이 많다는 점이라는 것을 알 수 있다. 이하 4.3.7.1에서 제3자별로 나누어서 비교를 하기로 한다.

4.3.7.1 장면차

4.3.7.1.1 가족에 대한 언급

이하에서는 이들 어형을 제3자 경어의 등급과 청자 경어 등급으로 5유형 분류를 하여(표 4-4참조) 어형을 더욱 단순화시켰다. 또한 청자의 친소차도 무시하고 전체적인 경향을 파악하기 위해 고찰한다.

또한 일본어의 경우, 방송 관계자와 대학사무직을 나누어서 고찰했지만 여기에서는 양자를 합쳐서 일본어 전체의 경향을 파악하기로 한다. 그것은 한일 양 언어의 비교를 더욱 명료하게 하기 위해서이다.

그림 4-14에 청자에 따른 5유형 분류의 사용률을 나타내었다.

그림 4-14에서는 일본어에 있어서는 제3자를 높인 '+−'와 '++'는

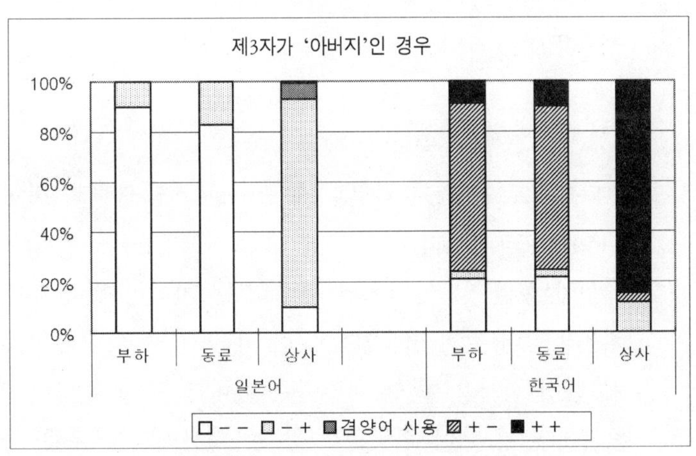

【그림 4-14】 제3자가 아버지인 경우의 5유형 분석의 한일 비교

전혀 쓰이고 않고 청자 경어만 그 사용률에 변동을 보이고 있다는 것을 알 수 있다.

구체적으로는 청자가 부하나 동료일 경우는 '－－'가, 청자가 상사인 경우는 '－＋'가 많이 쓰이고 있다. 이에 반해 한국어에 있어서는 제3자를 높이는 비율이 높고, 부하나 동료에 대해서는 '＋－', 상사에 대해서는 '＋＋'가 가장 많이 쓰이고 있다.

또한 荻野 외(1991)에서는 한국어에 있어서 아버지는 청자에 관계없이 높여지고 있기 때문에 절대 경어적인 성격이라고 논하고 있지만 이번 데이터에서는 동료나 부하에 대해서는 아버지를 높이지 않는 비율이 30% 정도에까지 이르고 있다. 이것은 김순임(2002)의 대학생의 결과와도 부합하는 결과이며 일반적으로 절대 경어라고 여겨지고 있는 한국어이지만 실제로 청자에 따라서는 제3자 경어를 억제하는 경우도 있다는 상대 경어적인 면을 실증적으로 나타낸 것으로 앞으로 경어 연구나 언어 변화를 고찰하는 데 있어서 중요한 지적이라고 할 수 있다.

또한 일본어의 경우, 아버지에 관해서 언급할 때에 청자가 회사의 상사 등, 화자의 영역 밖이고 게다가 손위인 경우는 겸양어를 사용할 것으로 예상되었으나, '겸양어 사용'은 그다지 높지 않고 상사에 대해서 10% 정도 밖에 쓰이고 있지 않는다는 것도 흥미로운 결과이다.

또한 한일 양 언어 모두 남녀차와 세대차는 그다지 없었으므로 고찰은 생략하기로 한다.

4.3.7.1.2 업무 중의 장면

다음으로 제3자가 과장일 경우의 한일 양 언어의 비교를 하겠다. 그림 4-15에 나타내었다.

우선 한일 양 언어에서 눈에 띄는 차이는 일본어는 청자가 상사나 화자의 영역 밖의 인물인 손님이 되면 '겸양어 사용'이 증가하며, 한국어는 '존경어 사용'이 늘고 있다는 점이다. 또한 한국어에 있어서 부하나 동료에 많이 쓰이고 있는 '＋－'는 일본어의 경우는 거의 쓰이고 있지 않다는 점도 눈에 띄는 차이라고 말할 수 있다.

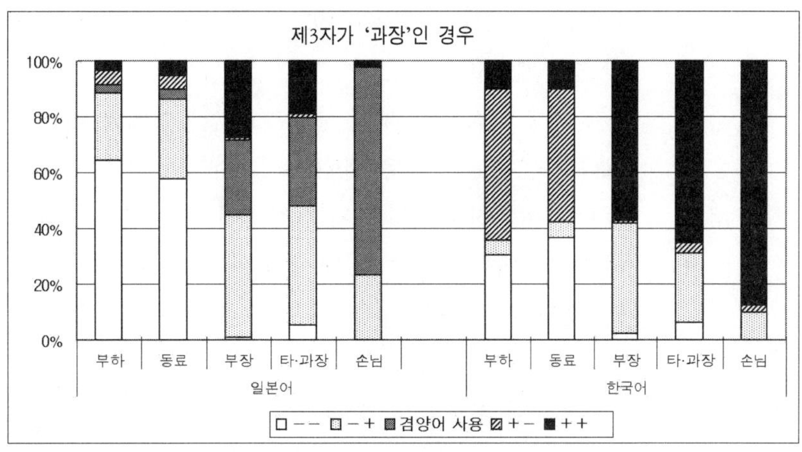

【그림 4-15】 제3자가 과장인 경우의 5유형 분석의 한일 비교

　일본어에 있어서 청자가 부하나 동료일 경우는 제3자에 대한 존경어는 거의 쓰이지 않으며, 부장에 대해서는 20% 정도, 타부서의 과장에 대해서는 25%밖에 쓰이고 있지 않았다. 존경어가 60% 정도 쓰이고 있는 한국어와는 큰 차이를 보이고 있다.

　부장을 청자로 하고 과장에 관해서 언급할 때 일본어에서는 최상위자의 앞에서 상위자를 낮추거나 아니면 높이지 않는 표현이 바람직하다고 여겨지고 있는데 이 점에 관해서는 규범대로 사용한 것을 볼 수 있었다. 그에 반해 한국어에서는 최상위자의 앞에서 상위자를 낮춘다는 압존법이 작용할 것으로 예상되는 장면이지만 압존법을 지키지 않는 '++'의 비율이 과반수를 넘고 있고 규범이 무너지고 있다고 할 수 있다.

　다음으로 청자가 손님인 경우는 전술한 바와 같이 일본어에서는 '겸양어 사용'이 가장 많고, 한국어에서는 '++'가 가장 많이 쓰이고 있다. 일본어에서는 화자의 영역의 인물인 과장을 화자의 영역 밖의 인물인 손님에 대해서 낮춤으로써 제3자의 영역 문제가 크게 작용하고 있다. 이에 반해 한국어는 원래 겸양어가 그다지 존재하지 않는 동사이기는 하지만 제3자의 영역 문제가 영향을 미쳐 화자의 영역 내의 인물을 높이지 않는 '-+'가 쓰이고 있는 것이 아니라 화자의 영역인 과장까지도 높이는 '++'를 사용하고 있으며 제3자의 영역은 문제가 되지 않는다는 것을 알게 되었다.

장면이 격식적인 데도 불구하고 일본어에서 제3자 경어의 사용률이 그다지 높지 않은 것은 제3자가 그 자리에 없다는 전제도 영향을 끼쳤을 것으로 여겨진다. 즉 제3자가 현장에 있는 경우는 눈앞의 제3자에 대한 배려에서 제3자를 높이는 언어형식의 사용률이 더 높아진다는 것은 간단히 예상할 수 있다.

4.3.7.1.3 회사 밖의 장면

다음으로 회사 밖이라는 장면에서의 한일 양 언어의 비교를 하겠다. 또한 한일 양 언어의 비교를 간단히 할 수 있도록 하기 위하여 청자의 친소차는 무시하고 그림 4-16과 같이 그래프를 그렸다.

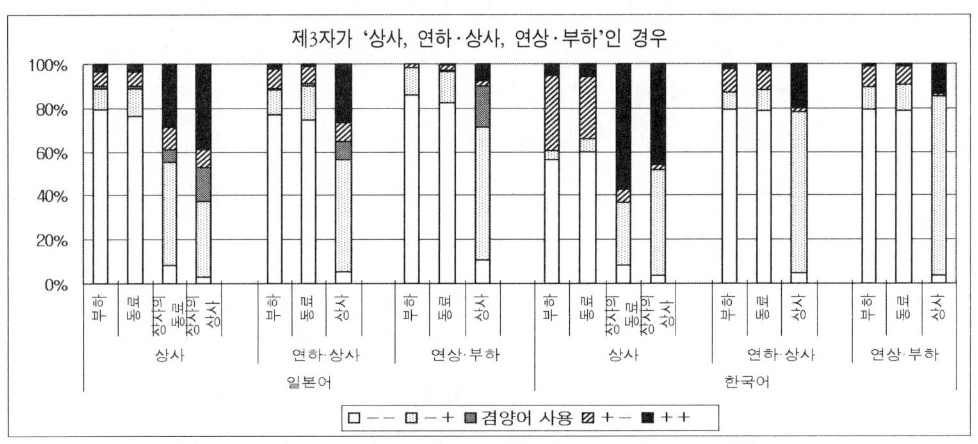

【그림 4-16】 제3자가 상사, 연하의 상사, 연상의 부하인 경우의 5유형 분석의 한일 비교

그림 4-16을 보면 제3자가 연하의 상사와 연상의 부하인 경우는 한일 양 언어의 차이는 그다지 없다고 해도 좋을 정도이다. 즉 제3자가 상사일 경우에만 한일 양 언어의 차이가 있어서 한국어가 존경어를 사용하는 비율이 높다는 것을 알 수 있다.

우선 제3자가 상사인 경우에 주목해 보면 일본어에서는 청자가 부하나 동료인 경우는 제3자를 거의 높이고 있지 않지만, 청자가 상사의 동료나 상사의 상사가 되면 약 반 정도의 사람이 제3자를 높이고 있다. 또한 청자가 상사의 상사일 경우에 약간이지만 제3자를 더 높이고 있는데 이 것은 제3자 경어가 청자 경어에 연동해서 나타난 결과로 井上(1972, 1999) 가 지적한 '제3자 경어의 청자 경어화'라고 생각할 수 있다.

다음으로 한국어의 경우에 청자가 상사의 상사일 경우를 제외하면 제3자를 높이는 비율이 일본어보다 꽤 높다. 상사의 동료에서 상사의 상사로 청자의 지위가 높아짐에 따라 제3자 경어 사용률이 낮아지는 것은 최상위자인 상사의 상사의 앞에서 상위자인 상사에 대한 경어 사용을 억제하는 한국어의 규범적인 경어법인 압존법의 영향이라고 여겨진다.

다음으로 제3자가 연하의 상사와 연상의 부하일 경우를 보면 '겸양어 사용'이 연하의 상사에서 비교적 높고 '＋＋'은 연상의 부하에서 높다. 본 조사의 결과에서는 한일 모두 연하의 상사나 연상의 부하는 그다지 높이지 않는 제3자이라는 것을 알 수 있지만 청자가 상사의 경우는 제3자를 높이는 비율이 높아진다.

다음으로 제3자가 연하의 상사와 연상의 부하로 청자가 상사일 경우의 '＋＋'의 사용을 비교해 보면 한일 양 언어 모두 전자인 연하의 상사가 '＋＋'의 사용률이 높다. 즉 한일 모두 사회적 지위를 보다 중시하고 있다고 해석할 수 있다. 일반적으로 이들 인물이 청자가 된 경우는 일본은 사회적 지위가 중시되며 한국은 연령이 중시된다고 말해지고 있지만 제3자가 된 경우는 이와는 다른 경향을 보여 흥미롭다. 이제까지 제3자 경어에 관한 상세한 실증 연구가 없었기 때문에 충분히 해명되지 않았지만 청자 경어와 제3자 경어와는 경어 운용의 판단 기준에 차이가 있을 가능성이 있다는 것을 본 조사로 인해 알게 된 의의는 크다고 할 수 있다.

4.3.7.2 남녀차

다음으로 남녀차에 관해서 고찰을 하겠다. 아버지에 대한 언급에 있어서는 남녀 차이가 보이지 않았기 때문에 서술을 생략한다. 우선 격식적인 장면에서 제3자가 과장일 경우의 남녀차를 그림 4-17에 나타내었다.

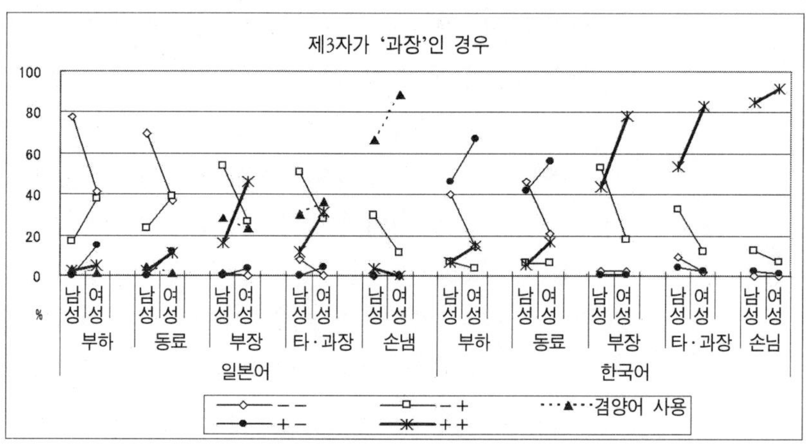

【그림 4-17】 제3자가 과장일 경우의 한일의 남녀차

　일본어에 있어서 주목해야 할 점은 '＋＋'는 전체적으로 여성의 사용률이 높고 '－＋'는 남성의 사용률이 높다는 것이다. 더욱이 일본어에서 '겸양어 사용'은 오른쪽으로 갈수록 높아지고 여성의 사용률이 높다는 경향을 보이고 있다. 즉 여성이 '＋＋'를 다용하며 제3자와 청자 모두를 높이고 있는 데 반해 남성은 '－＋'를 사용해서 청자만을 높이는 경향이 있다고 할 수 있다. 이것은 熊井(1988)의 남성은 '경어 억제'의 경향을, 여성은 '경어 사용'의 경향을 보인다는 지적과도 일치하는 결과이다.

　그러나 이 결과에 대해서 남성이 최상위자의 앞에서 상위자에 대한 경어 사용을 억제해야 한다는 종래의 경어법을 지키고 있다고 해석해야 하는지, 아니면 단순히 여성이 격식 차린 표현을 즐기기 때문에 제3자 경어도 다용하고 있다는, 즉 '제3자 경어의 청자 경어화'가 더 진행되어 있다고 해석해야 하는지, 어느 쪽이 타당한지 판단하기는 어렵다. 그러나 7장에서 후술하지만 청자 경어 사용에 관해서는 남녀 차이가 거의 없고 제3자 경어에 있어서만 여성이 존경어를 많이 쓰는 점을 보면 역시 전자의 해석이 타당하리라고 판단된다.

　다음으로 한국어의 경우를 보면 일본어와 마찬가지로 여성이 제3자를 더 높이고 있다. 즉 남성이 '－－'를 사용하는 상대에 대해서도 여성은 '＋－'를 사용하며, 또한 손위의 청자에 대해 남성은 '－＋'와 '＋＋'가

50%로 비슷한 정도이지만 여성은 '++'의 사용이 80%로 높다.

특히 청자가 부장일 경우에 압존법이 쓰이는 장면이지만 압존법을 지키고 있는 비율은 남성은 55%, 여성은 20%로 남성이 압도적으로 높고 여성은 압존법을 지키지 않고 양쪽 모두를 높이고 있는 것이다.

이상을 정리해 보면 한일 모두 남성이 더 바람직하다고 여겨지는 높은 타입의 경어법을 사용하고 있고 여성은 더욱 새로운 경어법을 사용하고 있다고 결론지을 수 있다.

다음은 비격식적인 장면인데 제3자가 연하의 상사, 연상의 부하의 장면은 남녀 차이가 그다지 없었기 때문에 생략하고 아래에서는 제3자가 상사일 경우를 그림 4-18에 나타내었다.

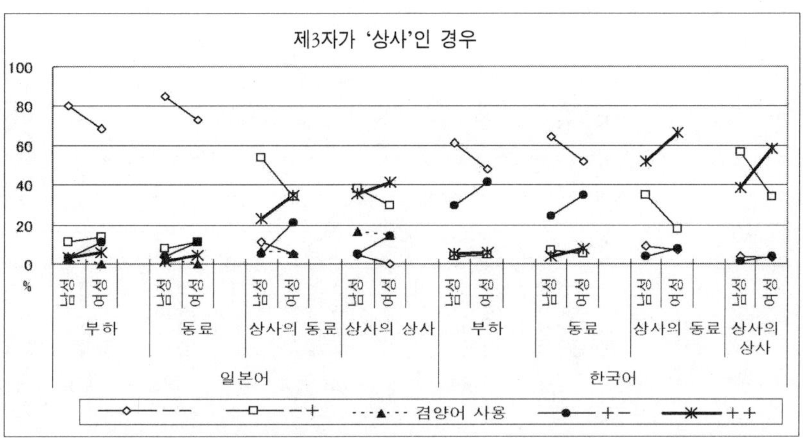

【그림 4-18】 제3자가 상사일 경우의 한일의 남녀차

우선 일본어의 경우를 보면 전술한 과장의 경우와 마찬가지로 여성이 '+−'나 '++'등 전반적으로 제3자를 보다 높이고 있다는 것을 알 수 있다. 이것은 한국어에서도 같은 경향으로 특히 청자가 상사의 상사일 경우, 남성은 '−+'를 여성은 '++'를 더 많이 쓰고 있다.

이러한 해석에 관해서는 제3자가 과장일 경우와 마찬가지로 남성이 더욱 압존법을 지키고 있기 때문이라는 해석과, 원래 여성이 경어 사용을 더 즐기기 때문이라는 해석이 가능한데 어느 쪽인지 판단하는 것은 어렵다. 그러나 7장에서도 후술하는 바와 같이 청자 경어에 있어서는 남녀 차이가 그다지 없었기 때문에 제3자 경어에 관해서 여성이 특히 존경어를 다용하고 있다고 해석해도 무방하리라고 판단된다.

4.3.7.3 세대차

다음은 한일의 세대차에 관해서 보겠다. 남녀차일 경우와 마찬가지로 제3자가 아버지인 경우는 세대 차이가 그다지 없었기 때문에 기술을 생략하기로 한다.

우선 업무 중이라는 격식적인 장면에서 제3자가 과장일 경우의 세대차를 그림 4-19에 나타내었다.

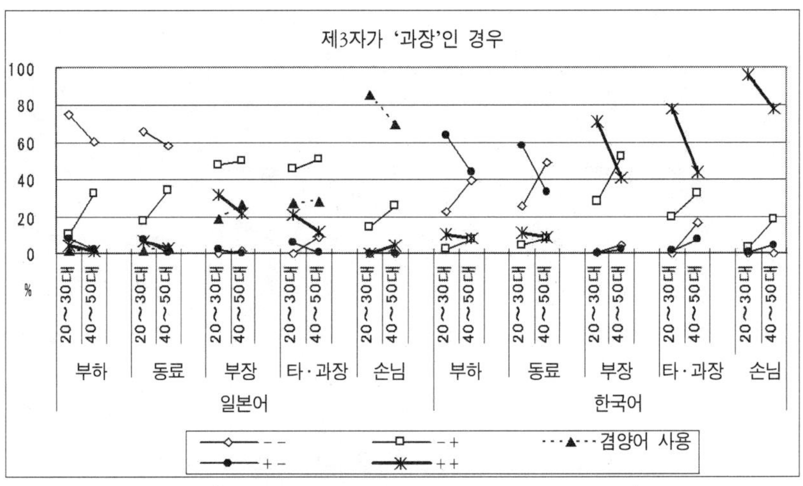

【그림 4-19】 제3자가 과장일 경우의 한일의 세대차

여기에서 미리 언급해 두고 싶은 것은 피조사자의 연령층은 20~50대까지 폭넓은 범위라서 피조사자 중에는 제3자로서 설정한 과장보다 상위의 인물도 있을 수 있고 하위의 인물도 있을 수 있다는 점이다. 더욱이 회답을 할 때에 그와 같은 자신의 직위에서 판단해서 답한 피조사자도 있을 것이며 자신의 직위는 고려하지 않고 객관적으로 제3자인 과장과 청자인 부하, 동료, 부장, 타부서의 과장과의 지위관계 만을 고려해서

응답한 피조사자도 있을 것이다. 이상의 점에서 여기에서 나온 결과만을 가지고 세대차로 경어 사용이 이만큼 다르다와 같은 단순한 해석은 피해야 할 것이다. 이 같은 문제는 다음에 서술하는 제3자가 상사인 경우는 해당되지 않기 때문에 제3자가 상사일 경우의 세대차가 신뢰성이 더 높다고 할 수 있다.

우선 일본어의 경우를 보면 청자가 부하, 동료, 손님일 경우에 세대차이가 보였다. 부하에 대해 20~30대는 '--'를 압도적으로 많이 사용하고 40~50대는 '--'가 20% 정도 감소하고 '-+'가 20% 정도 증가한다. 동료에 대해서도 이와 마찬가지 경향이 보인다. 다음으로 손님에 대해서는 '겸양어 사용'을 20~30대가 보다 많이 사용하고 있으며 40~50대는 '-+'를 20~30대보다 많이 사용하고 있다.

다음으로 한국어의 경우는 부하나 동료에 대해서 20~30대는 '+-'를 다용하고 40~50대는 '-+'를 다용하고 있다. 이 결과는 피조사자의 실제 직위에 영향을 받은 것일 수도 있다. 다음으로 부장이나 타부서의 과장에 대해서는 20~30대는 '++'를 보다 다용하고 40~50대는 '-+'의 사용률이 감소하고 '-+'의 사용률이 상승하고 있다.

부장에 대해 과장에 관해서 언급하는 경우는 압존법이 작용하여 '+-'나 '++'가 낮아지리라고 예상되는 장면이다. 그림 4-19의 결과에서는 이들의 사용률은 40~50대에서 낮은데, 즉 40~50대는 압존법을 지키고 있고 20~30대는 압존법을 지키지 않는다는 것을 알 수 있다. 또한 3장에서 본 대학생의 결과(3.3.4.1.4참조)에서도 70%가 압존법을 지키고 있지 않았는데 압존법을 지키지 않는 것이 새로운 경어법이라는 것을 의미하고 있는 것으로 앞으로의 행방에 주목하고 싶다.

다음으로 회사 밖의 비격식적인 장면에서 제3자가 상사, 연하의 상사, 연상의 부하일 경우에 관해서 알아본 것이다. 세대차를 그림 4-20에 나타내었다.

상술한 바와 같이 구체적인 직위명인 과장이나 부장을 쓴 경우는 피조사자의 실제의 지위가 과장보다 상위도 될 수 있고 하위도 될 수 있기 때문에 그 결과를 가지고 바로 세대차가 있다고 판단하는 것은 타당하지

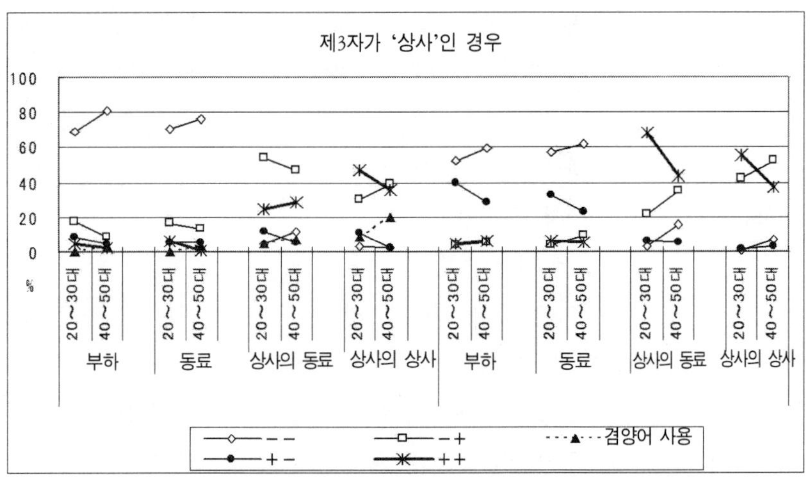

【그림 4-20】 제3자가 상사일 경우의 세대차(한국어)

않다. 그러나 여기에서는 제3자로서 상사를 상정하고 있으므로 이 경우에 있어서는 실제의 직위와는 관계없이 경어 사용 의식을 조사할 수가 있다.

우선 일본어일 경우 그다지 큰 차이는 아니지만 '＋＋'의 사용은 청자가 상사의 동료인 경우는 40～50대가 많고, 상사의 상사에 대해서는 20～30대가 많다. 요컨대 40～50대는 이들 청자의 차이에 따른 변화가 적지만 20～30대는 청자에 따른 차이가 크다고 할 수 있다. 청자가 상사의 상사일 경우 존경어 사용을 억제하는 것이 바람직하지만 20～30대는 청자의 지위가 높아짐에 따라 제3자에 대한 존경어도 더 많이 쓰고 있다.

이상을 정리하면 '제3자 경어의 청자 경어화'는 젊은 연령층에서 보다 진행되고 있는 것 같으며, 젊은 세대일수록 청자와 제3자 모두를 높인다는 새로운 경어법을 사용하고 있다고 할 수 있다.

다음으로 한국어의 경우를 보면 상술한 제3자가 과장일 경우와 마찬가지로 20～30대가 40～50대보다 '＋－'나 '＋＋'를 많이 쓰고 있다. 특히 청자가 상사의 상사의 경우는 본래 압존법이 작용하여 '＋＋'를 사용하지 않으리라 예상되지만 20～30대에서는 과반 수 이상이 '＋＋'를 사용하고 있으며 젊은 세대에서 압존법이 더욱 지켜지지 않고 있다는 것을 명백하게 한 것이라고 할 수 있다.

이상을 정리하면 한일 모두 젊은 세대일수록 제3자에 대한 존경어 사용을 더 많이 쓰며 청자와 제3자의 상하관계는 고려하지 않고 우선 두 사람 모두 상위자라면 두 사람 모두 높이는 경어법을 사용하고 있다는 것을 알 수 있다.

4.4 사회인 설문조사의 맺음말

이상으로 한일의 사회인을 대상으로 한 설문조사를 통하여 청자에 따른 제3자 경어 사용이라는 관점에서 한일 양 언어의 공통점과 상이점에 관해서 고찰하였다.

오기노치의 분석에서 오기노치의 대소는 제3자의 차이가 아니라 청자의 차이에 따라서 좌우된다는 것을 알 수 있었다. 또한 제3자가 아버지인 경우는 한국어에서는 상대적으로 오기노치가 높아서 한일에서 외부 인물에게 아버지를 어떻게 언급할 것인가라는 사고에 차이가 있다는 것을 알 수 있다.

또한 일본어의 경우는 기본적으로 청자가 동등하거나 하위자인 경우에는 제3자 경어는 거의 쓰이지 않고 전체적으로 한국어가 제3자를 높이는 비율이 높다는 것도 밝혀졌다.

특히 주목해야만 하는 것은 제3자가 아버지일 경우이다.

한국어에서는 아버지는 절대적으로 높여진다고 일컬어지고 있지만 친한 부하나 동료에 대해서는 30%가 아버지를 높이고 있지 않아 규범적인 경어법에 위배되는 경어법을 사용하고 있다는 것을 알게 되었다. 일본어는 상대 경어가 기조이고, 한국어는 절대 경어가 기조이기는 하지만 그러나 그 중에서도 친족에 대한 경어 사용에서는 한국어에 있어서도 상대 경어적인 일면이 있다는 것이 명백하게 되었다.

더욱이 한국어에서 규범적인 경어법인 압존법이 나타나는 장면에 있어서도 압존법을 지키는 사람은 반 정도에 지나지 않고 제3자도 청자도 모두 높여 버리는 새로운 경어법이 쓰이고 있다는 것을 알게 되었다. 이것은 상위자간의 상하관계에 관계없이 화자에게 있어서 상위자인 자는 모두 절대적으로 높이고 있다는 것을 의미한다.

일본어에서도 최상위자의 앞에서 상위자인 제3자까지도 높인다는 '제3자 경어의 청자 경어화'가 보여 한일 모두 청자를 중시한다는 움직임이 관찰되었다.

또한 이와 같은 제3자까지도 높이는 경향은 남성보다는 여성에 현저하며 40~50대보다는 20~30대에서 현저하며, 더욱이 한일 양 언어에서 공통되는 움직임이 관찰되었다. 이와 같은 경향은 신어·유행어의 수용 과정에 보이는 여성·젊은층의 적극성과 일맥상통하는 것이라고 여겨진다. 이것과 관련된 지적으로서 眞田·宮治(1990)에서는 '젊은층 여성 > 젊은층 남성 > 노년층 여성 > 노년층 남성'의 순으로 새로운 규범을 채용하는 경향이 강하다고 지적하고 있으며 젊은층에서 이 같은 경어 사용은 앞으로의 한일 양 언어의 경어변화의 방향을 예측하는 재료가 될 수 있다고 판단된다.

소재 경어에서 대자 경어로 변천해 온 일본어의 경어의 역사적 변화를 고려한다면 한국어에서 압존법을 지키지 않는 것도 청자에 대한 배려에 기인해 있을 가능성이 있으며, 만약 이 같은 고찰이 타당하다면 사교적인 장면성에 근거하여 예의의 의식으로 경어가 쓰이게 되었다는 宮地(1981)의 지적이나, 경어 사용의 민주화·평등화에 따라 경어 자체의 정중어화가 진행되고 있다고 지적한 井上(1999a)와도 일치하는 결과로 이것은 대인적 기능을 중시해 온 경어의 변화의 흐름이라고 말할 수 있다.

이상의 고찰로 언어의 차이를 넘어 한일 양 언어에 있어서 대인 경어의 우위성이라는 공통점이 보였고 게다가 그 수용 과정에도 공통점이 있다는 것이 밝혀졌다. 이것은 일반적으로 널리 관찰되는 대인 기능 중시의 방향으로 진행되는 언어 변화의 경향과도 무관하지는 않은 것으로 여겨지는데, 본 연구는 경어 사용의 변화로 이 점을 실증적으로 파악하는데 성공한 좋은 예라고 생각된다.

5장

시나리오 담화로 본 제3자 경어

5.1 시나리오 담화분석의 목적

3장과 4장에서는 대학생과 사회인을 대상으로 한 설문조사의 결과를 정리해 보았다. 본장에서 시나리오 담화를 분석 대상으로 삼은 이유는 조사자가 작위적으로 만든 인간관계로 조사 항목이 한정된다는 문제점이 있기 때문이다. 설문조사에서는 피조사자에 대한 부담을 고려해서 그다지 많은 것에 대해 물을 수 없으므로 이러한 설문조사의 약점을 보충할 필요가 있다. 따라서 본장은 시나리오 담화를 사용해서 실제의 담화에서 일어날 수 있는 다양한 인간관계 중에서 제3자 경어 운용에 관해 분석하는 것을 목적으로 한다. 분석이 진전되면 설문조사와 시나리오 담화의 상이점이나 공통점 등도 고찰할 수 있다고 생각된다.

한일 양 언어의 경어의 대조 연구에서 제3자 경어는 그다지 연구되지 않은 분야이다. 게다가 담화를 분석 대상으로 한 한일 양 언어의 대조연구는 거의 없었다는 것을 고려하면 이와 같은 대조연구의 의의는 크다고 할 수 있다.

회화체에서 제3자나 청자에 대한 화자의 대우 의도는 음조, 높이, 속도, 어휘의 선택 등 다양한 수단으로 표시되지만 본장에서는 그 중에서 언어형식에 초점을 맞추어 언어형식으로 나타난 제3자 경어 사용이라는 관점에서 분석을 시도하겠다.

5.2 시나리오 담화분석의 대상 및 분석 방법

5.2.1 분석의 대상이 되는 시나리오와 용례에 관한 개요

본장에서 분석 대상으로 하는 것은 인터넷 상에서 공개되어 있는 드라마의 시나리오이다. 드라마의 시나리오는 실제의 회화체가 아니라 한 사람의 작가가 만들어 낸 담화라는 한계를 가지고 있지만 실생활의 언어를 가능한 한 충실하게 실현한 것이다. 그리고 회화의 전개 방식이나 언어 표현은 자연 담화와 비교해서 큰 위화감이 없고 일반인의 언어 사용 이미지와 대략 일치한다고 할 수 있다. 조사 대상으로 삼은 시나리오의 정보는 표 5-1과 같다.

【표 5-1】 시나리오의 등장인물 일람(일본어)

일본 드라마	한국드라마
WITH LOVE（1998년 방송	겨울연가 （2002년 방송）
砂の上の恋人 （1999년 방송）	우리집 （2001년 방송）
レッツ・ゴー永田町(2001년 방송)	이브의 모든 것 （2001년 방송）

텍스트를 선택할 때는 현대를 무대로, 가능한 한 최근의 작품으로 했다. 일본어에서는 동경방언 이외의 방언이 혼재하지 않는 작품, 한국어에서는 서울방언 이외의 방언이 혼재하지 않는 작품을 골랐다. 한국어의 경우에는 많은 시나리오가 인터넷 상에 공개되어 있지만 일본어의 경우에는 그러한 것이 적어서 본장에서는 공개되어 있는 한정된 것만을 다루기로 한다.

드라마의 종류는 주로 20대~30대의 젊은층을 겨냥한 남녀 간의 연애를 소재로 한 드라마가 주되지만 장면으로서는 연인 간의 대화, 친구

간의 대화, 가정에서 가족 간의 대화, 직장 사람과의 대화, 처음 만난 사람과의 대화 등, 격식적인 장면이나 비격식적인 장면 등 다양한 장면이 포함되어 있다.

한편 "レッツ・ゴー永田町"는 국회의원이나 그 비서들의 생활을 배경으로 한 것이지만 국회에서 심의하는 것과 같은 격식 차린 장면은 없다는 것을 말해 두고 싶다. 또한 예문은 저자가 문자를 기록한 것이 아니라 공개되어 있는 시나리오에서 추출한 것이기 때문에 실제로 방송된 대사와 차이가 있을 가능성도 있다는 것을 미리 밝혀 둔다.

시나리오 담화 중에서 제3자가 술부의 주어나 목적어 등 비주어로서 확실히 명시되어 있는 발화는 물론이고 문에 나타나 있지는 않지만 문맥상 제3자가 누구인지 알 수 있는 발화도 용례로서 취하여 1문을 하나의 발화로 하여 EXCEL에 입력하였다. 분석 대상의 용례는 일본어는 461예, 한국어는 801예로 그다지 용례수도 많지 않으며 한국어와 일본어의 용례수에도 차이가 있어서 한정된 데이터이기는 하다. 그러나 설문조사의 보완적 자료로서는 충분하다고 생각되기 때문에 이 범위 안에서 고찰을 하기로 한다.

발화 텍스트 외에 저자는 화자, 청자, 제3자가 누구냐는 정보를 기록하고 3자 간의 상하관계, 화자와 제3자의 영역 문제, 나아가 제3자의 문법상의 역할(주어 / 비주어)별로 발화 중의 제3자 경어의 분류와 청자 경어의 분류를 하였다. 또한 분석 대상으로 삼은 용례나 각 항목의 분류에 관해서는 자료를 참조하였으면 한다.

5.2.2 시나리오 담화분석의 방법

경어 사용에서 菊地(1997)는 표 5-2에 나타낸 바와 같이 회화 참가자의 친소관계, 제3자의 영역 문제, 상하관계, 발화의 장면·상황 등 다양한 요인이 관계하고 있다고 서술하고 있다.

본장에서는 담화에 나타난 화자와 제3자의 영역 문제, 화자, 청자, 제3자의 3자 간의 상하관계를 13종으로 분류하여 제3자에 대한 경어 사용과

【표 5-2】경어 사용과 관계하는 요인

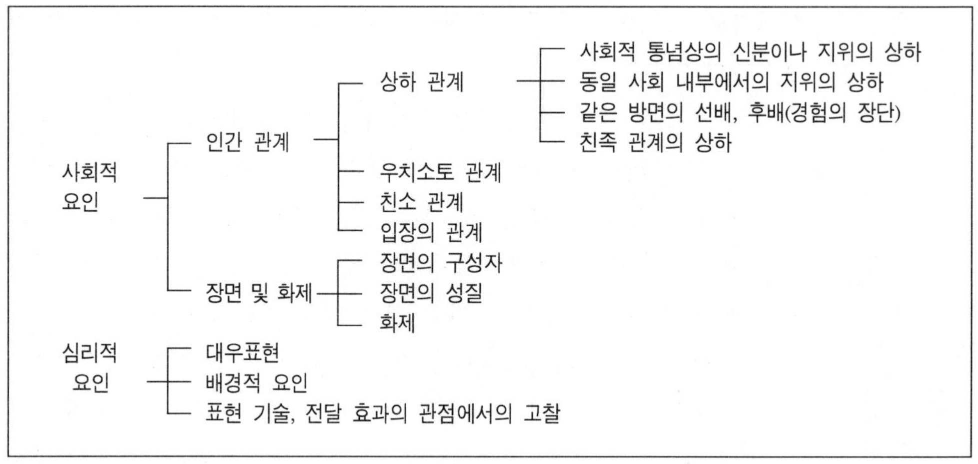

청자에 대한 경어 사용에 관해서 분석한다. 본 연구에서 분석 시의 코딩 기준을 이하에서 상술한다.

5.2.2.1 주어 / 비주어의 분류

본 연구에서는 겸양어 사용도 분석 대상으로 삼기 때문에 제3자가 술부의 주어로서 나타난 발화는 물론 제3자가 발화에 있어서 비주어, 즉 목적어, 보어 등으로 나타난 경우도 분석 대상으로 한다. 이하에 그 예를 나타내었다.

《용례》

발화문	화자	청자	제3자	주어/비주어	内外	상하 관계	제3자 경어	청자 경어
吉田さんいらっしゃいますか？	雨音	吉田의 동료	吉田	주어	外	6	존경어 사용	경체
長谷川さんにお会いしたいんですが.	雨音	健太郎	長谷川	비주어	外	3	겸양어 사용	경체

제3자가 등장한다고 해도 그 제3자는 문에서 주격, 대격 등 다양한 형태로 등장한다고 할 수 있다. 본 연구에서는 제3자가 주격이나 서술격의

형태로 나타난 경우는 '주어'로 분류하고, 제3자가 대격, 속격, 공동격, 여격, 탈격 등의 형태로 나타난 경우는 '비주어'로 분류하여 분석을 하였다.

제3자가 주어인 경우에는 제3자를 직접적으로 높이는 존경어가 사용될 수 있고, 제3자가 비주어인 경우에는 제3자를 간접적으로 높이는 겸양어가 사용될 수 있다는 가설을 세울 수 있다.

【표 5-3】 격의 분류

예문	일본어 교육사전 (1982)	小泉 (1993)	남기심 고영근 (1985)	이상규 (1999)	이익섭 (1986)	野間 (2002)
私がやる. (내가 할게.)	주격	주격	주격	주격조사	주격조사	주격
りんごを食べる. (사과를 먹는다.)	대격	대격	목적격	대격조사	대격조사	대격
私のかばんです. (나의 가방이에요.)	속격	속격	관용격	속격조사	속격조사	속격
姉と行きます. (언니랑 갑니다.)	共格	共格	접속조사	공동격조사	공동격조사	병렬
先生に差し上げます. (선생님께 드립니다.)	여격	여격	부사격	여격조사	처격조사	与位格
祐介, 早くおいで. (철수야, 빨리 오너라.)			호격	호격조사		호격
友だちからもらった. (친구에게서 받았다.)	탈격	탈격				탈격
これは紙ではない. (그것은 종이가 아니다.)			보격			
あれが黒板である. (저것이 칠판이다.)			서술격			
東京で開かれます. (동경에서 열립니다.)			부사격	처격조사	처격조사	처격
網でとる. (그물로 잡는다.)	구격	구격		조격조사	구격조사	구격
東京へ行きます. (동경에 갑니다.)		향격			향격조사	향격
東京より大きいです. (동경보다 큽니다.)		비격				비교격
東京まで行きます. (동경까지 갑니다.)		到格				종점격
今日から始めて. (오늘부터 시작해라.)						시점격
花のようにきれいだ. (꽃처럼 예쁘다.)						比況格

5.2.2.2 제3자의 영역의 분류

화자, 청자, 제3자의 3자 간의 영역 관계를 분류하여 제3자의 영역 문제에 따른 제3자 경어 사용에 관해서 고찰한다.

菊地(1997)는 경어를 생각하는 경우에 보통 의미에서의 인칭은 사용하기 어렵고 경어상의 Ⅰ인칭·Ⅱ인칭·Ⅲ인칭이라는 관점을 따르는 편이 낫다고 지적하고 있다. 요컨대 3인칭 중에도 순수하게 3인칭으로서 취급할 수 있는 경우·2인칭과 비슷한 3인칭의 경우·1인칭과 비슷한 3인칭의 경우가 있다는 것으로 표 5-4를 제시하고 있다.

【표 5-4】 경어적 인칭(菊地, 1997)

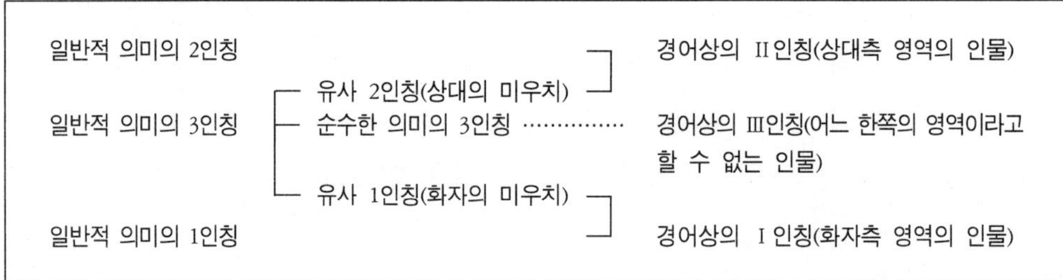

일본어에서 안팎(內外, 우치소토)이라는 말은 원래는 혈연관계의 유무가 중심이었다고 여겨지지만 실제의 사용을 보면 반드시 혈연관계에만 한정되는 것만은 아니라는 것을 알 수 있다. 예를 들면 'うちの會社(우리 회사)'라든지 'うちのゼミ(우리 연구실)'과 같이 말하는 경우는 명백하게 화자와 관계가 멀다는 것을 의식한 표현으로 안팎이라는 개념이 반드시 혈연관계에 한정된 것만은 아니라는 것을 알 수 있다.

따라서 본 연구에서의 제3자의 영역은 반드시 혈연관계만을 가리키는 것이 아니라 화자와 제3자 간의 거리를 청자와의 거리도 고려하여 상대적으로 판단한 것이다. 즉 화자와 제3자의 거리는 청자에 따라서 상대적으로 변하는 경우가 많아 주로 화자의 영역의 인물(身內, 미우치)은 언제나 화자와 가까운 관계로서 취급되지만 같은 회사의 사람이라면 청자에 따라서 화자의 영역 안일 수도 있고 영역 밖일 수도 있는 것이다.

《용례》

발화문	화자	청자	제3자	주어/비주어	內外	상하관계	제3자 경어	청자 경어
辻谷専務をお願いします.	圭一	비서	修一郎	비주어	內	판정불가	겸양어 사용	경체
事情はお義父さんから聞いた.	圭一	黎子	修一郎	비주어	外	4	경어 불사용	경체

어떤 사람을 화자의 영역 내의 인물로 판단하는지 영역 밖의 인물로 판단하는지의 문제는 화자의 주관적인 판단에 의하는 바가 크다. 화자는 화자 자신과 청자, 제3자라는 3자 간의 심리적 거리나 친소관계에 따라서

제3자의 영역을 결정한다고 볼 수 있다. 그러나 화자의 주관적인 판단이라는 것을 연구자가 정확하게 파악하는 것은 곤란하다고 할 수 있으므로 본 연구에서는 대화의 흐름 속에서 화자, 청자, 제3자의 심리적 거리 관계를 가능한 한 정확하게 파악하려고 노력하였다.

본 연구에서 정한 제3자의 영역 관계(거리)를 그림 5-1에 나타내었다.

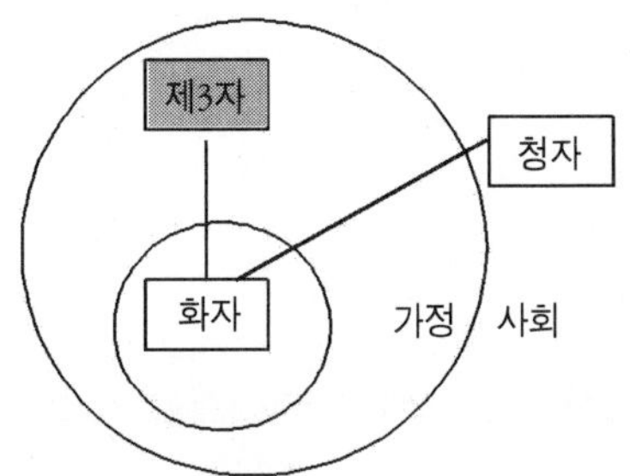

<제3자가 화자의 영역 내의 인물일 경우>

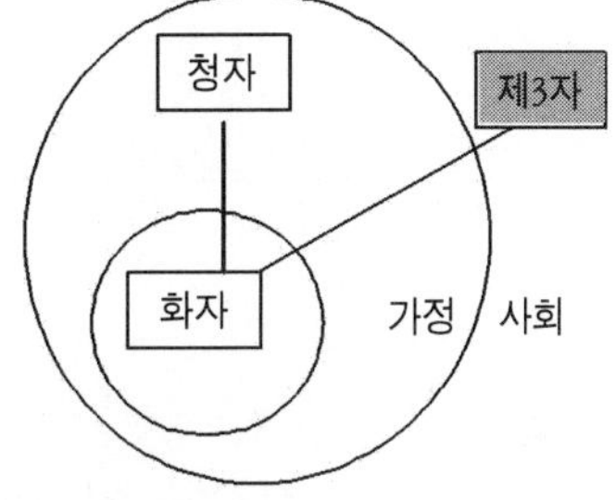

<제3자가 화자의 영역 밖의 인물일 경우>

【그림 5-1】 화자와 제3자의 영역 관계에 관해서

본장에서는 화자와 청자와의 거리관계를 단서로 제3자가 그 거리보다 가까운 경우는 화자의 영역 내의 인물, 그것보다 먼 경우는 화자의 영역 밖의 인물로 간주하였다. 이것은 친소의 개념도 넣어 상대적으로 제3자의 영역을 판정한 것이며 좁은 의미에서의 화자의 영역의 개념보다 넓다고 할 수 있다.

5.2.2.3 상하관계의 분류

화자, 청자, 제3자의 3자 간의 상하관계를 菊地(1997)에서 제시한 연령, 사회적 지위, 친족관계에서 상하관계를 단서로 13종류로 나누었다. 그 중에서 친족관계의 상하에 있어서는 일본어에서는 화자의 영역 밖의 인물에 대해 영역 내의 상위자를 높이지 않는다는 경어 사용 규칙이 있고, 한국어에서는 화자와 가깝다 하더라도 상위자인 경우는 절대적으로 높인다는 경어 규칙이 있다. 단 본 연구에서 화자의 영역의 인물인지를 판단하는 문제는 전술한 제3자의 영역 관계로 분류하고 친족관계에서 상하관계도 菊地(1997)에 따라 넓게 상하관계에 넣는다. 인간관계의 분류 항목은 표 5-5에 나타내었다.

【표 5-5】 상하관계의 분류 항목

1	제3자	>	청자	>	화자	8	청자	>	제3자	=	화자
2	제3자	=	청자	>	화자	9	화자	>	제3자	=	청자
3	제3자	>	화자	>	청자	10	화자	>	제3자	>	청자
4	제3자	>	화자	=	청자	11	청자	>	화자	>	제3자
5	제3자	=	화자	>	청자	12	청자	=	화자	>	제3자
6	제3자	=	화자	=	청자	13	화자	>	청자	>	제3자
7	청자	>	제3자	>	화자	판정불가					

화자, 청자, 제3자 중에서 2자 간의 상하관계는 결정되지만 나머지 한 사람이 2자 중 어느 쪽에 속하는가를 결정하기 어려운 경우에는 그 관계를 판정하기 어렵다. 예를 들면 화자가 비서고 제3자가 그 상사(사장)일 경우, 청자가 상사의 부하(상무 등)일 경우는 3자 간의 상하관계를 결정할 수 있지만(이 경우는 상하관계1), 청자가 외부에서 온 손님인 경우는 화자인 비서에게 있어서는 청자인 손님과 제3자인 상사 간의 상하관계를 정하는 것은 어렵다고 판단된다. 이와 같은 것은 '판정 불가'에 넣었다.

5.2.2.4 제3자 경어의 분류

발화문 중에 나타난 제3자를 언급한 술부형식을 분류한다. 한일 각각의 분류 기준은 표 5-6에 나타내었다.

【표 5-6】 일본어와 한국어의 제3자 경어의 분류 항목

	일본어	한국어
겸양어 사용	문중에 申し上げる, 伺う, いただく, お~する 등의 겸양어나 겸양 형식이 포함된 발화	문중에 '드리다, 뵙다, 모시다, 여쭙다'와 같은 겸양이나 '어/아드리다'와 같은 겸양 형식이 포함된 발화
존경어 사용	문중에 いらっしゃる, お~になる 등의 존경어나 존경 형식이 포함된 발화	문중에 존경선어말어미 '시'나 '계시다, 주무시다, 잡수시다'와 같은 존경어가 포함된 발화
경어 불사용	제3자에 대해 언급하는 술부는 있지만, 존경어도 겸양어도 사용되지 않은 발화	제3자에 대해 언급하는 술부는 있지만, 존경어도 겸양어도 사용되지 않은 발화

'겸양어 사용' 중에서 'お願いします'와 같이 정형화된 것은 경의는 낮아졌지만 본장에서는 형식에 주목하여 '겸양어 사용'에 포함시켰다.

그리고 이하의 용례와 같이 하나의 발화에 제3자가 복수 등장하는 경우에는 복수의 발화로 취급하였다. 복수 제3자의 발화 용례는 일본어에서는 17개이고 한국어에서는 37개였다.

《용례》

발화문	화자	청자	제3자	주어/비주어	内外	상하관계	제3자 경어	청자 경어
아줌만 오빠 아버님 돌아가시라고 기도했대?	영미	우진	우진의 모친	주어	外	4	경어 불사용	상체
아줌만 오빠 아버님 돌아가시라고 기도했대?	영미	우진	우진의 모친	주어	外	4	존경어 사용	상체
朗が田舎に帰った後，あの弁護士が慌ててやって来たの…	絵里花	山本	朗	주어	内	6	경어 불사용	상체
朗が田舎に帰った後，あの弁護士が慌ててやって来たの…	絵里花	山本	변호사 (圭一)	주어	外	6	경어 불사용	상체

또한 제3자는 한 사람이라 하더라도 술부가 2개 이상 나타난 경우에는 경의도가 더 높은 쪽으로 분류했다. 이하의 용례의 경우 '존경어 사용'과 '경어 불사용'이 적용되고 있지만 경의도가 높은 '존경어 사용'으로 분류하였다.

《용례》

발화문	화자	청자	제3자	주어/비주어	内外	상하관계	제3자 경어	청자 경어
아니, 근데 유진 씨 어머님은 우리 김 피디 어디가 마음에 안 드셔서 반대한 거래요?	DJ	유진	유진의 모친	주어	外	4	존경어 사용	경체

다음으로 제3자는 한 사람이라 하더라도 술부가 복수인 경우는 '겸양어 사용'과 '존경어 사용'이 동시에 포함되어 있는 경우는 복수의 행을 만들어 복수의 용례로서 취급하기로 한다.

《용례》

발화문	화자	청자	제3자	주어/비주어	内外	상하관계	제3자 경어	청자 경어
말씀드리면. 어머니야 첨부터 다인이 반대하신 분도 아닌데...못 나게 군다구 타박밖에 더 하시겠다.	우리의 모친	우리의 부친	우리의 조모	비주어	内	4	겸양어 사용	상체
말씀드리면. 어머니야 첨부터 다인이 반대하신 분도 아닌데...못 나게 군다구 타박밖에 더 하시겠어.	우리의 모친	우리의 부친	우리의 조모	비주어	内	4	존경어 사용	상체

5.2.2.5 청자 경어의 분류

청자 경어의 분류라는 것은 청자에 대해서 어떤 경어 형식을 사용했는가를 보기 위한 항목이다. 청자 경어에 관해서는 문말 형식에 따라서 본장에서는 '최상경체(最上敬体), 경체, 상체, 판정 외'의 4가지로 분류하였다. 이하의 표 5-7에 나타내었다.

【표 5-7】 일본어와 한국어의 청자 경어의 분류 항목

	일본어	한국어
최상경체	문말이 청자에 대한 '존경어+정중어'가 포함된 발화나 'でございます체'인 발화	문말이 청자에 대한 '시+합니다체', 또는 '합니다체'인 발화
경체	문말이 'です・ます체'인 발화	문말이 '해요체'인 발화
상체	문말이 'だ・である체'인 발화	문말이 '해체, 한다체'인 발화
판정 외	상기와 같은 청자에 대한 대우 정도를 나타내는 마커(でございます체, です・ます체, だ・である체)가 붙지 않아 대우 정도를 판단하기 곤란한 발화	상기와 같은 청자에 대한 대우 정도를 나타내는 마커(합니다체, 해요체, 한다체, 해체)가 붙지 않아 대우 정도를 판단하기 곤란한 발화

일반적으로 '최상경체'를 분류 항목으로 세우지 않은 연구도 많다[21]. 3장과 4장의 설문조사를 분석할 때에는 한국어의 '합니다체'와 '해요체'라는 2가지 경체를 하나로 분석해 왔다. 그러나 본장에서는 제3자 경어와

---

21) 김진아(2002)에서는 문말 형식을 '해요체'를 'P(polite form)', '합니다체'를 'Pf(polite formal form)'로 분류했다. 그러나 기능대우에서는 양 쪽을 모두 'P'로 분류하고 있으며, speech level shift의 분석 시에도 이 둘을 동일시하여 분석하였다.

청자 경어의 상관관계에도 주목하기 위해서 이들을 나누어서 생각해 보기로 한다. 즉 격식성이 높은 '합니다체'는 '최상경체'로 분류하고 격식성이 낮은 '해요체'는 '경체'로 분류를 했다. 또한 청자에 대해서 사용되는 '시 + 합니다체'도 '최상경체'로 분류했다.

일본어에서 '최상경체'라는 것은 예를 들면 '鈴木課長も行くらしいですが、部長もいらっしゃいますか？(스즈키 과장도 가는 것 같습니다만 부장님도 가십니까?)(제3자 : 鈴木 과장, 청자 : 부장)'과 같이 청자에 대해 존경어가 쓰인 발화를 의미한다.

또한 연구자들 사이에서 '경체'와 '상체'의 정의에 관해서는 그다지 의견의 차이가 없지만 본 연구에서 '판정 외'라고 명명한 4번째의 부류에 관해서는 서로 다른 의견이 많다. Maynard(1991)는 '논문에서 말하는 *だ*체라는 것은 맨 몸의 *だ*체라고도 해야 할 것이지만 *だ*체로 끝나도 그 후에 종조사, 조동사, *ノダ* 구문 등 화자의 발화 태도를 나타낸 사적 요소가 붙은 것은 생략한다(저자역)'라고 서술하고 있다. 그렇지만 이들은 생략해야만 하는 것이 아니다. 이것이야말로 화자의 진의나 의도가 들어가 있는 것이라고 저자는 생각하고 있다. 이하에 일본어에서 논의되고 있는 스피치등급에 관한 선행 연구를 몇 가지 소개한다.

우선 宇佐美(1995, 2001)는 일련의 연구를 통하여 일본어의 Speech Level을 분류하고 있다. 우선 宇佐美(1995)의 분류 기준을 이하에 나타내었다.

【표 5-8】 宇佐美(1995)의 분류 기준

+	존경어, 겸양어, 미화어, わたくし, ～でございます 등을 포함하는 격식성이 높은 발화
0	정중체를 포함하는 발화
−	상체를 포함하는 발화나 질문에 대한 간략한 대답('언제쯤 왔습니까?'에 대해 '87년') 등, 격식성이 낮은 발화

宇佐美(1995)에서는 'Speech Level은 기본적으로는 이상의 분류법에 따라서 분류하였지만 '중도 종료형 발화'등 판단이 어려운 것은 문맥, 음성면을 고려해서 저자가 판단하였다'라고 기술하고 있다. 더욱이 '중도 종료형 발화'에 관해서는 '술부가 생략된 경우나 복문일 경우, 종속절만으

로 주절이 생략되었거나 한 발화, 즉 마지막까지 말을 끝맺지 않은 발화를 '중도 종료형 발화'이라고 부르며 주절이 생략된 형태의 중도 종료형 발화는 −(마이너스)등급이 되는 경우가 많다'고 논하고 있다. 즉 宇佐美(1995)에서는 음성적인 단절을 고려해서 '중도 종료형 발화'를 판단하고 있으며 이것이 여타 연구와는 다른 특징적인 면이라고 할 수 있다.

다음으로 宇佐美(2001)는 발화문을 이하의 3가지 관점에서 분류하고 있다. 표 5-9은 宇佐美(2001)의 기술을 저자가 표로 정리한 것이다.

【표 5-9】宇佐美(2001)의 분류 기준

형식	발화 전체(문중POL): 주로 화자의 경어, 스피치 레벨의 사용 빈도를 보기 위한 것으로, 하나의 발화문에 포함되는 정중도가 가장 높은 것으로 분류한다.(발화문에 S가 하나라도 있으면 'S'로 분류함.)	S:Super-Polite form	존경어, 겸양어, られる, わたくし 등을 포함하는 발화
		P:Polite form	경체를 포함하는 발화
		N:Non-polite form	상체를 포함하는 발화
		NM:No-marker	정중도를 나타내는 마커가 없는 발화, 중도종료형발화 등
	문말 형식(문말POL): '문말의 형식'만으로 판단한다.	P:Polite form	경체
		N:Non-polite form	상체
		NM:No-marker	마커 없음
실질적인 표현 효과 기능	(기능POL): 문말이 경체인지 상체인지와 상관없이, 그 발화가 격식적인 것인지 캐쥬얼한 느낌인지의 '기능'을 문맥이나 음성면을 고려해서 분류한다. 주로 정중도를 나타내는 마커가 없는 발화문의 스피치 레벨을 정할 때 이용된다.	F	Formal
		C	Casual

문말이 경체인가 상체인가라는 형식에 상관없이 그 발화가 격식적인 느낌(F)인가 일상적이고 자연스러운 느낌(C)인가 라는 기능을 콘텍스트나 음성 면을 고려해서 분류한다. 주로 정중도를 나타내는 Marker가 없는 발화문의 Speech Level을 인정할 때에 사용한다.

김진아(2002)에서는 '술부가 있는 발화일 경우 음성적 단절 여부나 발화를 종료한 것이 화자의 의지에 따른 것인지를 화자가 아닌 연구자가 구별하는 것은 어렵고, 같은 발화문이 연구자에 따라서 N으로도 Z로도 기호화될 수 있는 위험성이 있다'고 논하며 '음성 면이 아니라 술부의 유무로 P, N, Z의 판단기준을 세우고 있다'고 기술하고 있다. 음성으로의 판단이 연구자의 판단에 따라서 달라질 수 있다는 김진아(2002)의 지적은 타당하다고 할 수 있다. 또한 김진아(2002)에서는 명사로 끝난 것은 'Z'로 분류하며 명사로 끝난 명사 술부를 인정하지 않고 있다. 이것은 저자의 생각과 상이한 부분으로 본 연구에서는 명사 술부는 '상체'로 분류하고 있다.

【표 5-10】 김진아(2002)의 분류 기준

P - polite form	술부가 경체인 발화문
N - non-polite form	술부가 상체인 발화문
NM - no-marker	상기에 속하는 마커가 없는 발화문, 술부가 없는(zero) 발화문

또한 김진아(2002)는 청자에 대한 존경어나 겸양어가 아니라 제3자에 대한 존경어, 겸양어 사용을 별도의 항목으로 분류하고 있어서 특기할 만하지만 분석까지는 성공하지 못한 것이 안타까운 점이다.

다음으로 伊集院(2004)의 스피치 스타일의 분류에 관해서 보기로 하자.

【표 5-11】 伊集院(2004)의 분류 기준

デス・マス체	I형	デス・マス체로 끝남	～です. ～ます. ～ください.
	II형	デス・マス체＋'ね, よ' 이외의 종조사	～って思うんですけど. 実家は横浜ですが. ～ですし. なんでしたっけ.
	II'형	デス・マス체＋종조사 'ね, よ'	～ですね. ～でしたよ. ～ますよね. ～ますからね.
ダ체	III형	ダ체로 끝남 (한 단어로 이루어진 문이나 명사, 형용동사의 어간으로 끝나는 문도 포함)	勉強した. すごい. できない. 学生. 私も自転車. 漢字は一番簡単
	IV형	ダ체＋'ね, よ' 이외의 종조사	難しいけど. 興味あったから. 面白かったし. ～だっけ. すごいな. 珍しいのかな.
	IV'형	ダ체＋종조사 'ね, よ'	いいね. 22だよ. うれしい（よ）ね. あるよ. 歌ね. ～からね
	*형	중도종료형	もしできれば. ～と思って. ～へ行ったり. ～みたいな. ～っていうか.

伊集院(2004)도 宇佐美(1995, 1999)와는 달리 분류에 있어서 음성면을 고려하고 있지 않다. 伊集院(2004)의 특징은 분류를 크게 'デス・マス체, ダ체, 중도 종료형'의 3가지로 나누고 더욱이 'デス・マス체'와 'ダ체'를

말을 끝맺는데 쓰는 スタイル와 종조사를 동반하는 스타일로 나누고 있다. 또한 종조사에 관해서도 'ね'나 'よ'가 붙은 것은 대우 등급이 더 낮다고 인식된다고 간주하고 종조사의 종류에 따라서 대우도가 변화한다는 관점을 보여준다. 'けど, が, から, し'에 관해서는 아래와 같이 기술하고 있다.

> '『けど』『が』『から』『し』가 말미에 접속한 종속구는 독립도가 높다는 사실이나(南, 1993), 종조사화한 접속조사(高橋 1993, 小林 2003)라는 의견도 있으므로, 『けど』『が』를 포함한 발화가 접속문과의 사이에서 역접의 관계가 아닌 단순한 서두 표현이나 중도 종료 표현으로 쓰일 때나, 『から』『し』가 접속하는 문과 인과관계를 가지지 않을 때, 접속문이 존재하지 않을 때는 종조사와 동등하게 취급하기로 한다'

이 책의 분류는 伊集院(2004)의 분류와 가장 유사하다고 할 수 있지만 한 가지 다른 점은 '동사의 연용형+て'에 관해서이다. 伊集院(2004)은 일률적으로 중도 종료형으로 분류하고 있지만 저자의 생각은 이것과 다르다. 본 연구에서는 '동사의 연용형+て'를 문이 끝난 것으로 판단하고 'て형' 앞의 동사의 형태로 판단하기로 했다.

'て형'에 관해서 南(1993)는 'て형'을 이하의 4가지로 나누고 있는데 ①을 제외하고는 'ます'가 붙을 수 있다고 지적하고 있다.

① 상태부사적 : 예)首をかしげて走る(목을 옆으로 하고 달리다).
② 계속적 또는 병렬적인 동작·상태 : 예)戸をぱたんと閉めて出ていった(문을 꽝 닫고 나갔다).
③ 원인·이유 : 예)風邪をひいて休んだ(감기에 걸려서 쉬었다).
④ 명제의 ハ, 진술부사 등을 포함한 것 :
　예)たぶんA社は今季新機種を発表する予定でありまして, 他社の多くもおそらくそれに対抗する計画を考えることでしょう
　(아마 A사는 이번에 신기종을 발표할 예정으로 다른 회사들도 아마 이에 대항하는 계획을 생각하고 있을 것입니다).

　본 연구의 용례를 본 결과 ①의 용법으로 사용된 것과 같은 'です・ます'와의 대립이 없는 'て형'은 없었기 때문에 모든 'て형'은 'です・ます'의 유무로 분류하였다. 즉 '~まして'는 '경체'로, '~て'는 '상체'로 분류했다.

　다음으로 중도 종료문 만의 선행 연구로는 원지은(1999)과 陳文敏(2000)이 있다. 원지은(1999)은 '『중도 종료문』이라는 것은 형식적으로는 주절, 또는 술부가 생략되어 접속조사(연결어미)나 동사・형용사의 テ형이나 명사・부사로 끝나 있는 문으로 기능적으로는 직접적인 거절을 피할 수 있는 것이다'라고 기술하고 있다.

　다음으로 陳文敏(2000)이 중도 종료형 발화로서 인정한 것을 아래의 표 5-12에 나타내었다.

【표 5-12】陳文敏(2000)의 분류 기준

복문의 주절이 생략되어 있는 발화	テ형	
	접속 조사	~し, ~ので 등
	조건형	~と, ~ば 등
술부가 생략되어 있는 발화	'인용' 표현	~と, ~って
	'토픽 도출' 표현	~は, ~って
	'예시' 표현	~とか
	기타	~っていう/という, ~(명사) 등
형식은 'ダ체'발화이지만 음성적으로는 'ダ체'라고 할 수 없는 발화	발화의 말미가 상승 인토네이션이 아니라 늘려서 천천히 말하여 종료되지 않은 것으로 판단되는 것	

　다음으로 이길용(2003)에서는 격식적인 담화에 나타나는 비(非)デスマス형식에 주목하여 비デスマス형식을 체언 종료형, 용언 종료형, 접속조사 종료형, 중도 종료형의 4종류로 나누어, 전자의 3가지를 デスマス형식과 비デスマス형식의 대립관계가 있는 것으로 간주하고 마지막의 중도 종료형은 비대립적인 것으로 판단하고 있다.

　이 관점이라면 굳이 대립 관계인 것과 비대립 관계인 것을 함께 묶어서 デスマス형식과 비デスマス형식으로 나눌 것이 아니라 デスマス형식과 대립 관계를 가지지 않는 중도 종료형 등은 별개의 단계의 것으로 취급해도 상관이 없는 것이 아닐까? 또한 이길용(2003)은 '한마디로 비デスマス

형식이라고 하더라도 화자 주체의 청자를 목적으로 한 비デスマス형식과 청자의 의도에 따른 현상으로서의 비デスマス형식이 있다는 것을 인식하고 구별해서 생각할 필요가 있다'고 지적하고 있다.

본 연구에서는 '최상경체'인지 '경체'인지 '상체'인지 판단이 불가능하다는 관점에서 4번째 항목을 '판정 외'라고 명명하기로 했다. 여기에서 본장에서의 판단 기준을 더욱 자세하게 설명하겠다.

우선 주절이 있는 문은 문말이 경체인지 상체인지의 판단이 쉬우므로 문말을 보고 판단한다. 다음으로 종속절밖에 없는 경우에는 종속절의 말미를 보고 판단하는 수밖에 없다. 종속절이 南(1974)의 분류의 C류에 해당하는 종조사화한 접속조사(が, から, けれど, し, て《의 일부》)로 끝난 경우에는 南(1993)에 따라서 이들은 독립성이 높은 것이라는 관점과 접속조사가 역접이나 인과관계 등 본래의 기능을 잃고 종조사적으로 쓰인 것으로 간주한다는 관점에서 이하의 예와 같이 접속조사 앞의 부분을 보고 판단한다.

> 예) 昨日は会いましたけど(어제는 만났습니다만). → 【경체】
> 예) 昨日は会ったけど(어제는 만났지만). → 【상체】

아래에 선행 연구들의 분류 기준과 본장에서의 분류 기준을 표 5-13에 나타내었다. 또한 아래 표의 빈칸은 각 연구자가 논문 속에서 특별히 언급하지 않은 것을 의미하고 있지만 각 연구자가 이들 부분에 관해서 분류하지 않았다는 의미는 아니라는 것을 밝혀두고 싶다. 본 연구에서 분류를 하지 않고 빈칸으로 한 이유는 저자의 해석이 개입될 경우 정확한 인용이 되지 않을 수 있다고 판단했기 때문이다.

또한 표 5-13에서 宇佐美(1995, 2001)의 경우에 분류표에는 '음성으로 판단'이라고 기술하였지만 정확하게는 음성적인 단절의 유무로 중도 종료형인지 아닌지를 판단한다는 의미이다. 즉 음성적인 단절이 있는 것은 중도 종료문이라고 판단해서 'NM'으로 분류하고, 음성적인 단절이 없는 경우에는 접속사, 접속조사의 앞의 용언 형태를 보고 그 용언의 형태가

‘경체’라면 ‘경체’라고 판단하고, ‘상체’라면 ‘상체’라고 판단한다는 것을
의미하고 있다.

【표 5-13】 선행 연구와 본 연구의 분류 기준과의 비교

	원지은 (1999)	陳文敏 (2000)	宇佐美 (1995, 2001)	김진아 (2002)	伊集院 (2004)	본 연구의 분류
ですが	중도종료형		음성으로 판단		デス・マス체	경체
ですけど	중도종료형		음성으로 판단		デス・マス체	경체
ですし		중도종료형	음성으로 판단		デス・マス체	경체
なんでしたっけ					デス・マス체	경체
～なので		중도종료형	음성으로 판단			상체
あったから	중도종료형		음성으로 판단		ダ체	상체
面白かったし			음성으로 판단	상체	ダ체	상체
難しいけど	중도종료형		음성으로 판단		ダ체	상체
～だっけ					ダ체	상체
すごいな					ダ체	상체
명사			NM	술부가 없는 발화	ダ체	상체
동사연용형＋て	중도종료형	중도종료형	음성으로 판단	상체	중도종료형	상체
行くって(인용)		중도종료형				상체
と(인용)		중도종료형		상체	ダ체	상체
명사＋격조사		중도종료형	NM	술부가 없는 발화		판정 외
명사＋부조사			NM	술부가 없는 발화		판정 외
本とか		중도종료형				판정 외
という		중도종료형				판정 외
부사	중도종료형		NM	술부가 없는 발화		판정 외
もしできれば					중도종료형	판정 외
～みたいな			NM		중도종료형	판정 외

이하 본장에서 ‘판단 외’라고 분류한 일본어의 용례를 예로 들겠다.

そんな，ひとみ，いじめをするような子じゃ…	では
精神的に傷つくようなこと…例えば，ご両親のどちらかが亡くなったとか…	とか
山本くん．絵里花の誘い，断るなんて．	なんて
彼女の母親が綺麗に千代紙を貼った万華鏡に…	명사＋조사
…友田さんが，そうしろというなら…	なら
付き合ってる彼女がひとみちゃんみたいな死に方したら…	たら

그리고 한국어에 있어서는 김태엽(2001)를 참조하여 원래는 보조적
연결어미이지만 종결어미로서 기능이 전용된 ‘～어, ～지, ～게, ～고’로

끝난 것은 '상체'로서 판단했다. 본장에서 '판단 외'로 취급한 용례를 아래에 나타내었다.

어머니 한 번 그러실 때마다 뒷 골이 뻣뻣해지는 게 그냥....	부사
너 이러는 거 니네 엄마 아빠 아시면..?	면
밤마다 취해서 들어 가는 거 더 이상 보여 드리기 싫어서.	어서
그런 얘기라면 아버지가 회복 되신 이후에 해도.	어도
하연간 니 아버진 어디서 이상한 애를 데리고 와서...사람을 이렇게 속을 섞인다니...	다니
엄마가 너무 강하게 나오시는 바람에....	조사

도치문의 경우에는 문 전체의 술부가 되는 부분의 형식을 보고 판단한다. 따라서 이하의 예에서 밑줄 친 부분을 문 전체의 술부로 간주해서 '경체'로 분류했다.

예) 課長が呼んでるんです, 奥で(과장님이 부르십니다, 저쪽에서).

5.3 시나리오 담화분석의 결과와 고찰

5.3.1 시나리오 담화의 한일 비교

5.3.1.1 제3자 경어와 청자 경어의 사용률 및 양자의 상관관계

우선 이하에서는 데이터 전체의 대략적인 경향을 파악하기 위해서 주어 / 비주어, 제3자의 영역, 상하관계 등의 모든 요인을 무시하고 제3자 경어와 청자 경어의 출현수와 사용 비율에 관해서 고찰한다. 이하의 표 5-14에 나타내었다.

용례 수는 일본어가 461예, 한국어가 801예이다. 이들의 경향을 한 눈에 알아보기 위해 이것을 그래프로 나타내었다. 그림 5-2와 그림 5-3이 그것이다.

청자 경어를 나타낸 그림 5-2를 보면 한일 양 언어에서 그다지 차이가

【표 5-14】 청자 경어와 제3자 경어의 상관관계

	일본어						한국어					
	최상경체	경체	상체	판정 외	합계		최상경체	경체	상체	판정 외	합계	
겸양어 사용		15	2		17	3.7%	1	10	39	2	52	6.5%
존경어 사용	1	22	6	2	31	6.7%	10	98	245	11	364	45.4%
경어 불사용	1	93	309	10	413	89.6%	13	89	277	6	385	48.1%
합계	2	130	317	12	461	100%	24	197	561	19	801	100%
	0.4%	28.2%	68.8%	2.6%	100%		3.0%	24.6%	70.0%	2.4%	100%	

없다는 것을 알 수 있다. 한일 양 언어 모두 '상체'가 70% 정도로 가장 많고, 다음이 '경체'로 25% 정도 쓰이고 있으며, '최상경체'나 '판정 외'는 그다지 쓰이지 않았다. 또한, '최상경체'는 한국어에서 약간 많이 사용되는 정도이다.

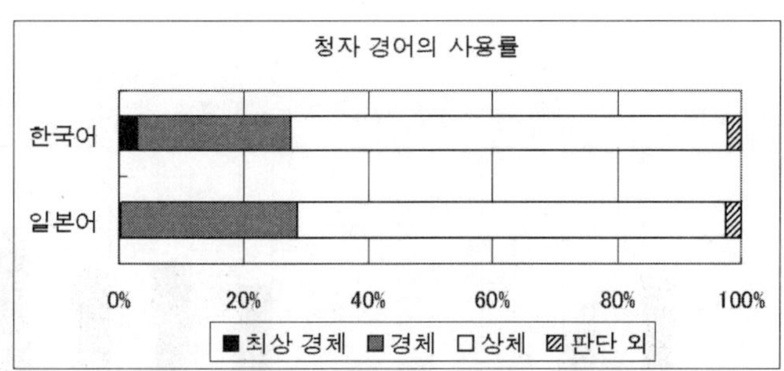

【그림 5-2】 청자 경어의 사용률

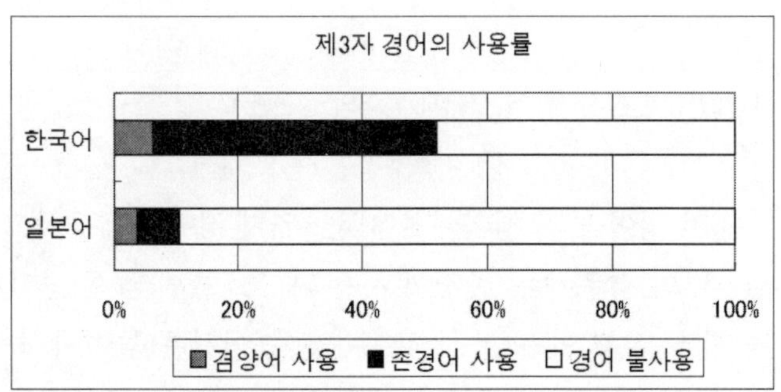

【그림 5-3】 제3자 경어의 사용률

다음은 제3자 경어를 나타낸 그림 5-3을 보자. 예상대로의 결과라고도 할 수 있지만 일본어의 경우에는 '경어 불사용'이 90％로 압도적으로 많이 쓰이고 있고, '겸양어 사용'이 17예(3.7％), '존경어 사용'이 31예(6.7％) 쓰이고 있는 데 불과하지만, 한국어의 경우에는 '존경어 사용'이 367예(45.7％)로, '경어 불사용'의 385예(47.9％)와 비슷한 정도로 쓰이고 있다는 것을 알 수 있다.

여러 조건을 무시했다고는 하지만 이것은 한일 양 언어의 큰 차이라고 할 수 있다. 일본어는 제3자를 그다지 높이지 않고 한국어는 더 빈번히 제3자를 높이는 경향이 있다는 것이 확인되었다. 또한 이와 같은 결과는 3장의 3.3.1(그림 3-4)에서 본 대학생의 설문조사 결과나, 4장의 4.3.1(그림 4-4)에서 본 사회인의 설문조사 결과와도 일치하는 것이다.

또한 제3자 경어와 청자 경어의 상관관계에 관해서 보겠다. 아래의 그림 5-4에 나타내었다.

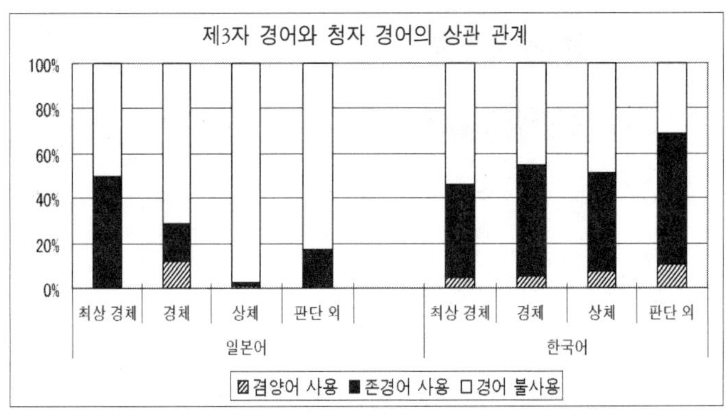

【그림 5-4】 청자 경어와 제3자 경어의 상관관계

청자 경어의 각 항목이 어떠한 제3자 경어와 호응하고 있는가를 보면, 일본어의 경우에는 '존경어 사용'과 호응률이 높은 순서가 '최상경체 ＞ 경체 ＞ 상체'라는 것을 알 수 있다. 이것은 높여야 하는 청자에 대해 제3자를 더 높이고 있다는 것을 의미하며 이것은 바로 井上(1999a)가 지적한 '제3자 경어의 청자 경어화'라고 얘기할 수 있다.

이에 반해 한국어는 '최상경체, 경체, 상체'와 같은 청자 경어의 여하에 관계없이 '존경어 사용'과 '경어 불사용'이 비슷한 정도로 쓰이고 있다. 바꿔 말하면, 청자에 따라서 제3자에 대한 존경어 사용을 바꾸는 것이 아니라 청자에 관계없이 제3자를 일정한 수준에서 대우하고 있다는 것을 알 수 있다. 이것은 종래에 지적되고 있는 절대 경어적인 성격이라고 할 수 있다.

5.3.1.2 주어 / 비주어 및 제3자의 영역에 따른 제3자 경어 사용

아래에서는 5.3.2와 5.3.3에서 개별적으로 분석하기 전에 주어 / 비주어, 제3자의 영역별로 분류했을 때의 결과를 표 5-15과 그림 5-5에 제시한다.

【표 5-15】 데이터 전체의 제3자 경어 사용

		일본어				한국어			
		겸양어 사용	존경어 사용	경어 불사용	합계	겸양어 사용	존경어 사용	경어 불사용	합계
주어	内	1	1	162	164	2	154	151	307
	外		28	186	214	1	206	178	385
	합계	1	29	348	378	3	360	329	692
비주어	内	2		20	22	16	1	26	43
	外	14	2	45	61	33	3	30	66
	합계	16	2	65	83	49	4	56	109
합 계		17	31	413	461	52	364	385	801

한일 양 언어 모두 제3자가 주어로서 나타난 예문이 비주어로서 나타난 예문보다 압도적으로 많고, 제3자의 영역 관계에 있어서는 화자의 영역 밖의 인물이 제3자인 예문이 약간 더 많았다.

그림 5-5를 보면 한일 양 언어에서 가장 상이점이 인정되는 부분은 제3자가 주어로서 나타나는 경우라는 것을 알 수 있다. 즉 제3자 경어에 관한 분류 항목으로서 일본어의 경우는 '경어 불사용'이 압도적으로 많고, 한국어의 경우는 '경어 불사용'과 '존경어 사용'이 비슷한 정도로 많다는 것이다.

또한 당연한 결과라고도 할 수 있지만 '존경어 사용'은 제3자가 주어일 경우에 나타나기 쉽고 '겸양어 사용'은 제3자가 비주어일 경우에 나타나기 쉽다는 것도 확인되었다.

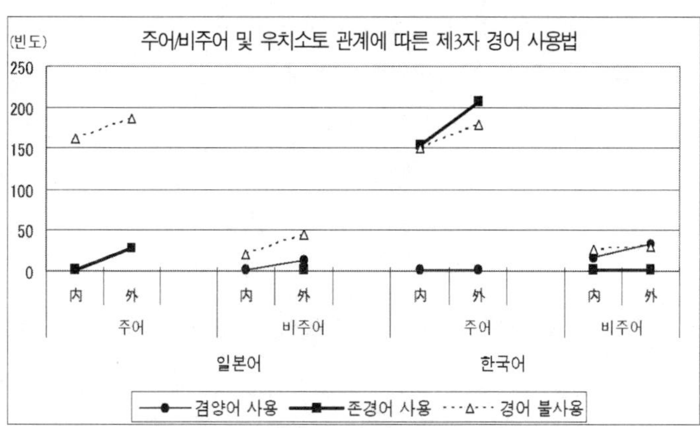

【그림 5-5】 제3자의 영역에 따른 제3자 경어의 사용 빈도

5.3.1.3 상하관계에 따른 제3자 경어 사용

다음으로 상하관계에 따른 제3자 경어 사용을 보기 위해서 주어 / 비주어, 제3자의 영역이라는 문제를 무시하고 상하관계만을 고려한 결과를 표 5-16과 그림 5-6에 나타내었다.

【표 5-16】 상하관계에 따른 제3자 경어 사용

| | | 일본어 | | | | | | | 한국어 | | | | | | |
| | | 겸양어 사용 | | 존경어 사용 | | 경어 불사용 | | 합계 | 겸양어 사용 | | 존경어 사용 | | 경어 불사용 | | 합계 |
		빈도	%	빈도	%	빈도	%		빈도	%	빈도	%	빈도	%	
1	제3자 > 청자 > 화자			3	14.3	18	85.7	21	2	11.8	10	58.8	5	29.4	17
2	제3자 = 청자 > 화자	2	8.7	2	8.7	19	82.6	23	4	5.3	39	51.3	33	43.4	76
3	제3자 > 화자 > 청자	2	6.1	1	3.0	30	90.9	33			25	83.3	5	16.7	30
4	제3자 > 화자 = 청자	2	2.7	5	6.8	67	90.5	74	33	7.5	214	48.9	191	43.6	438
5	제3자 = 화자 > 청자	1	4.0	1	4.0	23	92.0	25	8	8.7	28	30.4	56	60.9	92
6	제3자 = 화자 = 청자	3	1.9	4	2.5	152	95.6	159	2	2.9	7	10.1	60	87.0	69
7	청자 > 제3자 > 화자			1	25.0	3	75.0	4			5	83.3	1	16.7	6
8	청자 > 제3자 = 화자	1	4.2	1	4.2	22	91.7	24			1	20.0	4	80.0	5
9	화자 > 제3자 = 청자					38	100	38	1	33.3	1	33.3	1	33.3	3
10	화자 > 제3자 > 청자	1	16.7			5	83.3	6			1	33.3	2	66.7	3
11	청자 > 화자 > 제3자					2	100	2							
12	청자 = 화자 > 제3자					8	100	8					2	100	2
13	화자 > 청자 > 제3자					3	100	3			1	50.0	1	50.0	2
	판정불가	5	12.2	13	31.7	23	56.1	41	2	3.4	32	55.2	24	41.4	58
	합계	17	3.7	31	6.7	413	89.6	461	52	6.5	364	45.4	385	48.1	801

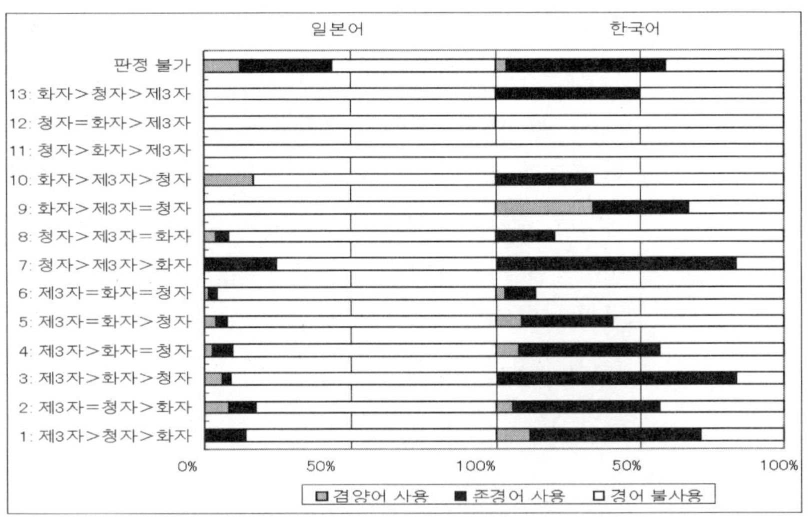

【그림 5-6】 상하관계에 따른 제3자 경어 사용

제3자가 화자와 동등한 경우(상하관계6, 8)나 제3자가 화자보다 하위자인 경우(상하관계9, 10, 11, 12, 13)는 용례수도 적지만 원래 제3자를 높이는 것도 그다지 기대되지 않는 장면이다. 물론 제3자가 화자보다 하위자라 하더라도 장면이 극히 격식적인 경우는 제3자로서 높이는 경우도 있을 수 있지만 그것은 일반적인 것은 아니라고 말할 수 있다. 요컨대 제3자를 높이는 경우의 전제가 되는 것은 제3자가 청자로서도 높이는 인물, 즉 화자에게 있어서도 상위자인 경우이다.

또한 '상하관계 5(제3자＝화자＞청자)'는 한일 양 언어 모두 일반적으로 존경어가 쓰이지 않아도 상관없는 장면이라고 할 수 있지만, 결과를 보면 일본어에서는 존경어 사용률이 4%인 데 반해 한국어의 경우는 31.5%에나 미치고 있다. 용례수도 92예로 안정되어 있기 때문에 이런 사실을 살핀 의의는 크다고 할 수 있다.

그러면 왜 화자와 동등한 제3자를 하위자인 청자에 대해 높여서 대우하는지에 관해서 생각해 보기로 하자. 이와 같이 제3자를 높이는 이유는 2가지의 체면과 관련이 있다고 할 수 있다. 그 하나는 화자는 자신과 제3자의 관계보다는 청자의 입장에서 본 제3자의 상위자로서의 체면을 고려해서 제3자를 높인 것으로, 이것은 즉, 하위자인 청자에 대해 상위자인 제3자의 체면을 세우기 위해 존경어를 사용했다는 해석이다.

또 다른 해석으로는 하위자의 앞에서 존경어를 더 사용함으로써 자신의 체면을 스스로 세우려는 의식도 영향을 끼쳤을 것으로 판단된다. 즉 자신과 동등한 지위의 인물의 체면을 세운다는 것은 후배나 손아래에 대해서 자신의 입장이나 지위도 체면을 세울 만한 위치에 있는 입장이나 지위에 있다는 것을 나타낸 것이 된다고 할 수 있다. 다음은 상하관계 1에서 상하관계 13까지 중에서 존경어 사용률이 높은 상하관계만을 발췌하여 한일 양 언어의 비교를 해보겠다.

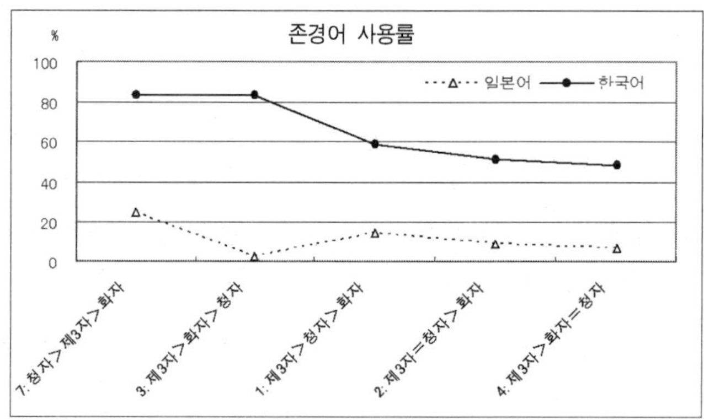

【그림 5-7】 제3자가 상위자일 경우의 존경어의 사용률

그림 5-7을 보면 전체적으로 한국어의 경우 가장 존경어 사용률이 높은 것은 상하관계 7과 상하관계 3으로 그 비율은 80% 정도에나 미친다. 상하관계 1이 60%, 상하관계 2와 상하관계 4가 50% 정도로 차이가 난다. 일본어의 경우는 상하관계 7에서 25%, 상하관계 1에서 15%, 나머지 상하관계 1, 2, 4는 10% 이하로 한일 양 언어의 차이가 크다.

다음은 위에서 나타낸 상하관계를 더 간략화하여 3자 중의 한 가지 요소는 무시하고 2자 간의 상하관계에 따라 제3자대우가 어떻게 변하는가에 관해서 보고자 한다. 이하의 표 5-17과 그림 5-8에 나타내었다.

【표 5-17】 2자간의 관계에 따른 제3자에 관한 존경어 사용률

		일본어								한국어							
		겸양어 사용		존경어 사용		경어 불사용		합계		겸양어 사용		존경어 사용		경어 불사용		합계	
		빈도	%	빈도	%	빈도	%			빈도	%	빈도	%	빈도	%		
제3자와 화자의 관계	제3자 > 화자	6	3.9	12	7.7	137	88.4	155	100	39	6.9	293	51.7	235	41.4	567	100
	제3자 = 화자	5	2.4	6	2.9	197	94.7	208	100	10	6.0	36	21.7	120	72.3	166	100
	제3자 < 화자	1	1.8			56	98.2	57	100	1	10.0	3	30.0	6	60.0	10	100
제3자와 청자의 관계	제3자 > 청자	6	3.8	10	6.3	143	89.9	159	100	43	7.4	278	47.9	259	44.7	580	100
	청자 = 제3자	5	2.3	6	2.7	209	95.0	220	100	7	4.7	47	31.8	94	63.5	148	100
	제3자 < 청자	1	2.4	2	4.9	38	92.7	41	100			7	46.7	8	53.3	15	100
청자와 화자의 관계	청자 > 화자	3	4.1	7	9.5	64	86.5	74	100	6	5.8	55	52.9	43	41.3	104	100
	청자 = 화자	5	2.1	9	3.7	227	94.2	241	100	35	6.9	221	43.4	253	49.7	509	100
	청자 < 화자	4	3.8	2	1.9	99	94.3	105	100	9	6.9	56	43.1	65	50.0	130	100
합계		12	2.9	18	4.3	390	92.9	420	100	50	6.7	332	44.7	361	48.6	743	100

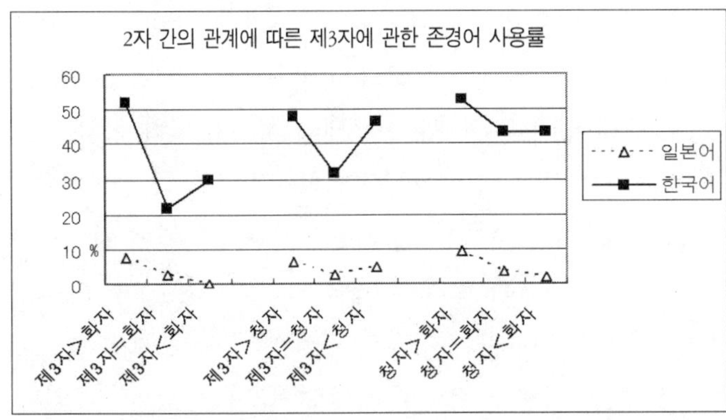

【그림 5-8】 2자간의 관계에 따른 제3자에 관한 존경어 사용률

그림 5-8을 보면 전술한 대로 일본어의 존경어 사용률은 어느 관계에 있어서도 한국어에 비해 매우 낮다는 것을 알 수 있다.

존경어의 사용이 빈번한 한국어에서 제3자에 대해 존경어가 사용되는 제1의 조건은 청자가 화자보다 상위자인 경우이다. 이때 존경어 사용률은 52.9%이다. 다음으로 제2의 조건은 제3자가 청자보다 상위자일 경우로, 이때는 51.7%의 비율로 존경어가 쓰이고 있다. 이와 같은 경향은 제3자에 대해 그다지 존경어를 사용하지 않는 일본어에 있어서도 마찬가지로, 청자가 화자보다 상위자인 경우는 9.5%, 제3자가 청자보다 상위자

인 경우는 7.7%의 비율로, 원래 존경어가 그다지 쓰이지 않는 일본어에서는 높은 수치를 보이고 있다.

제3자를 높일지 높이지 않을지의 문제는 청자가 화자의 입장에서 봐서 손위인지 아닌지에 달려 있다. 즉 청자의 영향력이 그만큼 크다는 것을 의미하고 있다고 할 수 있다. 설령 제3자에 대한 존경어의 사용 정도에는 차이가 있지만 한일 양 언어에서 같은 경향을 보이고 있어 그 결과가 흥미로웠다.

다음으로 제3자에 대해서 존경어가 사용되는 제3의 조건은 제3자가 청자보다 상위자인 경우이고, 제4의 조건은 청자가 제3자보다 상위자인 경우이다. 제3의 조건에서도 제4의 조건에서도 사용률에는 그다지 차이가 없는데 한국어는 47.9%와 46.7%, 일본어는 6.3%와 4.9%였다.

더욱이 의외의 결과로서 제3자가 화자보다 하위자임에도 상관없이 존경어 사용률이 30%에나 미치고 있다. 전술한 대로 장면의 격식성을 엿볼 수 있지만 용례수가 10개에 지나지 않아 이것만으로 결론을 내기는 어렵다고 할 수 있다. 또한 청자가 제3자보다 상위자인 경우 존경어 사용률이 46.7%로 높지만 이것도 용례수가 15예에 지나지 않아 충분히 고찰할 수 있다고는 말하기 어렵다.

다음으로 화자와 청자의 관계에 주목해 보면 청자가 동등할 경우도 하위자일 경우도 43%의 비율로 제3자는 높여지고 있다. 즉 동등한 청자에 대한 제3자에의 존경어 사용은 절대 경어의 좋은 예라고 할 수 있다. 한편 하위자에 대한 제3자에의 존경어 사용은 절대 경어적인 경어법이거나 아니면 청자에 대한 교육적 배려라고도 할 수 있다고 판단된다.

마지막으로 존경어가 쓰이지 않는 관계에 주목해 보면 존경어 사용률이 가장 낮은 것은 제3자와 화자가 동등한 경우와 제3자와 청자가 동등한 경우라는 것을 알 수 있다. 전자의 경우에는 원래 청자 경어도 쓰이지 않는 인물이기 때문에 그 인물이 제3자가 되어도 존경어를 사용하지 않는 것이라고 해석할 수 있다. 후자의 경우에는 제3자와 청자가 동등한 조건은 주어졌지만 그 양자가 화자보다 상위자일 경우도 있는가 하면 하위자일 경우도 포함되어 있으리라 여겨진다. 따라서 존경어 사용률이 낮은 것이라고 판단된다.

이상으로 2자 간의 상하관계에 따른 제3자 경어에 관해 서술해 왔다. 사용빈도는 꽤 차이가 있지만 한일에서 우선되는 요인은 공통되어 있다는 것을 명백하게 한 것이라 말할 수 있다.

5.3.1.4 화자의 남녀에 따른 제3자 경어 사용

다음으로 화자의 성별로 따른 제3자 경어의 차이에 관해서 고찰하겠다. 먼저 일본어의 결과를 표 5-18와 그림 5-9에 나타내었다.

【표 5-18】 화자의 남녀에 따른 제3자 경어 사용(일본어)

	겸양어 사용		존경어 사용		경어 불사용		발화수의 합계	
	빈도	%	빈도	%	빈도	%	빈도	%
남성	11	4.2	11	4.2	238	91.5	260	100%
여성	6	3.0	20	10.0	175	87.1	201	100%
합계	17	3.7	31	6.7	413	89.6	461	100%

발화 수는 남성 260개와 여성 201개로 남성 쪽이 약간 많다. 남녀 모두 '경어 불사용'이 압도적으로 많고 '겸양어 사용'이나 '존경어 사용'은 10% 이하를 차지하고 있다. '존경어 사용'의 경우 여성은 10% 남성은 4.2%로 여성이 약간 높다.

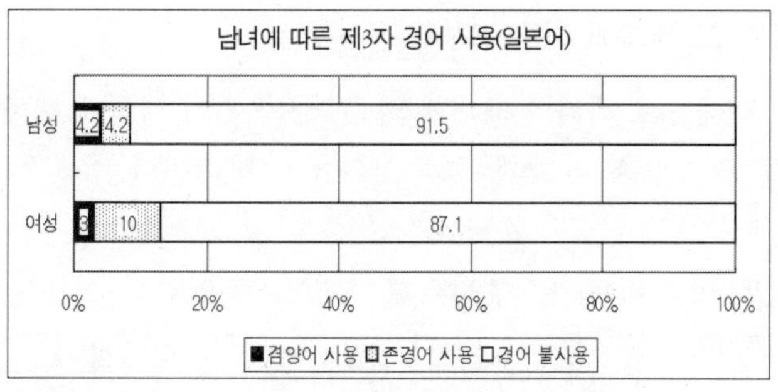

【그림 5-9】 화자의 남녀에 따른 제3자 경어 사용(일본어)

다음으로 한국어의 결과를 표 5-19와 그림 5-10에 나타내었다.

【표 5-19】 화자의 남녀에 따른 제3자 경어 사용(한국어)

	겸양어 사용		존경어 사용		경어 불사용		발화수의 합계	
	빈도	%	빈도	%	빈도	%	빈도	%
남성	34	9.9	152	44.2	158	45.9	344	100%
여성	18	3.9	212	46.4	227	49.7	457	100%
합계	52	6.5	364	45.4	385	48.1	801	100%

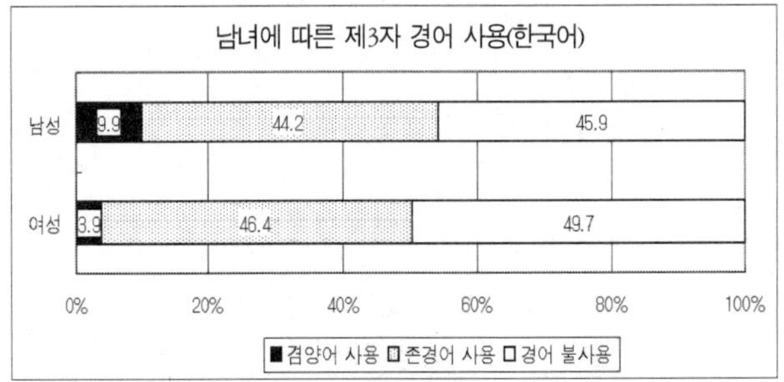

【그림 5-10】 화자의 남녀에 따른 제3자 경어 사용(한국어)

남녀 모두 '존경어 사용'이나 '경어 불사용'이 비슷한 정도를 차지하고 있다는 것을 알 수 있다. 자세한 수치를 보면 남성은 '겸양어 사용'을 여성보다 6% 많이 쓰고 여성은 '존경어 사용'을 남성보다 2%정도 많이 쓰고 있다. 일본어와 마찬가지로 여성 측이 '존경어 사용'의 비율이 약간 높다.

5.3.1.5 화자의 세대에 따른 제3자 경어 사용

다음으로 화자의 세대에 따른 제3자 경어 사용에 관해서 보자. 일본어의 결과를 표 5-20과 그림 5-11에 나타내었다.

【표 5-20】 화자의 세대에 따른 제3자 경어 사용(일본어)

	겸양어 사용		존경어 사용		경어 불사용		발화수의 합계	
	빈도	%	빈도	%	빈도	%	빈도	%
10~20대	8	3.1	21	8.1	230	88.8	259	100%
30~40대	8	5.8	7	5.1	123	89.1	138	100%
50~60대	1	1.6	3	4.7	60	93.8	64	100%
합계	17	3.7	31	6.7	413	89.6	461	100%

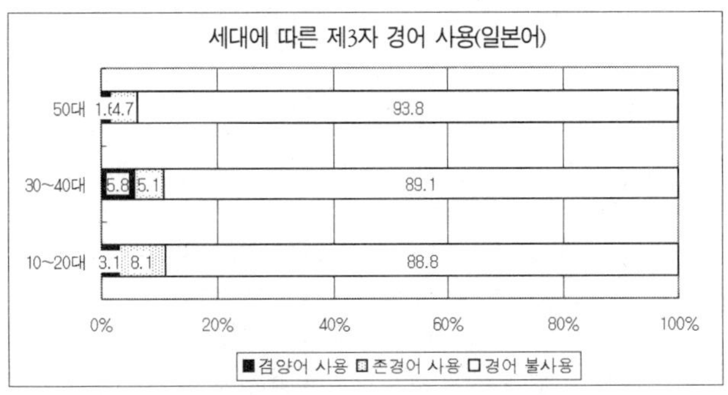

【그림 5-11】 화자의 세대에 따른 제3자 경어 사용(일본어)

세대를 10년 간격으로 분류해 보았는데 대략적인 경향을 파악하기가 어려웠기 때문에 여기에서는 3가지 세대로 나누어서 표와 그래프를 제시한다.

그림 5-11을 보면 그다지 큰 세대차는 보이지 않았지만 젊은 세대일수록 '존경어 사용'이 약간 증가하고 있다는 것을 알 수 있다. 이것은 젊은 세대일수록 화제에 오른 제3자가 상위자가 될 확률이 높아지므로 당연한 결과라고 말할 수 있다.

다음으로 30~40대가 '겸양어 사용'을 약간 많이 쓰고 있는 경향도 보였다. 사회 경험을 했으므로 경어 중에서 가장 어렵다고 여겨지는 겸양어를 학습했다는 것을 원인이 되었을지도 모른다. 다음으로 한국어의 결과를 표 5-21와 그림 5-12에 나타내었다.

한국어의 경우도 일본어와 같은 경향을 보이고 있다는 것을 알게 되었다. 즉 그다지 큰 세대차는 아니지만 젊은 세대일수록 '존경어 사용'을 약간 더 쓰고 있다는 사실과 30~40대가 '겸양어 사용'을 약간 쓰고 있다

【표 5-21】 화자의 세대에 따른 제3자 경어 사용(한국어)

	겸양어 사용		존경어 사용		경어 불사용		발화수의 합계	
	빈도	%	빈도	%	빈도	%	빈도	%
10~20대	36	6.2	281	47.5	252	46.3	569	100%
30~40대	6	8.3	24	39.1	39	52.5	69	100%
50~60대	10	3.2	59	36.8	94	60.0	163	100%
합계	52	6.5	364	45.4	385	48.1	801	100%

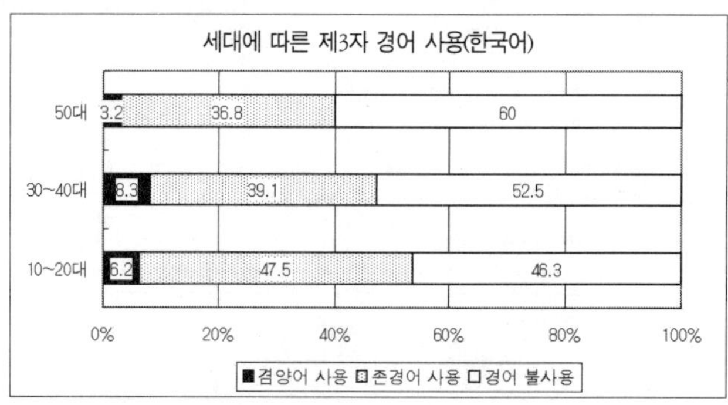

【그림 5-12】화자의 세대에 따른 제3자 경어 사용(한국어)

는 것도 한일 양 언어에서 공통적이라고 할 수 있다.

다음의 5.3.2에서는 일본어의 결과를, 5.3.3에서는 한국어의 결과를 논하기로 한다.

5.3.2 일본어의 결과와 고찰

여기까지는 데이터의 자세한 조건은 무시하고 대략적인 경향을 파악하기 위한 고찰을 해왔다. 이하에서는 5.3.1에서의 대략적인 경향을 개개의 조건에 반영시켜야 하는 만큼 조건을 더 세분화시켜 용례를 예로 들면서 분석하겠다. 또한 제3자에 대한 경어 사용뿐만 아니라 제3자 경어와 청자 경어의 호응관계라는 관점에서도 고찰하겠다.

5.3.2.1 제3자가 주어일 경우

제3자가 술부에서 주어로서 나타나는 장면을 보자. 이 장면은 제3자의 행위에 관한 술부를 동반하기 때문에 존경어가 나타나기 쉬운 장면이다.

5.3.2.1.1 제3자가 화자의 영역 내의 인물일 경우

화자와 제3자가 화자의 영역 내의 인물인 경우의 용례를 상하관계별로 분류하여 제3자 경어와 청자 경어의 사용 빈도를 표 5-22와 그림 5-13에 나타내었다.

【표 5-22】제3자가 주어일 경우의 제3자 경어와 청자 경어의 사용 빈도(일본어)

	상하관계	청자 경어	겸양어 사용	존경어 사용	경어 불사용	합계
1	제3자 > 청자 > 화자	●			3	3
		△			2	2
2	제3자 = 청자 > 화자	●			6	6
		△			4	4
3	제3자 > 화자 > 청자	●			2	2
		△			12	12
4	제3자 > 화자 = 청자	●		1	4	5
		△			7	7
		×			1	1
5	제3자 = 화자 > 청자	△			7	7
6	제3자 = 화자 = 청자	★			1	1
		●	1		10	11
		△			62	62
		×			4	4
7	청자 > 제3자 > 화자	△			1	1
8	청자 > 제3자 = 화자	●			7	7
		△			4	4
		×			1	1
9	화자 > 제3자 = 청자	△			9	9
10	화자 > 제3자 > 청자	△			1	1
11	청자 > 화자 > 제3자	●			1	1
12	청자 = 화자 > 제3자	△			4	4
13	화자 > 청자 > 제3자	△			2	2
	판정 불가	●			7	7
	합계		1	1	162	164

★: 최상 경체, ●: 경체, △: 상체, ×: 판정 외

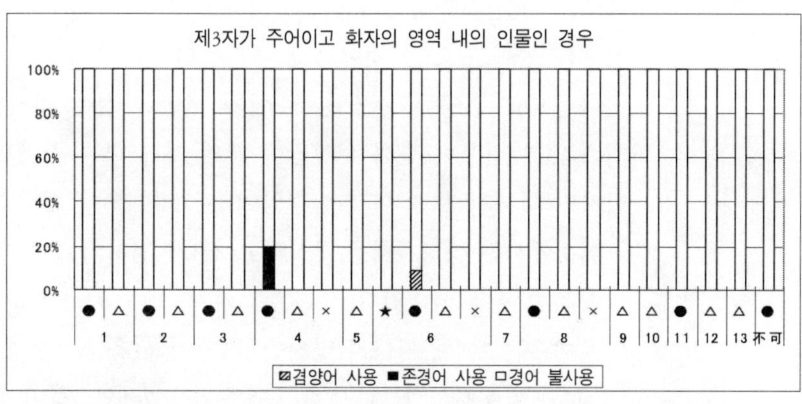

【그림 5-13】제3자가 주어일 경우의 상하관계에 따른 제3자 경어 사용(일본어)

일본어에서는 화자의 영역 내의 인물을 화자의 영역 밖의 인물에 대해 높여서는 안 된다는 경어법칙이 있지만 표 5-22를 보면 이와 같은 경우 대부분은 '경어 불사용'을 적용하고 있다. 화자의 영역 내의 인물을 낮추는 '겸양어 사용'은 1 예에 지나지 않는다.

더욱이 경어법칙에 맞지 않는 '존경어 사용'도 1예 있었다. 이하에 '존경어 사용'과 '겸양어 사용'의 용례만을 제시한다.

《용례》

발화문	화자	청자	제3자	주어/비주어	内外	상하관계	제3자경어	청자경어
専務, 目を覚まされました?	비서	黎子	修一郎	주어	内	4	존경어 사용	경체
吉田はただいま出かけております が.	吉田의 동료	雨音	吉田	주어	内	6	겸양어 사용	경체

위 제1예의 경우, 화자인 비서에게는 제3자(전무)가 청자(전무의 딸)보다는 거리적으로 가깝다고 판단하여 저자는 화자의 영역의 인물이라고 분류했지만 제3자 경어를 보면 영역 내의 인물을 언급할 때에 존경어가 쓰이고 있다. 그 원인은 菊地(1997)가 말하는 경어상의 인칭(표 5-4참조)으로 설명할 수 있다고 생각된다. 즉 여기에서 제3자(전무)는 청자의 영역의 인물이므로 菊地(1997)에 의하면 경어상의 Ⅱ인칭에 해당하며, 실질적으로는 이인칭에 상당하는 인물이라고 간주할 수 있기 때문에 제3자인 전무를 높이고 있는 것이라고 생각된다.

다음으로 겸양어가 쓰인 제2예를 보면 이것은 회사 외부의 인물에 대해 내부 인물에 관해서 언급할 때의 가장 바른 경어법으로 여겨지고 있지만 자세히 보면 이것은 겸양어B(4.2.4참조)에 해당하는 용법이다.

이하에서는 상하관계를 무시하고 제3자 경어와 청자 경어의 호응률을 그림 5-14에 나타내었다.

용례수는 1예에 지나지 않지만 '겸양어 사용'과 '존경어 사용'은 모두 '경체'와 호응하고 있다. 또한 용례수가 162예인 '경어 불사용'은 '상체'와의 호응률이 71%로 '경체'와의 호응이 24.7%이다. 제3자를 높이면

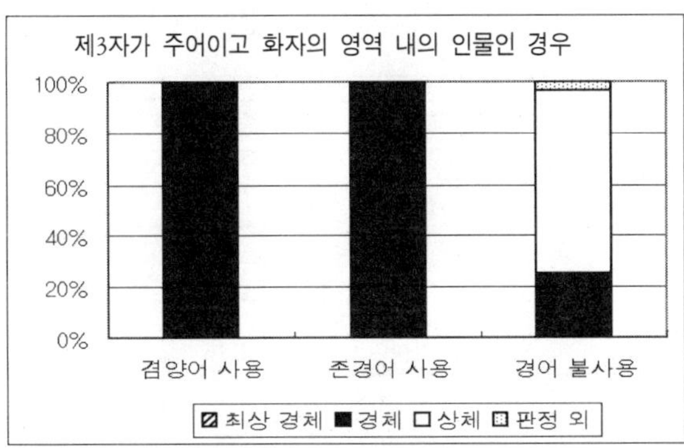

【그림 5-14】 제3자가 주어일 경우의 제3자 경어와 청자 경어의 상관관계(일본어)

높일수록 청자 경어가 쓰이고 있다고 할 수 있을까? 단 '겸양어 사용'과 '존경어 사용'의 용례수가 적어서 이하 다른 장면에서도 검증을 해 보기로 한다.

5.3.2.1.2 제3자가 화자의 영역 내의 인물이 아닐 경우

다음은 제3자가 술부의 주어 역할을 하고 더욱이 제3자가 화자의 영역 밖의 인물인 경우를 보기로 하자. 화자의 영역 밖이므로 상하관계에 따라서는 존경어가 쓰일 가능성이 높을 것으로 예상된다. 이하의 표 5-23과 그림 5-15에 나타내었다.

당연한 결과라고도 할 수 있지만 제3자가 화자의 영역 밖의 인물이기 때문에 전술한 화자의 영역일 경우보다 '존경어 사용'이 28예 많다. 그 중 '판단 불가'의 경우가 12예로 가장 많았다.

존경어가 쓰이는 조건으로서는 우선 제3자가 화자보다 상위자(상하관계 1, 2, 3, 4)인 경우가 일반적으로는 필수조건이 될 것이지만, 일본어의 경우 이러한 상하관계에 있어서도 '존경어 사용'은 9회에 지나지 않아 '경어 불사용'의 70예에 비해 훨씬 적다는 것을 알 수 있다.

또한 청자가 최상위자이고 제3자가 상위자인 상하관계 7의 경우는 더 바른 경어법으로서는 제3자를 높이지 않는 것이 바람직하지만, 최근에는 청자와 제3자 양쪽 모두를 높이는 경향이 생기게 되었다. 이번 데이터에서는 '존경어 사용'이 1예, '경어 불사용'이 1예로 용례수가 2예에

【표 5-23】 제3자가 주어일 경우의 제3자 경어와 청자 경어의 사용 빈도(일본어)

	상하관계	청자 경어	겸양어 사용	존경어 사용	경어 불사용	합계
1	제3자 > 청자 > 화자	●		2	7	9
		△			4	4
		×		1		1
2	제3자 = 청자 > 화자	●		1		1
		△			6	6
3	제3자 > 화자 > 청자	●			1	1
		△		1	11	12
4	제3자 > 화자 = 청자	●		1	3	4
		△		3	36	39
		×			2	2
5	제3자 = 화자 > 청자	△		1	14	15
6	제3자 = 화자 = 청자	●		4	11	15
		△			46	46
		×			1	1
7	청자 > 제3자 > 화자	△			1	1
		×		1		1
8	청자 > 제3자 = 화자	●			2	2
		△		1	3	4
9	화자 > 제3자 = 청자	●			4	4
		△			15	15
10	화자 > 제3자 > 청자	△			4	4
11	청자 > 화자 > 제3자	△			1	1
12	청자 = 화자 > 제3자	△			4	4
	판정 불가	●		12	5	17
		△			4	4
		×			1	1
	합계		0	28	186	214

★: 최상 경체, ●: 경체, △: 상체, × : 판정 외

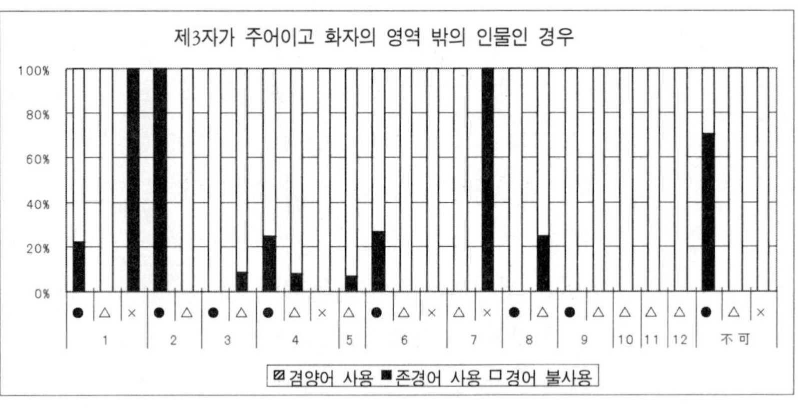

【그림 5-15】 제3자가 주어일 경우의 상하관계에 따른 제3자 경어 사용(일본어)

지나지 않아 충분한 고찰은 할 수 없지만 이 같은 결과는 설문조사의 결과에서도 증명된 것이라고 할 수 있다.

다음으로 상하관계 8이라는 것은 화자와 동등한 제3자를 상위자인 청자의 앞에서 어떻게 대우하느냐 하는 문제로 존경어는 쓰이지 않는 것이 일반적이라고 할 수 있다. 그러나 6예 중 1예의 '존경어 사용'이 있었다. 다음 예가 그것이다.

《용례》

발화문	화자	청자	제3자	주어/비주어	內外	상하관계	제3자 경어	청자 경어
"AVA"さんの大口の振込先を知りたいと<u>仰言って</u>…	雨音	과장	長谷川	주어	外	8	존경어 사용	상체

이 경우 화자와 제3자는 동년배로 서로 알고 있는 사이이지만 이 장면에서는 제3자는 화자에게 손님이라는 입장으로 등장하기 때문에 그 역할이 강조되어 존경어가 쓰이는 것이라고 해석할 수 있다. 즉 입장상의 임시적인 손위에 해당한다고 말할 수 있다.

다음으로 제3자 경어와 청자 경어의 상관관계에 관해서 그림 5-16에 나타내었다.

전체의 214예 중, '겸양어 사용'은 1예도 없었다. 다음으로 '존경어 사

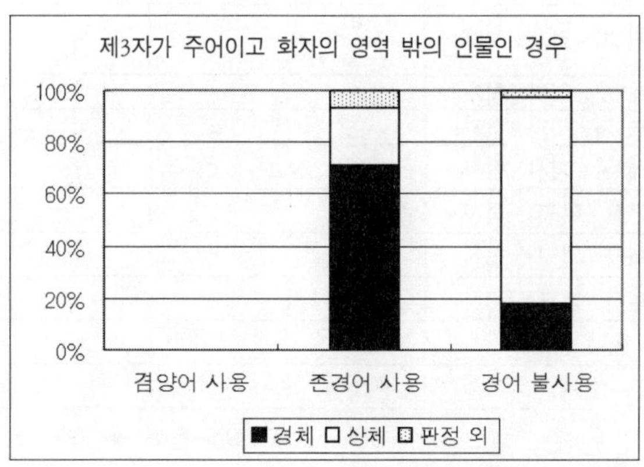

【그림 5-16】 제3자가 주어일 경우의 제3자 경어와 청자 경어의 상관관계(일본어)

용'을 보면 '경체'와의 호응 비율이 71.4%, '상체'와의 호응 비율이 21.4%이고, '경어 불사용'은 '상체'와의 호응 비율이 80. 1 %, '경체'와의 호응 비율이 17.7%이다. 5.3.2.1.1에서 살펴 본 바와 같이 청자를 높일수록 제3자도 높여지고 있으며 청자를 높이지 않을수록 제3자도 높여지고 있지 않다는 것을 알 수 있다. 즉 제3자를 높이는 것을 청자를 높이는 수단으로 생각하는 '제3자 경어의 청자 경어화'라고 해석할 수 있다.

5.3.2.2 제3자가 비주어일 경우

여기에서는 제3자가 비주어로서 나타나는 경우를 살펴보겠다. 즉 'に, を, から'격으로 나타나는 경우로 존경어는 쓰이기 어렵고 겸양어가 쓰일 수 있게 된다.

5.3.2.2.1 제3자가 화자의 영역 내의 인물일 경우

우선 화자와 제3자가 화자의 영역 내의 인물일 경우에 관해서 보자. 이하 표 5-24와 그림 5-17에 제3자 경어와 청자 경어를 상하관계별로 집계한 결과를 나타내었다.

【표 5-24】 제3자가 비주어일 경우의 제3자 경어와 청자 경어의 사용

	상하관계	청자 경어	겸양어 사용	존경어 사용	경어 불사용	합계
1	제3자 > 청자 > 화자	●			1	1
2	제3자 = 청자 > 화자	△			2	2
3	제3자 > 화자 > 청자	●			1	1
		△			1	1
4	제3자 > 화자 = 청자	△			1	1
5	제3자 = 화자 > 청자	△			1	1
6	제3자 = 화자 = 청자	△			5	5
8	청자 > 제3자 = 화자	●			3	3
9	화자 > 제3자 = 청자	△			3	3
13	화자 > 청자 > 제3자	△			1	1
	판정 불가	●	2		1	3
	합계		2	0	20	22

★: 최상 경체, ●: 경체, △: 상체, × : 판정 외

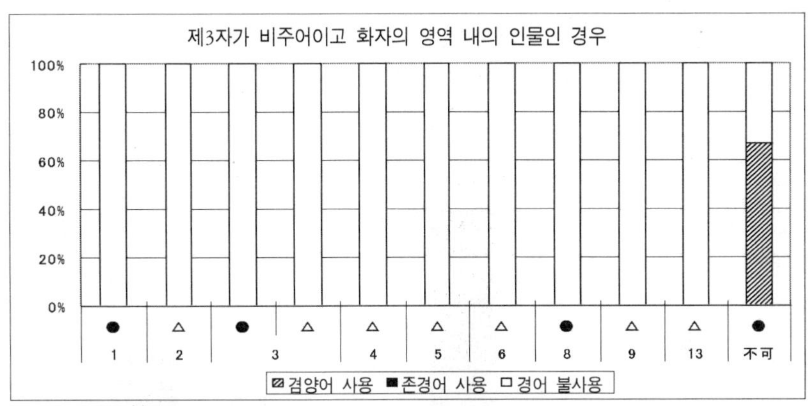

【그림 5-17】 제3자가 비주어일 경우의 상하관계에 따른 제3자 경어 사용(일본어)

용례수가 적어서 모두 22예밖에 없었다. 화자의 영역 내의 인물이 제3자일 경우는 '겸양어 사용'이 더 많이 쓰이고 있을 것이라고 가설을 세웠지만 의외로 '겸양어 사용'은 적어서 아래에 예를 든 2예뿐이었다.

이하의 예는 모두 'お願いします'라는 정형화된 표현이다. 이 경우 겸양어가 빠진 표현(願います)은 일반적인 표현이 아니므로 따라서 'お願いします'는 겸양어의 성격은 옅고 정중어적인 기능이 크다고 할 수 있다.

《용례》

발화문	화자	청자	제3자	주어/비주어	内外	상하관계	제3자 경어	청자 경어
みなさまには, 稲山先生をくれぐれもよろしくお願いします.	五輪	기자들	稲山	비주어	内	판정불가	겸양어 사용	경체
辻谷専務をお願いします.	圭一	비서	修一郎	비주어	内	판정불가	겸양어 사용	경체

이와 같이 겸양어는 제3자가 화자의 영역 내의 인물일 경우에 더 사용되리라고 생각되지만 실제로는 거의 쓰이고 있지 않았다. 이번에는 우연히 용례수가 적었기 때문인지 또는 화자의 영역의 인물을 그다지 낮추지 않는 중립적인 표현을 더 즐겨 사용하고 있기 때문인지, 이들의 문제에 관해서는 재검토가 필요하다.

다음으로 제3자 경어와 청자 경어의 상관관계에 관해서 살펴보자. 그림 5-18에 나타내었다.

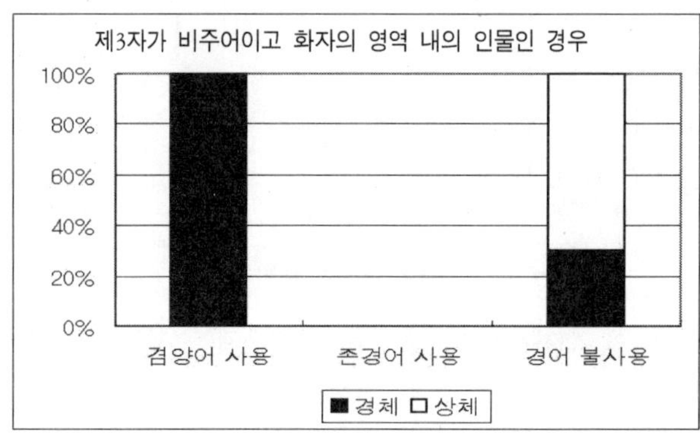

【그림 5-18】 제3자가 비주어일 경우의 제3자 경어와 청자 경어의 상관관계(일본어)

'겸양어 사용'은 2예에 지나지 않지만 100% 경체와 호응하고 있고 '경어 불사용'은 '상체'와의 호응이 70%로 압도적으로 높은 결과가 나왔다. 설령 용례 수는 적다고 할 수 있지만 제3자 경어와 청자 경어의 연동을 엿볼 수 있는 결과라고 말할 수 있다.

5.3.2.2.2 제3자가 화자의 영역 내의 인물이 아닐 경우

다음으로 제3자가 비주어이고 더욱이 제3자가 화자의 영역 밖의 인물인 경우의 제3자 경어 사용에 관해서 살펴보자. 표 5-25와 그림 5-19에 나타내었다.

용례는 61예로 전술한 화자의 영역 내의 인물이 제3자일 경우에 비해 3배 정도 많았다. 전체적으로 보면 '존경어 사용'이 2예, '겸양어 사용'이 14예, '경어 불사용'이 45예였다.

우선 '존경어 사용'의 예를 검토하자. 아래에 2개의 용례를 예로 들었는데 두 번째의 상하관계 2의 경우를 보면 제3자의 영역 밖의 화자는 청자와 제3자가 같은 영역인 것을 고려하여 제3자를 높이고 있는 것이라 할 수 있다.

【표 5-25】 제3자가 비주어일 경우의 제3자 경어와 청자 경어의 사용 빈도(일본어)

	상하관계	청자 경어	겸양어 사용	존경어 사용	경어 불사용	합계
1	제3자 > 청자 > 화자	●			1	1
2	제3자 = 청자 > 화자	★		1		1
		●	2		1	3
3	제3자 > 화자 > 청자	●	2			2
		△			2	2
4	제3자 > 화자 = 청자	●	2			2
		△			13	13
5	제3자 = 화자 > 청자	△	1		1	2
6	제3자 = 화자 = 청자	●	2		5	7
		△			7	7
7	청자 > 제3자 > 화자	●			1	1
8	청자 > 제3자 = 화자	●	1		2	3
9	화자 > 제3자 = 청자	●			1	1
		△			6	6
10	화자 > 제3자 > 청자	△	1			1
	판정 불가	●	3	1	3	7
		△			2	2
	합계		14	2	45	61

★: 최상 경체, ●: 경체, △: 상체, × : 판정 외

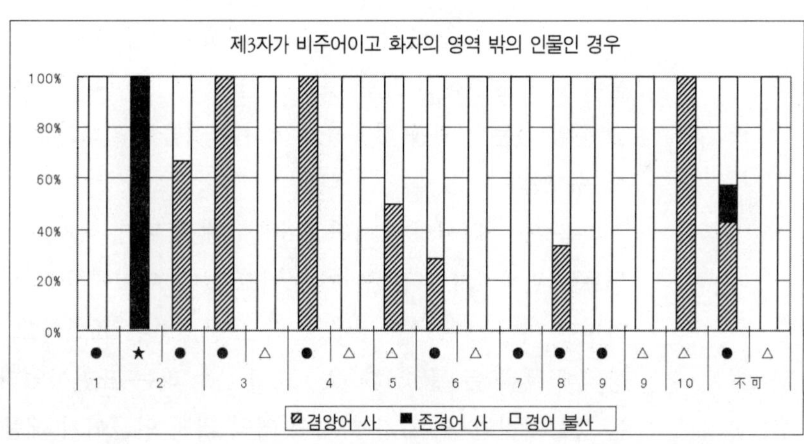

【그림 5-19】 제3자가 비주어일 경우의 상하관계에 따른 제3자 경어 사용(일본어)

《용례》

발화문	화자	청자	제3자	주어/비주어	内外	상하관계	제3자 경어	청자 경어
今回の件につきまして，お父様から<u>ご依頼</u>を受け，担当することになりました．	清水 변호사	黎子	修一郎	비주어	外	판정 불가	존경어 사용	경체
お義母様の手料理とっても美味しかったです，よろしく<u>お伝え下さい</u>．	吉田	雨音의 부친	雨音의 모친	비주어	外	2	존경어 사용	최상 경체

다음으로 '겸양어 사용'은 주로 '～に(から)いただいた, ～に伺う , ～をお會いする, ～をお願いします'와 같은 것이 많았다. 겸양어를 사용함으로써 화자 자신을 낮추어 간접적으로 제3자를 높이고 있는 효과가 있는 것으로 판단된다. 이하에 3개의 용례를 예로 들었다.

《용례》

발화문	화자	청자	제3자	주어/ 비주어	内外	상하 관계	제3자 경어	청자 경어
長谷川さんに<u>お会いした</u>いんですが.	雨音	健太郎	天	비주어	外	3	겸양어 사용	경체
倉本さん, <u>お連れした</u>から.	英子	天	倉本	비주어	外	5	겸양어 사용	상체
めぐみさんに教えて<u>いただきました</u>.	吉田	雨音	めぐみ	비주어	外	6	겸양어 사용	경체
県会議員の池田さんから<u>いただいた</u>の.	稲山의 아내	비서들	池田	비주어	外	10	겸양어 사용	상체

용례 최하단의 상하관계 10의 예를 보면 화자는 중년의 국회의원의 배우자이다. '花に水をやる'라고 해도 좋은데, 많은 여성이 '花に水をあげる'라는 표현을 즐겨 쓰는 것과 비슷한 용법으로 이것은 'もらった'를 품위 있게 표현하려고 한 것으로 어떤 의미에서는 상대에 대해서 정중하고 품위 있는 말씨를 사용하고 있다는 것을 어필하려고 한 것이라고 해석할 수 있다.

다음으로 제3예의 상하관계 6에 관해서 보면, 화자, 청자, 제3자는 모두 동등한 관계이지만 겸양어가 쓰이고 있다. 여기에서 또 다른 용례는 생략하지만 하나는 'お願いします'라는 정형화된 표현이고 또 다른 하나는 상기에 예를 든 '教えていただきました'라는 표현이었다. 상하관계로서는 동등이지만 제3자가 화자의 영역 밖의 인물이기 때문에 겸양어가 쓰인 것으로 여겨진다.

그런데 제3자가 화자보다 상위자이거나 청자보다 상위자인 상하관계 1 에서 상하관계 4까지의 경우에, 겸양어나 존경어가 쓰여도 무방한 장면이지만 실제로는 쓰이고 있지 않은 용례도 있다. 이하에 그 용례를 예로 든다.

우선 상하관계 1과 상하관계 3의 경우를 보면 화자는 제3자에 대해

호의를 가지고 있지 않아서 경어가 쓰이지 않은 것으로 판단된다. 이와 같은 화자의 심리적 요인도 경어 사용에 있어서 큰 요인이 되며 화자가 사회적 습관을 우선하는지 아니면 자신의 심리적 감정을 우선하는지는 장면에 크게 좌우된다고 할 수 있다.

《용례》

발화문	화자	청자	제3자	주어/비주어	内外	상하관계	제3자 경어	청자 경어
（涙が溢れ）稲山さんに奥さんが<u>いる</u>ことは知っています.	ひとみ	五輪	稲山	비주어	外	1	경어 불사용	경체
五輪！今すぐ稲山を<u>連れて</u>こい！	早瀬	五輪	稲山	비주어	外	3	경어 불사용	상체
でも…高野朗に<u>会った</u>からでしょ？	麻衣	黎子	朗	비주어	外	2	경어 불사용	경체
ひとみのお母さんに<u>任せちゃって</u>いいのかな.	絵里花	朗	良枝	비주어	外	4	경어 불사용	상체

다음으로 상하관계 4의 경우는 '경어 불사용'이 대부분을 차지하고 있지만 화자는 제3자가 아무리 상위자라 하더라도 동등한 청자에 대해서는 제3자를 높이지 않는 것이 일반적인 것 같다. 이것은 일본어의 경어 사용이 대자경어적인 색채가 짙고 청자에 대한 친소 감정이나 상하관계가 경어 사용, 불사용을 결정짓는 가장 중요한 요인이 되어 있기 때문이라고 여겨진다.

다음으로 제3자 경어와 청자 경어의 상관관계에 관해서 살펴보자. 그림 5-20에 나타내었다.

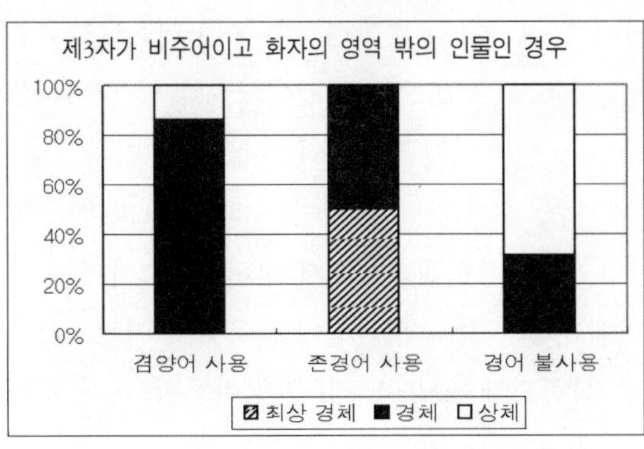

【그림 5-20】 제3자가 비주어일 경우의 제3자 경어와 청자 경어의 상관관계(일본어)

용례 수는 14예로 많은 편이 아니지만 '겸양어 사용'은 '경체'와의 호응 비율이 85.7%로 압도적으로 높고, 2예인 '존경어 사용'은 '최상경체'나 '경체'와 1예씩 호응하고 있다. 이에 반해 45예의 '경어 불사용'은 '상체'와의 호응 비율이 68.9%로 가장 높고 '경체'와는 31.1%의 호응률을 보이고 있다. 여기에서도 존경어나 겸양어가 '경체'와 연동해서 쓰이고 있다는 것을 확인하였으며, 일본어에서 '제3자 경어의 청자 경어화'를 실증적으로 밝힐 수 있었다.

5.3.3 한국어의 결과와 고찰

다음으로 한국어 자료를 분석한다. 일본어와 마찬가지로 화자와 제3자가 화자의 영역 내의 인물일 경우를 살펴본 후, 화자의 영역이 아닐 경우를 살펴보겠다. 더욱이 한국어의 경우는 아버지를 언급하는 용례의 분석과 조사의 분석도 하기로 한다.

5.3.3.1 제3자가 주어일 경우

5.3.3.1.1 제3자가 화자의 영역 내의 인물일 경우

우선 제3자가 발화에서 주어의 역할을 하며 더욱이 제3자가 화자의 영역 내의 인물일 경우에 관해서 살펴보자. 제3자 경어와 청자 경어의 출현 빈도를 표 5-26과 그림 5-21에 나타내었다.

전술한 일본어 경우의 표 5-22와 비교해 보면 '존경어 사용'이 154예로 많다는 것이 눈에 띈다. 겸양어는 2예 밖에 없었는데 제3자가 화자의 영역 내의 인물이라 하더라도 존경어의 사용이 많아서 화자의 영역 내의 인물을 낮추는 일본어와 큰 차이를 보이고 있다.

표 5-26에서 알 수 있듯이 존경어는 제3자가 화자보다 상위자인 경우에 많이 쓰이고 있다. 상하관계 1에서 상하관계 7까지가 이에 해당되며(6은 제외), 상하관계 3의 경우에 존경어 사용률이 가장 높고(90.9%), 상하관계 2(55.3%)나 상하관계 4(50.9%)도 존경어 사용률이 과반수를 넘고 있다.

【표 5-26】 제3자가 주어일 경우의 제3자 경어와 청자 경어의 사용 빈도(한국어)

	상하관계	청자 경어	겸양어 사용	존경어 사용	경어 불사용	합계
1	제3자 > 청자 > 화자	★			1	1
		●		2	3	5
		×			1	1
2	제3자 = 청자 > 화자	★		4	1	5
		●		18	12	30
		△		4	6	10
		×	1		1	2
3	제3자 > 화자 > 청자	●		2	1	3
		△		8		8
4	제3자 > 화자 = 청자	●		10	21	31
		△	1	68	54	123
		×		4	3	7
5	제3자 = 화자 > 청자	●		1	1	2
		△		11	27	38
6	제3자 = 화자 = 청자	★			1	1
		●		1	3	4
		△			6	6
7	청자 > 제3자 > 화자	●		2	1	3
8	청자 > 제3자 = 화자	●			2	2
10	화자 > 제3자 > 청자	●			1	1
		△			1	1
12	청자 = 화자 > 제3자	△			2	2
	판정 불가	★		2		2
		●		11	2	13
		△		5	1	6
합계			2	154	151	307

★: 최상 경체, ●: 경체, △: 상체, × : 판정 외

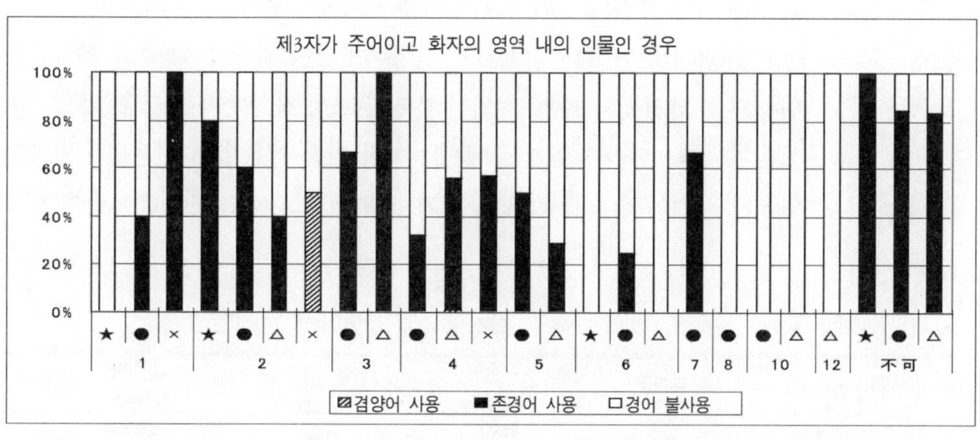

【그림 5-21】 제3자가 주어일 경우의 상하관계에 따른 제3자 경어 사용(한국어)

　　또한 상하관계 2의 경우는 제3자와 청자가 화자보다는 상위자로, 두 사람은 동등한 경우이지만 '존경어 사용'은 26예, '경어 불사용'은 20예로 전자가 더 많다. 압존법이 나타나는 장면이 아니라 양쪽 모두 상위자이기 때문에 양쪽 모두를 높이는 것이 일반적이라고 할 수 있지만 '경어 불사용'도 의외로 많이 쓰이고 있다는 것을 알 수 있다.

　　그러면 청자가 제3자보다 상위자인 상하관계 7은 어떻게 될까. 이것은 압존법이 나타나야 하는 장면이다. 압존법이라는 것은 청자가 최상위자인 경우 문장이나 발화에 나타나는 제3자가 화자보다 상위자라 하더라도 그 제3자에 대한 경어 사용을 억제하는 것을 의미한다(서정수, 1984). 즉, 상하관계 7의 경우에 '경어 불사용'이 규범적이라고 할 수 있다. 용례 수는 3예로 적지만 그 중에 '경어 불사용'이 1예, '존경어 사용'이 2예라는 결과를 얻었다.

　　이하에서는 '겸양어 사용'의 2예에 관해서 고찰한다. 이하 2개의 예는 모두 겸양어 '드리다'가 쓰이고 있지만 제1 예는 제3자가 명기되어 있고 제2의 예는 제3자가 생략되어 있다. 제1 예와 같이 청자가 화자보다 상위자인 경우는 물론 제2 예와 같이 청자가 화자와 동등한 경우에도 겸양어는 쓰이고 있다.

　　제1 예의 경우는 인용절에 해당하는데 여기에서 인용절 및 인용문의 분류 기준을 설명하겠다. 예를 들면 이하의 제1예의 경우 실제의 발화에서 화자가 되는 유진의 모친이 겸양어를 사용했는지 안 했는지는 이 문장만으로는 판단이 어렵다. 실제로는 겸양어가 쓰이지 않은 발화라 하더라도 인용되는 과정에서 화자인 유진의 판단으로 겸양어가 쓰였을 가능성도 있을 수 있다. 따라서 본 연구에서는 이와 같은 인용절 및 인용문의 경우는 인용된 시점에서의 분류(화자, 청자, 제3자)를 가지고 분석하기로 한다.

《용례》

발화문	화자	청자	제3자	주어/비주어	内外	상하관계	제3자 경어	청자 경어
저희 어머니가 <u>드리라고</u>….	유진	상혁의 모친	유진의 모친	주어	内	2	겸양어 사용	판정 외
따루 전화 <u>드릴</u> 거지만…죄송하다구 꼭 전해 달래.	영지	겨레	영지의 모친	주어	内	4	겸양어 사용	상체

다음은 제3자 경어와 청자 경어의 상관관계를 그림 5-22에 나타내었다.

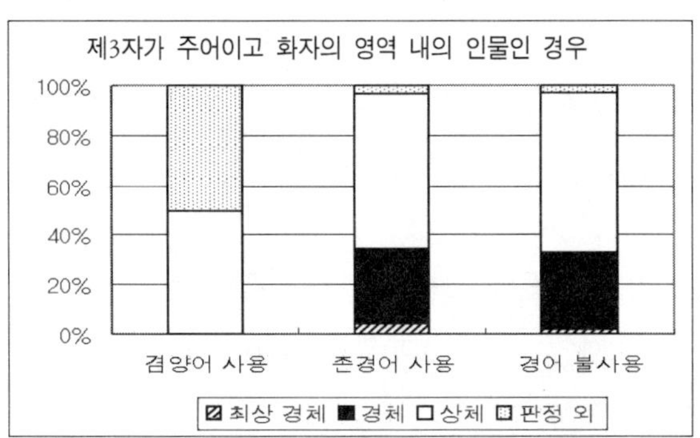

【그림 5-22】 제3자가 주어일 경우의 제3자 경어와 청자 경어의 상관관계(한국어)

용례수가 비슷한 '존경어 사용'과 '경어 불사용'을 비교해 보면 양쪽 모두 '상체'와의 호응이 60%정도로 가장 높고, 다음이 '경체'와의 호응으로 30%정도를 나타내고 있다. 전술한 일본어와 같은 제3자 경어와 청자 경어의 연동은 그다지 볼 수 없었다. 요컨대 한국어에 있어서는 제3자 경어는 청자의 여하에 관계없이 일정한 수준으로 쓰이는 경향이 있다는 것을 알 수 있다.

5.3.3.1.2 제3자가 화자의 영역 내의 인물이 아닐 경우

다음으로 화자의 영역이 아닐 경우를 보기로 하자. 표 5-27과 그림 5-23에 상하관계에 따른 제3자 경어의 사용 빈도와 사용률을 나타내었다.

전술한 화자와 제3자가 화자의 영역 내의 인물일 경우와 마찬가지로 '존경어 사용'이 206예로 가장 많고, 사용률도 화자의 영역일 경우와 큰 차이는 없었다. 이것으로 한국어에 있어서는 제3자의 영역이 거의 문제시되지 않는다는 것을 알 수 있었다.

존경어 사용률이 가장 높은 것은 하위자에 대해서 상위자인 제3자에 관해서 언급한 상하관계 3이다. 화자의 영역일 경우에도 90.9%였는데 화자의 영역이 아닐 경우에도 87.5%에나 미치고 있다. 다음으로 청자가 화자와 동등하고 제3자가 상위자인 상하관계 4도 '존경어 사용'이 63.7%

에나 미치지만 상하관계 3과 비교해 보면 25%정도 낮은 결과이다.

여기에서 상하관계 3과 상하관계 4를 비교해 보자. 양쪽 모두 제3자는 상위자이고, 상하관계 3은 청자가 화자보다 하위자이며 상하관계 4는 청자가 화자와 동등한 지위의 인물이다. 그런데 존경어의 사용률은 전자가 25% 정도 더 높다. 이것은 전술한 화자의 영역 내의 인물이 제3자일

【표 5-27】 제3자가 주어일 경우의 제3자 경어와 청자 경어의 사용 빈도(한국어)

	상하관계	청자 경어	겸양어 사용	존경어 사용	경어 불사용	합계
1	제3자 > 청자 > 화자	●		6		6
		×		1		1
2	제3자 = 청자 > 화자	★			1	1
		●		10	6	16
		△		2	4	6
3	제3자 > 화자 > 청자	●		1		1
		△		13	2	15
4	제3자 > 화자 = 청자	●		13	8	21
		★		1		1
		△		114	65	179
		×		3		3
5	제3자 = 화자 > 청자	★		1	1	2
		●		3	1	4
		△	1	11	19	31
		×		1	1	2
6	제3자 = 화자 = 청자	●		4	12	16
		△		1	34	35
		×		1		1
7	청자 > 제3자 > 화자	★		1		1
		●		2		2
8	청자 > 제3자 = 화자	★		1		1
		●			1	1
		△			1	1
9	화자 > 제3자 = 청자	●		1		1
		△			1	1
10	화자 > 제3자 > 청자	△		1		1
13	화자 > 청자 > 제3자	★		1	1	2
	판정 불가	★			5	5
		●		10	6	16
		△		4	7	11
		×			1	1
	합계		2	206	178	385

★: 최상 경체, ●: 경체, △: 상체, × : 판정 외

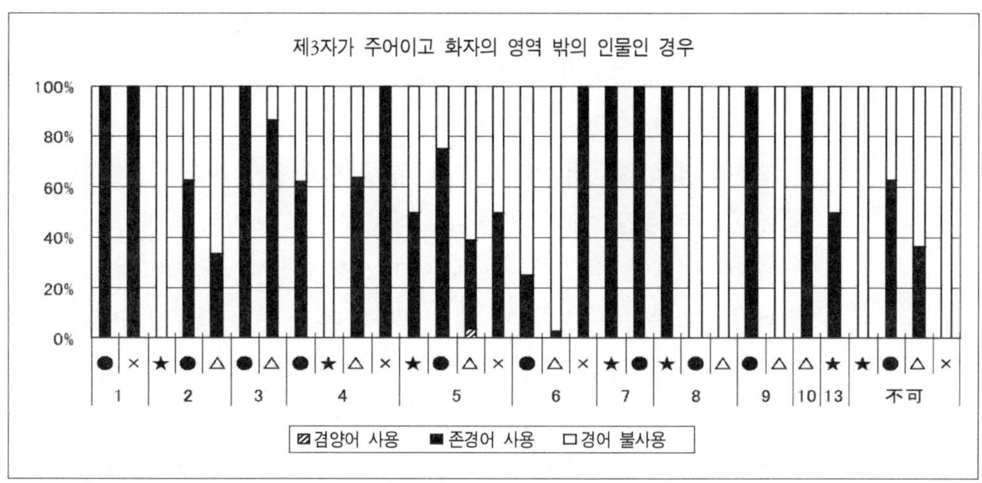

【그림 5-23】 제3자가 주어일 경우의 상하관계에 따른 제3자 경어 사용(한국어)

경우도 상하관계 3이 상하관계 4보다 40% 많이 쓰이고 있어 제3자의 영역에 관계없이 상하관계 3은 '존경어 사용'이 높다.

저자는 이것에 관해서 하위자에 대한 교육적 배려에서 올바른 경어 사용을 보이려고 했기 때문에 존경어를 사용한 것이고, 동등한 인물에게는 말투에 신경을 쓰지 않게 된 결과로 나온 것이라고 해석하고 있다. 이와 같은 교육적 배려의 측면에서의 경어 사용은 일본어에서는 볼 수 없는 것으로 한국어의 특징이라고 말할 수 있다. 이하에 상하관계 3의 용례를 1예만 들겠다.

《용례》

발화문	화자	청자	제3자	주어/비주어	内外	상하관계	제3자 경어	청자 경어
너희 부모님 너 예고만 붙으면 독일로 유학 보내신다는데, 너 이래두 돼?	영미	학생	학부모	주어	外	3	존경어 사용	상체

다음으로 용례수가 가장 많은 상하관계 4일 경우 전술한 대로 '존경어 사용'은 63.7%로 높은 편이지만 '경어 불사용'도 36.3%이나 차지하고 있다. 5.3.3.1.1에서 본 화자의 영역일 경우에도 전자가 50.9%, 후자가 48.4%로 동등한 청자에 대해서 어느 쪽도 말투에 그다지 신경을 쓰지 않는

경향을 엿볼 수 있다. 또한 이상의 예에서 일본어의 경어 사용과 달리 한국어에서는 제3자의 영역의 차이에 따른 경어 사용 상황에서 그 차이가 작다는 것을 알게 되었다.

계속해서 상하관계 7의 경우를 통해, 이하에 용례를 든 최상위자의 앞에서 상위인 제3자를 어떻게 대우하는지 보기로 하자. 용례 수는 3예 밖에 없지만 3예 모두에 존경어가 쓰이고 있다. 전술한 대로 규범적 경어법인 압존법은 지켜지지 않고 있다는 것을 다시 확인할 수 있었다. 용례를 자세히 보면 어떤 경우에도 청자와 제3자가 화자의 영역 내의 인물이다. 화자는 압존법을 사용하기보다는 청자의 영역의 제3자, 즉, 경어상의 Ⅱ인칭을 높이는 것을 선택하고 있다는 것을 알 수 있다.

《용례》

발화문	화자	청자	제3자	주어/비주어	內外	상하관계	제3자 경어	청자 경어
지금 이 쪽으로 <u>오시겠다는데요</u>?	스태프	준상의 모친	준상	주어	外	7	존경어 사용	경체
어머님이 내일 <u>돌아오십니까</u>..	우리의 선배	우리의 조모	우리의 모친	주어	外	7	존경어 사용	최상 경체
그럼 송년 모임은요. 보신각 타종 들으러 <u>안 가세요</u>?	우리의 선배	우리의 조모	우리의 모친	주어	外	7	존경어 사용	경체

다음은 제3자가 주어이고 화자의 영역이 아닐 경우의 제3자 경어와 청자 경어의 상관관계에 관해서 보기로 하자. 그림 5-24에 나타내었다.

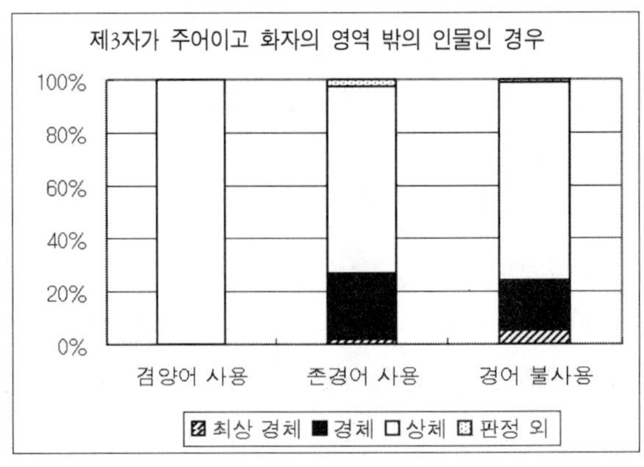

【그림 5-24】 제3자가 주어일 경우의 제3자 경어와 청자 경어의 상관관계(한국어)

여기에서도 '겸양어 사용'은 용례수가 불과 1예에 지나지 않기 때문에 고찰을 생략하고 용례수가 어느 정도 안정되어 있는 '존경어 사용'과 '경어 불사용'에 주목한다.

양쪽 모두 '상체'와 호응하는 것이 70%를 웃돌고 '경체'와 호응하는 것이 20% 정도를 보이고 있다. 전술한 화자의 영역 내의 인물이 제3자인 경우와 마찬가지 경향으로 일본어와 같이 청자 경어에 연동되어 제3자 경어가 사용되는 경우는 볼 수 없었다. 다시 말하면 한국어의 경우는 청자의 여하에 관계없이 제3자 경어는 일정하게 쓰이고 있다고 할 수 있다.

5.3.3.2 제3자가 비주어일 경우

5.3.3.2.1 제3자가 화자의 영역 내의 인물일 경우

다음은 제3자가 비주어일 경우를 보자. 먼저 제3자가 화자의 영역 내의 인물일 경우, 그 결과를 표 5-28과 그림 5-25에 나타내었다.

제3자가 비주어이고 화자와 화자의 영역일 경우에는 조사대상으로 삼은 시나리오 담화에 나타난 상하관계의 종류도 적고 용례수도 43예로 적었다. 그 중에서 겸양어가 16예로 많았는데 먼저 이것에 관해서 상술한다.

【표 5-28】 제3자가 비주어일 경우의 제3자 경어와 청자 경어의 사용 빈도(한국어)

	상하관계	청자 경어	겸양어 사용	존경어 사용	경어 불사용	합계
1	제3자 > 청자 > 화자	★	1			1
		△	1			1
2	제3자 = 청자 > 화자	●	2		2	4
3	제3자 > 화자 > 청자	△			2	2
4	제3자 > 화자 = 청자	●	1		2	3
		△	7	1	15	23
		×	1			1
5	제3자 = 화자 > 청자	△	3		3	6
6	제3자 = 화자 = 청자	△			1	1
	판정 불가	●			1	1
	합계		16	1	26	43

★: 최상 경체, ●: 경체, △: 상체, × : 판정 외

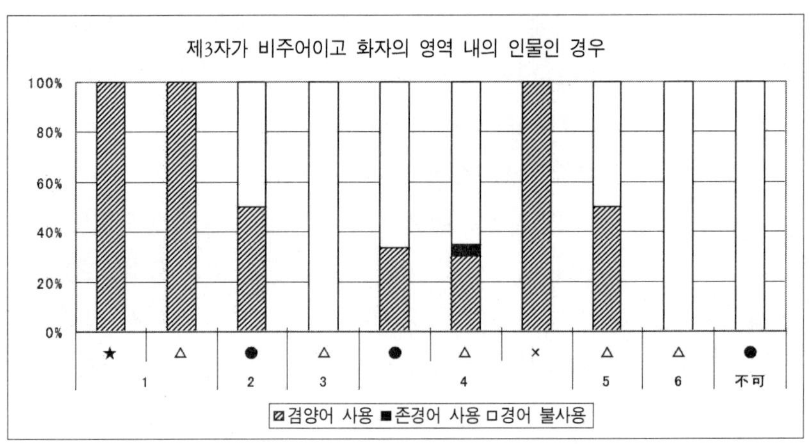

【그림 5-25】 제3자가 비주어일 경우의 상하관계에 따른 제3자 경어 사용(한국어)

겸양어는 상하관계 1, 2, 4, 5에서 쓰이고 있다. 이하에 일부의 용례를 예로 들었다.

《용례》

발화문	화자	청자	제3자	주어/비주어	内外	상하관계	제3자 경어	청자 경어
아버지껜 아저씨 난처하지 않도록 <u>말씀 드리겠습니다.</u>	영훈	우리의 부친	영훈의 부친	비주어	内	1	겸양어 사용	최상경체
하관하면서 어머니께도 <u>말씀 드렸어요.</u> 축하 드린다고.	형철	형철의 부친	형철의 모친	비주어	内	2	겸양어 사용	경체
밤마다 취해서 들어 가는 거 더 이상 보여 드리기 싫어서.	우진	선미	우진의 모친	비주어	内	4	겸양어 사용	상체
무슨 일 있으면 우진 이줌마한테 <u>의논 드려,</u> 잘 해 주실 거야.	선미의 부친	영미	우진의 모친	비주어	内	5	겸양어 사용	상체

화자보다 청자가 상위자일 경우도 있고 하위자일 경우도 있지만 높여지고 있는 제3자는 화자보다 상위자라는 점에서 공통되어 있다. 단 상하관계 5에서는 화자와 제3자가 동등한 관계에 있음에도 불구하고 겸양어가 사용되고 있다. 이것은 아마도 하위자인 청자 앞에서 상위자인 제3자의 얼굴을 세우기 위한 것으로 여겨진다.

다음은 제3자 경어와 청자 경어의 상관관계에 관한 결과를 그림 5-26에 나타내었다.

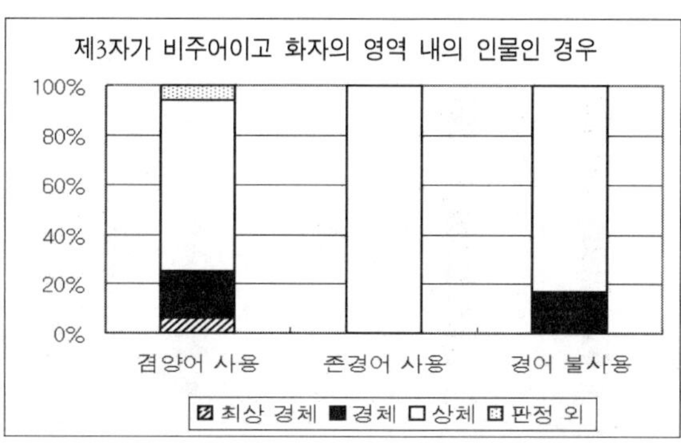

【그림 5-26】 제3자가 비주어일 경우의 제3자 경어와 청자 경어의 상관관계(한국어)

용례수가 16예와 26예로 어느 정도 안정된 '겸양어 사용'과 '경어 불사용'의 경우를 비교해 보면, 양쪽 모두 '상체'와 호응하는 비율이 가장 높고 제3자 경어와 청자 경어의 상관관계는 그다지 볼 수 없었다. 전술한 제3자가 주어이고 화자의 영역일 경우와 마찬가지로 한국어에서는 '제3자 경어의 청자 경어화'라는 현상은 그다지 볼 수 없다고 할 수 있다.

5.3.3.2.2 제3자가 화자의 영역 내의 인물이 아닐 경우

다음으로 제3자가 화자의 영역 내의 인물이 아닐 경우에 그 결과를 보기로 하자. 표 5-29와 그림 5-27에 나타내었다.

【표 5-29】 제3자가 비주어일 경우의 제3자 경어와 청자 경어의 사용 빈도(한국어)

	상하관계	청자 경어	겸양어 사용	존경어 사용	경어 불사용	합계
1	제3자 > 청자 > 화자	●			1	1
2	제3자 = 청자 > 화자	●		1		1
		△	1			1
3	제3자 > 화자 > 청자	△		1		1
4	제3자 > 화자 = 청자	●	3		2	5
		△	20	1	20	41
5	제3자 = 화자 > 청자	★			1	1
		●	2			2
		△	2		2	4
6	제3자 = 화자 = 청자	△	2		3	5
9	화자 > 제3자 = 청자	△	1			1
	판정 불가	●	2			2
		△			1	1
	합계		33	3	30	66

★: 최상 경체, ●: 경체, △: 상체, × : 판정 외

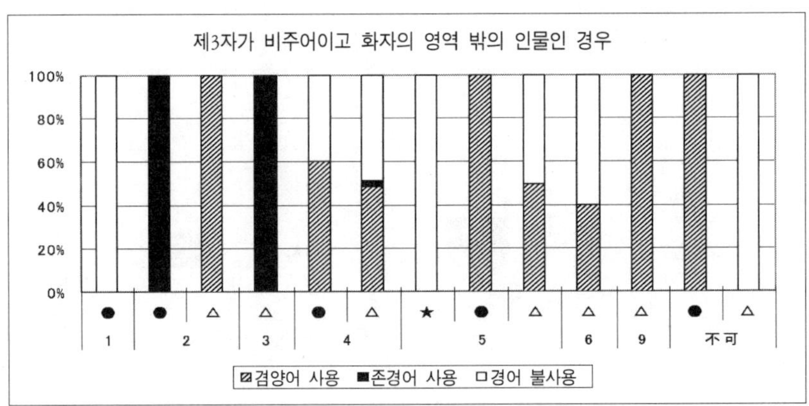

【그림 5-27】 제3자가 비주어일 경우의 상하관계에 따른 제3자 경어 사용(한국어)

용례수가 상하관계 4에 편중된 경향이 있지만 한정된 데이터에 근거하여 고찰하기로 한다. 제3자가 주어일 경우와 마찬가지로 한국어에 있어서는 제3자의 영역에 관계없이 존경어나 겸양어가 쓰이고 있으며 전체 용례의 66예 중 겸양어가 33예, 존경어는 3예가 나타났다.

우선 '겸양어 사용'의 용례를 예를 들면서 고찰한다. 가장 많은 것은 상하관계 4였다.

《용례》

발화문	화자	청자	제3자	주어/비주어	內外	상하관계	제3자 경어	청자 경어
어머님 <u>뵙고</u> 오자.	준상	유진	유진의 모친	비주어	外	4	겸양어 사용	상체
데려 온 게 아니라 <u>모셔 온 거야.</u>	우리의 친구	태실	영훈	비주어	外	6	겸양어 사용	상체
고모 식당으로 <u>모시고</u> 오지.	선미의 고모	선미	형철	비주어	外	9	겸양어 사용	상체

상하관계 6은 화자, 청자, 제3자가 모두 동등한 장면임에도 불구하고 겸양어가 쓰인 것이다. 이 용례의 배경으로서는 제3자가 화자에게 스키를 가르쳐 준다는 은혜를 베푸는 입장이기 때문에 겸양어를 사용하는 것으로 제3자를 높이고 있는 것이라고 할 수 있다.

또한 일본어와 마찬가지로 상하관계 1에서 상하관계 4까지는 제3자에 대해서 존경어나 겸양어가 쓰여도 상관없는 장면이지만 실제로는 아래에 예를 든 용례와 같이 화자의 감정(이 경우는 노여움)으로 '경어 불사용'이 적용되기도 한다.

《용례》

발화문	화자	청자	제3자	주어/비주어	内外	상하관계	제3자경어	청자경어
네, 안 박사님 <u>찾아 갔어요</u>. 가서 봤어요.	미영	준상의 모친	안박사	비주어	外	1	경어 불사용	경체
어 선생님들 <u>만나러</u> 왔구나?	유진의 여동생	유진	교사	비주어	外	4	경어 불사용	상체

더욱이 상하관계 4의 경우에는, 절대 경어로 알려진 한국어에서 상위자인 제3자를 높여야만 하지만 실제로는 반 정도의 사람들이 경어를 사용하지 않고 있다. 역시 동등한 청자 앞에서는 말투가 편하게 된다고 할 수 있을 것이다.

5.3.3.1.2에서 거론한 하위자에 대해 제3자를 더 높인다는 '교육적 배려'와 이것을 비교해 보면 재미있다. 손아래나 연하 앞에서는 올바른 경어를 사용하고 있는 데 반해 동등한 상대 앞에서는 말씨가 흐트러지는 것은 왜일까? 이것은 연하라고 해서 편안한 장면이 되는 것이 아니라 연하에 대한 연상으로서의 본분이라는 것을 신경 쓰고 있기 때문이라고 판단된다. 이것은 일본인에게서는 그다지 관찰되지 않는 현상으로 아주 흥미로운 결과라고 할 수 있다.

다음으로 2예에 쓰인 '존경어 사용'에 관해서 보자. 제3자가 주어일 경우와 마찬가지로 한국어에 있어서는 제3자의 영역에 상관없이 존경어가 쓰이고 있다. 이하에 예를 든 2예는 모두 제3자가 속격에 해당하는 것이다.

《용례》

발화문	화자	청자	제3자	주어/비주어	内外	상하관계	제3자경어	청자경어
윤 이사님 <u>말씀이세요</u>?	영미	주희	이사	비주어	外	2	존경어 사용	경체
그 선배님 꿈이 아나운서<u>셨대</u>.	3학년	1학년들	졸업생	비주어	外	3	존경어 사용	상체

다음으로 제3자 경어와 청자 경어의 상관관계를 그림 5-28에 나타내었다.

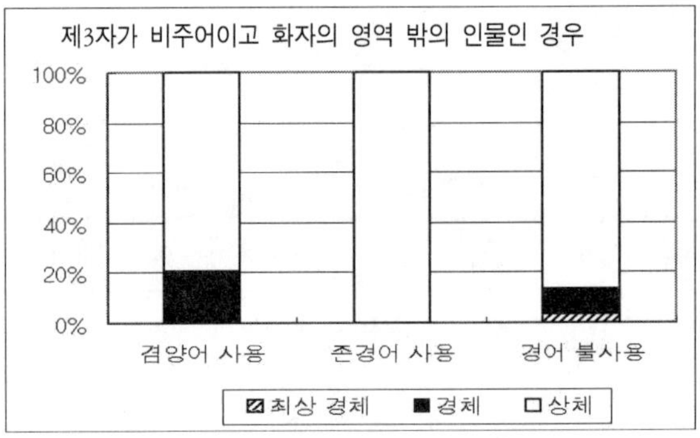

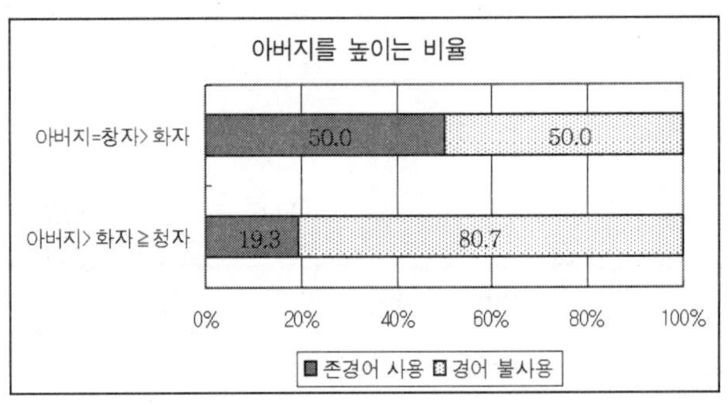

【그림 5-28】 제3자가 비주어일 경우의 제3자 경어와 청자 경어의 상관관계 (한국어)

겸양어 사용'이나 '경어 불사용'은 각각 33예와 30예로 용례수가 어느 정도 안정되어 있는데, 이것을 보면 '상체'와 호응하는 비율이 80% 정도로 압도적으로 높다는 것을 알 수 있다.

다음으로 3예에 지나지 않는 '존경어 사용'을 보면 '상체'와의 호응 비율이 100%로, 5.3.3.1에서 살펴본 제3자가 주어일 경우나 5.3.3.2.1에서 살펴본 제3자가 비주어이고 화자의 영역 내의 인물인 경우와 마찬가지로 존경어나 겸양어의 사용과 청자 경어와의 상관관계는 보이지 않았다.

5.3.3.3 아버지에 대한 언급

여기에서는 한국어만을 분석한 것이 되는데 제3자인 아버지를 청자에 따라서 어떻게 대우하는가에 관해서 보자. 그림 5-29에 결과를 나타내었다.

【그림 5-29】 아버지를 높이는 비율

분석의 대상이 된 용례는 제3자인 아버지가 주어로서 등장한 용례만으로, 당연한 얘기이지만 화자와는 화자의 영역일 경우만이 된다. 요컨대 5.3.3.1.1의 용례 중에서 제3자가 아버지가 되는 경우만을 발췌한 것으로 용례 수는 75예였다.

그림 5-29를 보면 청자가 아버지와 동등한 상위자인 경우에는 아버지에 대해 존경어를 사용하는 비율이 50%나 차지하고 있다. 그러나 청자가 화자와 동등하거나 하위자인 경우에는 아버지를 높이는 비율이 19.3%에 지나지 않는다는 것을 알 수 있다. 이것은 즉 아버지는 절대적으로 높여지는 존재가 아니라 청자가 누구냐에 따라서 높이기도 하고 높이지 않기도 하는 것으로 상대적으로 바뀐다는 것을 의미하고 있다.

다음으로 청자가 친구일 경우의 대학생 설문조사의 결과나 청자가 동료나 부하일 경우에 사회인의 설문조사 결과와도 비교해 보면 대학생일 경우도 사회인일 경우도 아버지를 높이지 않는 비율은 3할 정도였지만 시나리오의 결과에서는 8할에나 이르고 있다. 설문조사와 시나리오에서 이와 같은 차이가 보이는 것은 설문조사에서는 규범의식이 더 작용하여 아버지를 높게 대우하고 있는 것으로 판단된다. 그러나 해석이 어떻든 아버지는 절대적으로 높여지는 존재가 아니라는 것을 명백하게 알게 되었다.

5.3.3.4 조사의 분석

여기에서도 한국어만 고찰하게 되는데 특히 한국어의 조사에 관해서 살펴겠다.

일본어와 달리 한국어는 주격조사와 여격조사에 상체와 경체의 2종류의 조사가 존재한다. 조사에 관한 사전의 기술을 인용하면 아래와 같다.

【표 5-30】 한국어의 조사에 관한 사전의 기술

	『朝鮮語大辞典』(1986)	『コスモス朝和辞典』(1988;1991)
이/가	(助)종성 '받침'이 없는 어, 구, 문에 붙는 조사.(주격을 나타내어)…が.	(尾)이(자음 어간+)/가(모음 어간+), (주어, 존경어 뒤에서는 -께서로 바꿀 수 있다.)
께서	(助)조사 '이, 가'의 존경. 인물을 나타내는 명사나 대명사에 붙어 존경의 뜻을 가짐.[助]존경~が	(尾)(존경하는 인물을 나타내는 명사+, 주어)
께	(助)~에게 '~に'의 존경	

이하 이번의 데이터에서 얻어진 경체조사와 상체조사에 관해서 살펴보자.

도표 10에서 계산된 것은 경체조사가 나타나는 장면, 즉 제3자가 주격일 경우나 '선생님께 책을 드리다'와 같이 '~에게 주다'에 해당하는 여격의 장면만을 추출한 것이다.

그런데 '한테'의 경우, '선생님한테 드렸다'나 '선생님한테 받았다'와 같이 주고받는 경우 모두에 사용할 수 있지만 전자의 경우에는 경체조사인 '께'가 쓰일 수 있는 데 반해 후자의 경우에는 경체조사는 쓰일 수 없기 때문에 후자와 같은 것은 대상에 넣지 않았다. 요컨대 탈격은 대상에서 제외하였다.

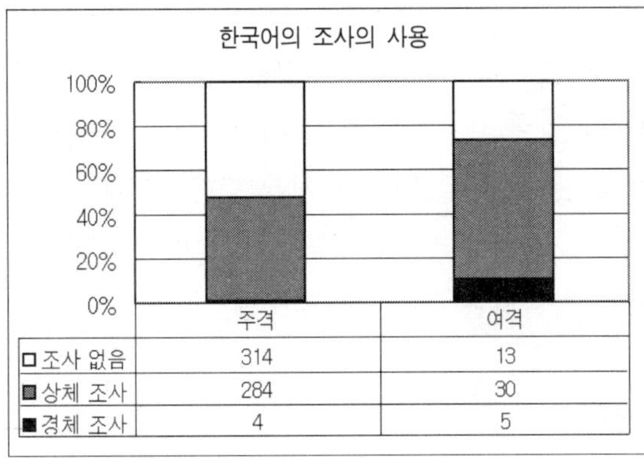

【도표 10】 조사의 경어 사용

주격에서도 여격에서도 존경조사가 쓰이는 비율은 매우 낮다는 것을 알 수 있다. 구체적으로 주격의 경우에는 존경조사가 4회 쓰였고 여격의 경우에는 5회 밖에 쓰이지 않았다.

그런데 임동훈(2000)에서는 '께서'의 사용은 종속절 속에서는 부자연스럽지만 주절 속에서, 게다가 눈앞의 청자를 가리키는 경우에는 가장 자연스러우며 그 밖에는 화자가 의도적으로 존대의 의사를 강하게 나타낼 때에 쓰인다고 서술하고 있다. 그러나 임동훈(2000)이 예를 든 이하의 예문에서는 문제가 되고 있는 주어가 종속절의 것은 제3자인데 반해 주절의 것은 청자라는 점에서 조건이 통일되어 있지 않다고 할 수 있다.

- 과장님이 오시면 그 문제에 대해 여쭤 보자.(상체조사, 주어는 제3자)
- 과장님께서 말씀해 주십시오.(경체조사, 주어는 청자)

다음은 조사와 제3자 경어와의 상관관계를 표 5-31과 그림 5-30에 나타 내었다.

【표 5-31】 조사와 제3자 경어의 상관관계

	제3자 경어	경체 조사	상체 조사	조사 없음	합계
주격	겸양어 사용		1	4	5
	존경어 사용	4	130	189	322
	경어 불사용		153	121	274
	합계	4	284	314	602
여격	겸양어 사용	5	8	7	20
	존경어 사용			3	3
	경어 불사용		22	3	25
	합계	5	30	13	48

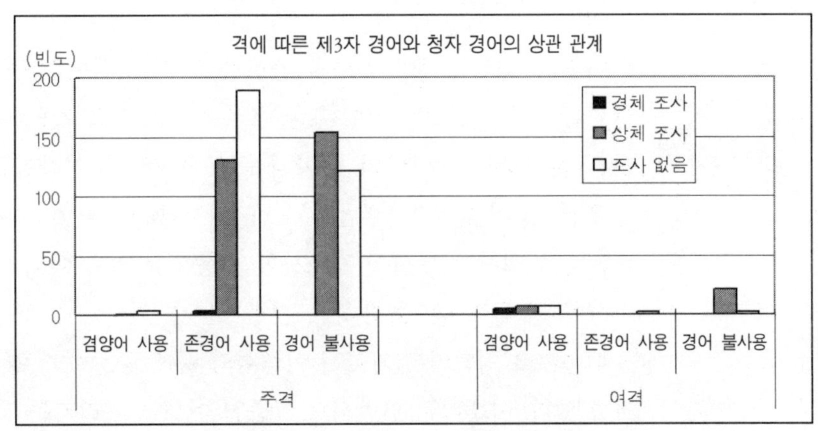

【그림5-30】 주격과 여격에서 제3자 경어와 조사의 상관관계

이에 해당하는 용례는 적지만 주격에서 사용된 4회의 존경조사는 모두 '존경어 사용'과 호응하고 있으며, 여격에서 쓰인 5회의 존경조사는 모두 '겸양어 사용'과 호응하고 있다. 즉 존경조사가 나타나는 조건으로서는

우선 존경어나 겸양어가 쓰이는 경우에 한정된다고 할 수 있다.

다음으로 이들 경체조사가 어떠한 타칭사와 호응하고 있는가에 대해서 살펴보겠다. 표 5-32는 경체조사가 쓰인 8종류의 타칭사만을 뽑아 이들 타칭사가 경체조사나 상체조사와 어떤 비율로 호응하고 있는가를 나타낸 것이다. 또한 원래 조사가 나타나지 않은 제외하였다.

【표 5-32】 호칭과 조사의 상관관계

	경체 조사		상체 조사		합계
	빈도	%	빈도	%	
선생님	1	50.0	1	50.0	2
부모님	1	33.3	2	66.7	3
어머님	1	100.0			1
직책명+님	2	15.4	11	84.6	13
직책명	1	6.7	14	93.3	15
아버지	1	16.7	5	83.3	6
어머니	1	14.3	6	85.7	7
아줌마	1	5.6	17	94.4	18
합계	9	13.8	56	86.2	65

어형의 순서는 경체조사의 출현율에 따른 것이 아니라 '님'이 붙은 것을 우선해서 정리한 것이다. 용례 수가 적어서 이것만으로 결론을 내는 것은 곤란하지만 이번의 데이터에 근거해서 분석하기로 한다.

우선 '님'이 붙은 '선생님, 부모님, 직책명+님'을 보면, 존경접사 '님'이 붙는다고 해서 반드시 존경조사가 사용되는 것은 아니라, 그 경우의 반 이상이 상체조사와 호응하는 것을 볼 수 있다.

다음으로 의외의 결과로서 아줌마의 용례 중, 1예가 경체 조사를 동반하고 있다. 아줌마는 일반적으로 중년 여성을 가리키는 것으로 일본어의 'おばさん'에 해당한다고 할 수 있다. 한국어에서는 아줌마의 다음으로 아주머니가 대우도가 높고 아주머님은 '님'이 붙어 있으므로 가장 대우도가 높다. 아주머님은 일본어의 'おばさま'에 해당한다고 할 수 있다. 즉 가장 대우도가 낮은 아줌마형과 존경조사가 동시에 쓰여 있는 것으로 이와 같은 현상은 일반적으로는 있을 수 없지만 친족명칭의 경우에는 있을 수 있다고 판단된다.

　김순임(2000)에서도 존경조사는 청자에 대한 경우보다 제3자에 대한 경우에 사용률이 낮다는 사실과 청자 경어 및 제3자 경어에 있어서 존경 선어말어미 '시'보다 존경조사의 사용률이 더 낮다는 사실을 밝혔지만, 이번의 시나리오 담화 데이터에서도 존경조사를 사용하지 않는 것이 꽤 눈에 띈다. 종래 한국어의 사회언어학적 연구에서 조사에 관한 연구는 그다지 없었는데, 이하 참고하기 위해 선행 연구의 결과를 정리해 보겠다.

　우선 상술한 김순임(2000)에서는 제3자로서 서울시장을 설정하여 다양한 청자에 대해서 어떻게 타칭사나 조사, 술부가 쓰이고 있는가에 관해서 조사했다. 조사 부분의 결과를 일부 소개하자. 이것을 그림 5-31에 나타내었다.

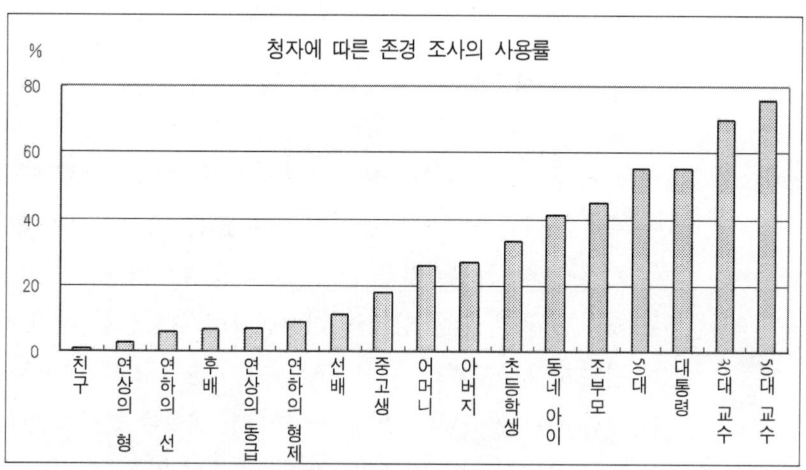

【그림 5-31】 김순임(2000)에서의 존경조사의 사용률

　'서울시장+께서'의 사용률은 선생님에 대해서는 70% 정도로 가장 높은 비율로 사용하고, 제3자보다 상위자인 대통령에 대해서는 반 정도의 사람이 경체 조사를 사용하고 있다.

　또한 특기할 만한 것은 이웃의 어린이나 초등학생에 대해서도 40% 정도로 높은데 이것은 전술한 교육적 배려에서 온 결과라고 판단된다.

　전체적으로 이번의 시나리오 담화보다는 경체조사가 많이 쓰이고 있지만 그것은 제3자의 높은 직위가 영향을 끼쳤을 것으로 보인다.

　　다음으로 이정복(1994)에 관해서 보자. 본 연구와 관련되는 결과를 이하의 그림과 함께 정리해 보자. 그림 5-32는 이정복(1994)에 나와 있는 데이터를 이번 분석과 비교하기 위해서 저자가 그래프화한 것이다.

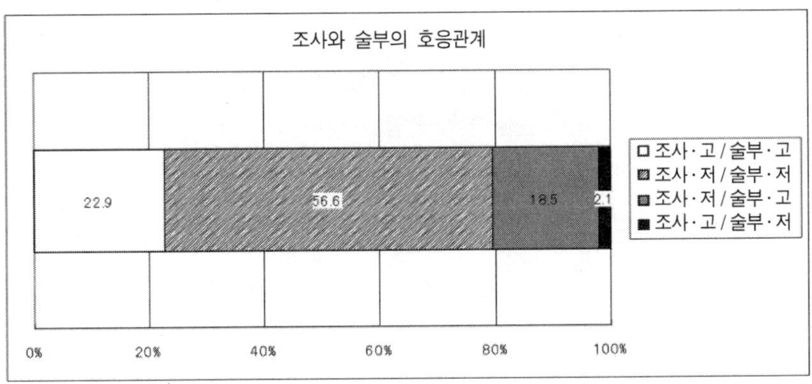

【그림 5-32】 이정복(1994)에서의 조사와 술부의 호응률

　　조사와 술부의 대우도의 상관관계를 나타낸 그림 5-32를 보면 경체조사가 쓰이고 존경어가 쓰이고 있지 않은 '조사·고 / 술부·저'의 비율은 2.1%로 꽤 낮다는 것을 알 수 있다. 즉 조사와 술부의 대우등급이 동등한 것의 사용이 많고 양자의 대우등급이 불균등한 것의 사용률은 낮다는 결과가 도출되었다. 특히 '조사·저 / 술부·고'가 '조사·고 / 술부·저'보다 사용률이 낮아 조사만을 높이고 술부를 높이지 않는 것에 대해서는 꽤 수용도가 낮다는 것을 이 결과로부터 엿볼 수 있다. 저자의 내성에서도 '선생님께서 했다(경체호칭＋경체조사＋상체술부)'와 같이 호칭이나 조사는 경체를 사용하고 술부에는 '시'를 쓰지 않고 상체를 쓰는 표현에 꽤 위화감을 느낀다.

　　한편 경어요소 간의 호응관계에 관한 연구는 아니지만 경어요소 간의 영향력에 관해서 논한 것 중에 이정복(2000)이 있다. 이정복(2000)은 경어요소의 경어의 강도는 어휘형태에 가까울수록 더욱이 그 작용역[22](scope)

---

22) 임동훈(2002)에 따르면 '님'의 사용역은 선행 명사에 제한되며 '께서'의 사용역은 명사구(또는, 절), '시'의 사용역은 동사구(또는, 절), '요'의 사용역은 문장 전체에 걸린다고 지적하고 있다.

이 작을수록 크게 된다고 논하며, 경어의 강도는 '님> 께서> 시> 요'의 순이라는 견해를 내고 있다. 이정복(2000)은 그 근거로서 경어의 강도가 약한 경우는 비상위자에 대해서도 사용할 수 있지만 경어의 강도가 강한 경우는 비상위자에게는 사용하기 어렵다는 사실을 들어 경어의 강도가 강한 경어 요소일수록 상위자에 대한 표시라는 것을 강하게 나타낸다고 설명하고 있다. 그러나 이러한 견해는 이정복(2002)과는 상반되는 것이다. 이정복(2002)에서는 경어형식이 가지는, 높게 대우하는 힘의 정도를 '기능부담량'이라고 명명하며, 설문조사의 결과로 경어형식의 기능부담량은 '시 > 님 > 께서 > 댁'의 순서가 된다고 결론짓고 있다. 요컨대 임동훈(2000)은 어휘요소가 영향력이 더 크다는 입장이고 이정복(2002)은 문법요소가 더 영향력이 크다는 입장이다.

또한 이정복(2002)의 생각과 일치하는 것에 김혜숙(1991)이 있다. 김혜숙(1991)도 '문장 속에서 주체가 되는 인물을 높이기 위해서 가장 크게 영향을 끼치는 형태소는 술부에 나타나는 '시'이다'라고 논하고 있다.

한편, 김순임(2000)에서는 존경조사 '께서'나 존경 선어말어미 '시'의 사용 정도는 조사하였지만 유감스럽게도 양자의 영향력까지 고찰하는 데는 미치지 못하였다. 그러나 오기노의 수량화를 통하여 청자 경어에 있어서는 존경의 선어말어미 '시'가 문말의 '요'보다 경어 자체의 결정에 크게 영향을 끼친다고 보고하고 있다.

이 문제에 관하여 결론을 내는 것은 어려우므로 앞으로도 연구자의 내성이 아니라 더 실증적인 방법론을 이용하여 경어 요소 간의 힘의 관계에 관해서 논의할 필요가 있다고 생각된다. 또한 그 경우에는 청자 경어의 경우와 제3자 경어의 경우를 모두 고려하는 것도 잊지 말아야 하겠다.

5.4 시나리오 담화분석의 맺음말

본 장에서는 시나리오 담화에 나타난 제3자에 관해서 언급한 용례를 발췌하여 제3자가 문에 있어서 주어로서 나타나는지 비주어로서 나타나는 지로 나눈 후, 화자, 청자, 제3자의 인간관계에 근거하여 제3자의 영역을 나눈 후, 더욱이 3자 간의 연령이나 사회적 지위 등을 근거로 3자 간의 상하관계를 '상 / 하 / 대등'으로 분류하여 고찰하였다.

한일 양 언어 간의 가장 큰 차이는 일본어에 있어서는 제3자의 영역 문제가 영향을 미쳐 제3자가 화자에게 있어서 친근한 경우는 높이지 않는다는 규칙이 강하다는 것이다. 이에 반해 한국어의 경우는 제3자의 영역 문제는 그다지 영향을 끼치지 않고 제3자가 화자에게 청자보다 친근하든 친근하지 않던 상위자인 제3자를 늘 높이는 경향이 강하다는 것이 확인되었다. 요컨대 한국어에서는 상하관계가 경어 운용에서 큰 요인으로 작용하고 있다고 할 수 있다. 이하에 본장에서 얻어진 고찰 결과를 간단히 정리하겠다.

① 한일 양 언어 모두 '최상경체'는 그다지 쓰고 있지 않다. 그 사용률은 일본어에서는 0.4%에 불과하고, 한국어의 경우도 3.0%에 지나지 않았다.

② 제3자를 높이는 비율은 설문조사의 결과와도 일치하는 것으로 일본어가 6.7%이고, 한국어는 45.6%로 한국어가 40%정도 높다.

③ 제3자 경어와 청자 경어의 상관관계를 보면 일본어의 경우는 '최상경체'나 '경체'와 '존경어 사용'의 호응 비율이 높고 '상체'와의 호응률은 낮은 것으로 봐서 청자가 높여야만 하는 상대일수록 제3자도 높이고 있다는 '제3자 경어의 청자 경어화'를 증명할 수 있었다. 이에 대해 한국어의 경우는 청자 경어에 상관없이 '존경어 사용'이 사용되고 있으며 종래에 언급되던 절대 경어적인 성격이 단적으로 나타났다.

④ 그러나 절대 경어가 기조인 한국어에서도 청자가 동등한 경우는 상위자인 제3자를 높이지 않는 비율도 40%를 넘기고 있으며, 이와 같은 결과를 '절대 경어의 상대 경어화'로 해석할 수도 있다고 할 수 있다.

⑤ 일본어의 경우는 제3자가 화자의 영역 내의 인물인지 아닌지에

따라서 제3자 경어의 사용 상황이 변하지만 한국어에서 제3자의 영역은 그다지 영향을 끼치지 않고 3자간의 상하관계가 크게 영향을 끼친다.

⑥ 한국어에서는 연하의 청자에 대해 올바른 경어를 가르치려는 교육적 배려에서 제3자를 더 높인다는 경어 용법이 확인되었다.

⑦ 한국어에서는 주격조사나 여격조사의 경우, 상체와 경체의 2종류가 있는데 주격이나 여격조사를 포함한 651용례 중에서, 경체조사는 9예 밖에 쓰이지 않았고 제3자에 대한 경의는 주로 술부나 호칭의 변이형을 사용한다는 것을 알게 되었다.

시나리오 담화는 인간관계가 다양하고 회화 참가자의 심리를 어느 정도 파악하기 쉬우므로 그것을 분석에 응용할 수 있다는 장점이 있다. 앞으로는 본장에서 얻어진 결과와 설문조사의 결과를 비교하면서 더욱 일반성이 높은 이론을 구축하고 싶다.

또한 본장의 분석에 있어서는 장면의 격식성 등은 그다지 고려하지 않았지만 다음의 6장에서는 일본어의 자연 담화분석을 통하여 장면의 격식성에 따른 제3자 경어 운용에 관해서 고찰을 하겠다.

6.1 자연 담화분석의 목적

    본장에서는 3장과 4장의 설문조사나 5장의 시나리오 담화의 결과를 바탕으로 하여 실제 일본어의 자연 담화에서는 제3자 경어가 어떻게 운용되고 있는지 살펴볼 것이다. 나아가서는 제3자 경어 사용에서 장면의 영향 등에 관해서 고찰하고자 한다.

    설문조사에서 설정한 인간관계라는 것은 조사자의 목적에 맞추어 만들어진 것이라서 이것을 자연 담화와 동일시할 수는 없다. 또한 시나리오 담화도 자연 담화에 준하는 면이 있다고는 하지만은 한 사람의 작자에 의해서 만들어진 담화라는 점에서 그러하다. 따라서 이보다 더 실제의 언어 사용을 반영하고 있다고 할 수 있는 자연 담화와의 같은 데이터의 분석이 필요해지는 것이다.

6.2 자연 담화분석의 대상 및 분석 방법

6.2.1 자연 담화분석의 조사 개요

본장에서 분석 대상으로 삼은 것은 일본어의 담화 자료인 "여성의 말·직장편"과 "남성의 말·직장편"이다. 현대일본어연구회에서는 "여성의 말·직장편"(1997년 간행, 데이터수집기간 : 1993년 9월~11월)과 "남성의 말·직장편"(2002년 간행, 데이터수집기간 : 1999년 10월~2000년 12월)의 2회에 걸쳐서 대량의 자연 담화 자료를 모아 출판이라는 형태로 공개하고 있다.

데이터는 직장에서 수집된 것이라고는 하지만 격식 차린 장면에 한정되는 것이 아니라 잡담과 같은 비격식적인 장면도 반 이상을 차지하고 있어서 데이터의 장면이 편중되어 있는 염려는 없다고 할 수 있다.

6.2.2 자연 담화의 분석 방법

현대일본어연구회(1997)에서는 기본적으로 1문을 1record(＝1행)로 하고, 'あっ。'이라고만 말하고 직후에 침묵을 하거나 발화자가 교대되거나 하는 것도 1문으로 취급하였다. 본장에서도 그 정의에 따르기로 한다.

분석 대상이 된 문은 제3자가 문에 확실히 등장한 경우는 물론, 확실히 명시되지는 않았지만 문맥에서 제3자가 누구인지 알 수 있는 것도 포함되었다. 또한 공개된 데이터에는 발화 외에 장면, 발화자의 성별, 연령층 및 화자와 청자와의 직장관계, 직계관계, 선배 후배관계, 알게 된 햇수, 접촉량, 회화량, 친소 관계 등도 명시되어 있다.

저자는 이들 정보 외에 제3자가 문에 있어서 주어로서 나타나는지 비주어로서 나타나는지의 항목과, 제3자 경어가 사용된 항목 및 청자 경어 사용의 항목을 별도로 마련해서 문자화하였다. 분류 방법은 5장의 시나리오 담화의 경우와 같으므로 상세한 분류 기준은 각각 5.2.2.1 주어

/ 비주어의 분류, 5.2.2.4 제3자 경어의 분류, 5.2.2.5 청자 경어의 분류를
참조하였으면 한다.

당연한 얘기지만 데이터로 쓰인 "여성의 말·직장편"과 "남성의 말·직
장편"은 제3자 경어 사용을 밝히기 위해 모아진 자료가 아니기 때문에
화자, 청자, 제3자라는 3자의 정보를 충분히 얻을 수 있는 것만은 아니다.
따라서 데이터를 추출할 때는 제3자가 누구인지 확실하지 않은 것이나
문맥을 파악하기 어려운 것은 데이터에서 제외하기로 하였다. 또한 제3
자가 인간이 아니라 회사명이나 상품명인 것도 데이터로서 취급하지 않
았다.

그리고 시나리오 담화의 분석 방법과 마찬가지로 1 record에 다수의
제3자가 등장한 경우나 복수의 술부가 쓰인 경우에는 복수의 record로
헤아렸다.

6.3 자연 담화분석의 결과와 고찰

6.3.1 자료 전체에서 차지하는 제3자 언급 발화의 출현율

여기에서는 자료 전체에서 차지하는 제3자의 출현율과 본 연구에서
분석 대상으로 한 데이터에서 화자의 남녀 비율을 표 6-1과 그림 6-1에
나타내었다.

· "여성의 말·직장편"과 "남성의 말·직장편"이 간행된 연도는 5년 떨어
져 있지만 데이터의 양적인 면에 있어서는 유사하다. 공개된 자료의 전체

【표 6-1】 전체 발화에서의 제3자 경어 사용

	자료별 데이터 합계		화자의 성별 데이터 합계			합계
	"남성의 말"	"여성의 말"	남성 화자	여성 화자	미상	
전체 record	11099	11421	10446	11601	473	22520
분석 대상 record	260	306	253	308	6	567
세로 %	2.3	2.7	2.4	2.7	1.3	2.5

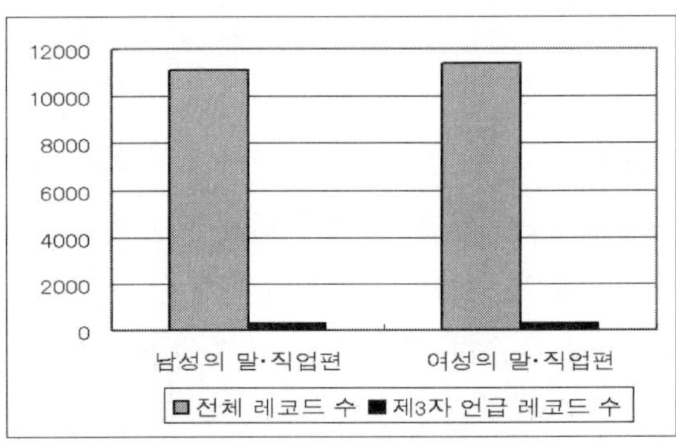

【그림 6-1】 전체 record와 제3자 언급 record의 비율

record 수는 22,520로, 그 중에서 제3자가 출현하고 더욱이 문맥의 파악도 용이한 record, 즉, 본장에서 분석 대상으로 삼은 record 수는 합 567용례로 전체의 2.5％에 불과했다. 또한 전체의 자료에서 화자의 남녀별 집계를 보면 남성 화자가 2.4％, 여성 화자가 2.7％로 남녀차는 그다지 없었다.

연구 대상이나 연구 목적에 따라서도 달라지겠지만 제3자 경어연구에서 이와 같이 자연 담화 속에서 용례를 수집한다는 것은 그다지 효율적인 조사 방법이라고 할 수 없을 것 같다. 물론 제3자에 대해서 언급하도록 지시한 다음에 데이터를 수집하는 것이 불가능한 것은 아니지만 연구자의 조작이 개입될 수 있기 때문에 반드시 자연스러운 데이터를 얻을 수 있다고만은 할 수 없다. 자연스러운 회화 속에서 자연스러운 언어 사용을 분석·고찰한다는 것이 가장 바람직하다고 할 수 있지만 효율적인 면을 생각하면 제3자 경어에 관해서는 설문조사나 시나리오조사도 유효한 방법으로 여겨진다. 이하에서는 우선 장면에 따른 제3자 경어 사용의 차이에 관해서 고찰하기로 한다.

6.3.2 장면에 따른 제3자 경어

여기에서는 장면에 따른 제3자 경어 사용에 관해서 살펴본다. 공개된 자료에서 이미 분류되어 있는 '장면 1'과 저자가 새롭게 분류한 '장면 3'이라는 2가지 관점에서 고찰하겠다.

6.3.2.1 장면 1에 따른 제3자 경어 사용

우선 장면에서 제3자의 출현율이나 제3자 경어 사용에 관해서 보자.

자료에서 공개되어 있는 장면은 2종류이다. '장면 1'로 분류되어 있는 항목 중에는 '아침, 회의, 휴식'의 3가지가 있다. 우선 '장면 1'에서 제3자의 출현율을 표 6-2에 나타내었다.

【표 6-2】 장면 1에 따른 제3자의 출현율

	회의	휴식	아침	합계
전체	5978	9206	7336	22520
제3자 출현	135	244	188	567
세로 %	2.2%	2.7%	2.6%	2.5%

표 6-2를 보면 모든 장면에서 제3자가 나타나는 비율은 2.2~2.7%로 큰 차이가 없다는 것을 알 수 있다. 다음으로 '장면 1'에서 제3자 경어의 사용정도를 표 6-3과 그림 6-2에 나타내었다.

【표 6-3】 장면 1에 따른 제3자 경어 사용

	회의		아침		휴식		합계	
	빈도	%	빈도	%	빈도	%	빈도	%
겸양어 사용	7	5.2	15	8.0	3	1.2	25	4.4
존경어 사용	27	20.1	32	17.0	21	8.6	80	14.1
경어 불사용	101	74.6	141	75.0	220	90.2	462	81.4
합계	135	100%	188	100%	244	100%	567	100%

모든 장면에서 '경어 불사용'이 압도적으로 많고 '존경어 사용'과 '겸양어 사용'이 그 뒤를 따른다. 일반적으로 회의 장면이 가장 격식을 차린 장면이라고 할 수 있는데 역시 20.1%로 존경어 사용률이 가장 높다는 것을 확인할 수 있었다.

다음으로 아침이라는 장면은 격식적인 장면인지 비격식적인 장면인지 한마디로 정의내리기가 어려울 가능성이 있다. 왜냐하면 아침이라는 장면 속에는 일이 시작되기 전에 하는 잡담도 포함되지만 조례와 같은 격식적인 장면도 포함될 수 있기 때문이다. 따라서 장면 차를 보기 위해서는

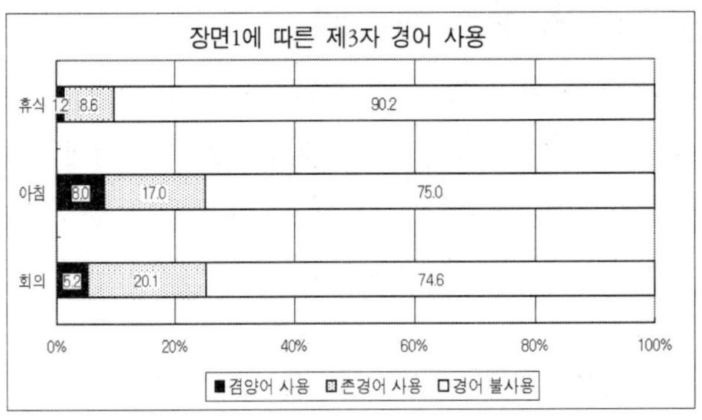

【그림 6-2】장면 1에 따른 제3자 경어 사용

장면 1 만으로는 실태를 파악하기가 어려우며 다른 수단을 이용할 필요가 있다고 판단했다.

6.3.2.2 격식성의 정도(장면 3)에 따른 제3자 경어 사용

"여성의 말·직장편"이나 "남성의 말·직장편"에서는 '장면1' 외에 '장면2'라는 분류 항목도 세우고 있다. '장면2'라는 것은 '장면1'의 상세 분류로 그 종류는 표 6-4와 같이 40종류나 된다. 분류 항목이 이렇게 상세해서는 의미 있는 결과를 내기가 곤란하다고 판단되었기 때문에 분류를 새롭게 하기로 한다.

즉 40개에 이르는 '장면2'를 격식성의 관점에서 격식적인 장면과 비격식적인 장면의 2가지로 분류하기로 했다. 표 6-4에 상세한 것을 제시한다.

격식적인 장면은 업무 중 일어나는 발화가 포함되며, 비격식적인 장면은 잡담 등이 포함되어 있다. 또한 전화에서의 발화는 화자와 청자가 대면하

【표 6-4】장면 2의 항목과 장면 3의 분류

장면2의 항목	장면3
미팅, 보고, 대학원생 지도, 응대, 응대(설명), 회의, 교사와 학생의 대화, 업무 전화, 업무(접대), 업무(상담), 업무 얘기, 업무상의 확인, 상품 관리 업무, 소회의, 접객과 응답, 상담, 회의, 회의(설명), 회의(전화), 대회의, 조례, 반성회, 보고, 인사(전화), 전화, 전화·잡담, 전화·회의, 전화 의뢰, 전화 연결	Formal
휴식중 잡담, 잡담, 잡담(레스토랑의 식사), 잡담(교통규칙), 잡담(자전거), 잡담(전화), 업무 중의 잡담, 업무 개시 전의 잡담, 중식 시의 잡담	Informal

고 있지 않다는 점에서 특수하다고 할 수 있지만, 전체의 18예 전체가 업무 중의 전화였다는 점, 또한 전화에서는 말투가 평소보다 더 신경을 쓰는 경향이 있다는 것을 고려하여 격식적인 장면'에 넣기로 하였다.

이상으로 새롭게 분류한 격식적인(Formal) 장면과 비격식적인(Informal) 장면을 편의상 '장면 3'이라고 명명하기로 한다. 다음은 새롭게 분류한 '장면 3'에서 제3자 경어 사용을 표 6-5와 그림 6-3에 나타내었다.

【표 6-5】 장면의 정중도에 따른 제3자 경어 사용

	Informal한 장면		Formal한 장면		합계	
	빈도	%	빈도	%	빈도	%
겸양어 사용	3	0.9	22	10.2	25	4.4
존경어 사용	21	6.7	59	23.5	80	14.1
경어 불사용	296	92.4	166	66.3	462	81.4
합계	330	100%	247	100%	567	100%

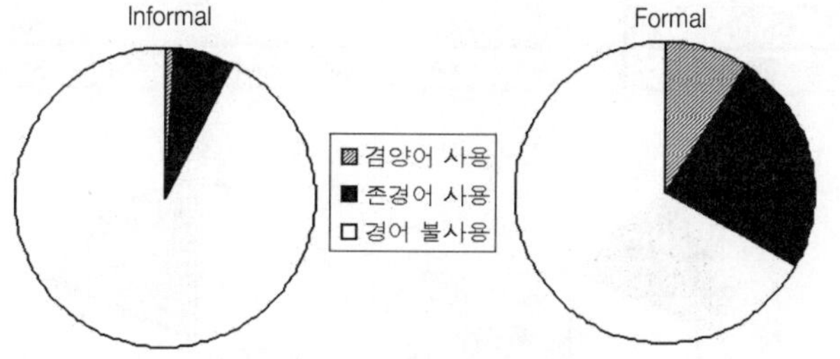

【그림 6-3】 장면 3에 따른 제3자 경어 사용

그림 6-3을 보면 비격식적인 장면에서도 격식적인 장면에서도 '경어 불사용'이 가장 높은 비율을 차지하고 있다는 것을 알 수 있다. 그러나 '존경어 사용'이나 '겸양어 사용'의 관점에서 보면 비격식적인 장면에서 6.7%였던 '존경어 사용'이 격식적인 장면에서는 23.5%로 4배나 많고, 격식적인 장면에서 존경어나 겸양어가 더 많이 사용되고 있다는 것을 알 수 있다. 井上(1999a)도 그 자리에 없는 완전한 제3자에의 경어는 격식 차린 자리에서는 경어를 사용하는 경향이 있다는 것을 지적하고 있는데, 여기에서도 경어 사용에서 장면의 영향을 확인할 수 있다.

격식적인 장면이 되면 될수록 말투에 민감하게 되어 제3자에 대한 경어 사용을 더 많이 사용한다는 것은 예측되는 결과라고도 할 수 있지만, 본 연구로 자연 담화에서 제3자 경어의 사용 실태가 어느 정도 명확하게 제시된 의의는 상당히 크다고 할 수 있다.

6.3.3 주어 / 비주어에 따른 제3자 경어 사용

다음으로 제3자가 주어로서 나타나는지, 비주어로서 나타나는지의 관점에서 제3자 경어 사용에 관해서 고찰하겠다. 표 6-6과 그림 6-4에 나타내었다.

【표 6-6】 제3자의 주어 / 비주어에 따른 제3자 경어 사용

	겸양어 사용		존경어 사용		경어 불사용		합계	
	빈도	%	빈도	%	빈도	%	빈도	%
주어	8	1.7	79	16.6	389	81.7	476	100%
비주어	17	18.7	1	1.1	73	80.2	91	100%
합계	25	4.4	80	14.1	461	81.4	566	100%

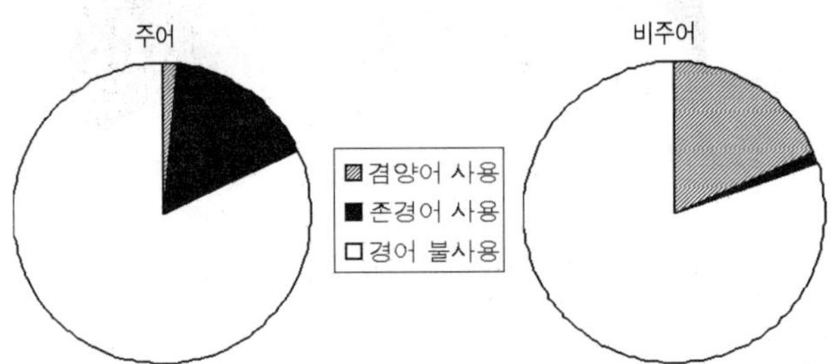

【그림 6-4】 제3자의 주어 / 비주어에 따른 제3자 경어 사용

그림 6-4를 보면 제3자가 주어라도 비주어라도 '경어 불사용'이 가장 다수를 차지하고 있다는 것을 알 수 있다. 설문조사나 시나리오 담화에서도 밝혀졌지만, 자연 담화에서도 마찬가지의 결과가 얻어졌다. 이것은 설문조사나 시나리오 담화분석이 실제의 경어 사용을 알기 위한 자료로서 충분히 가치가 있다는 것을 뒷받침하는 것은 아닐까?

다음으로 '존경어 사용'이나 '겸양어 사용'에 관해서 보면, 5장에서도 밝혔듯이 제3자가 주어인 경우에는 '존경어 사용'이, 제3자가 비주어인

경우에는 '겸양어 사용'이 더 쓰이기 쉬워서 전자는 18.7%, 후자는 16.6%의 사용률을 보여준다.

전술한 바와 같이 자연 담화에서도 시나리오 담화와 같은 결과가 얻어졌으므로 이것으로 시나리오 담화를 분석 대상으로 한 타당성도 얻은 것이라 여겨진다.

6.3.4 남녀에 따른 제3자 경어 사용

다음으로 화자의 남녀별 제3자 경어 사용에 관해서 본다. 이것을 표 6-7과 그림 6-5에 나타내었다.

【표 6-7】 남녀에 따른 제3자 경어 사용

	겸양어 사용		존경어 사용		경어 불사용		합계	
	빈도	%	빈도	%	빈도	%	빈도	%
남성	10	4.0	32	12.7	211	83.3	253	100%
여성	15	4.9	47	15.3	246	79.9	308	100%
미상			1	16.7	5	83.3	6	100%
합계	25	4.4	80	14.1	462	81.4	567	100%

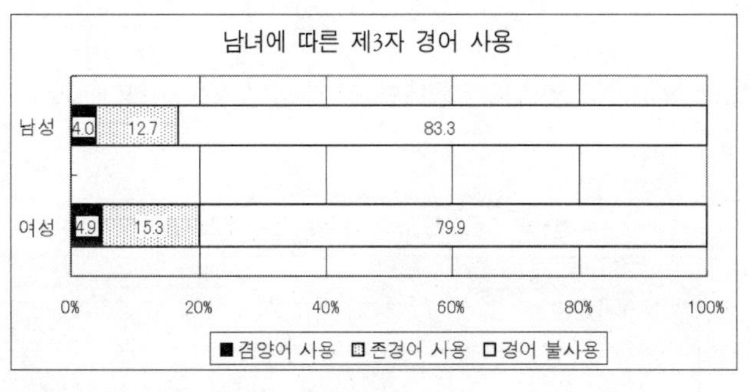

【그림 6-5】 남녀에 따른 제3자 경어 사용

남녀 모두 '경어 불사용'이 80% 정도로 압도적으로 많고, 다음이 '존경어 사용'으로 15% 정도, '겸양어 사용'이 5% 정도인 것을 알 수 있다.

또한 '존경어 사용'은 남성이 12.7%, 여성이 15.3%로, 큰 남녀차는 없다고 할 수 있다. 이것은 독립성 검정을 해 보아도 5% 수준에서 유의차가 인정되지 않았다.

다음으로 남녀차와 격식성의 관계를 그림 6-6에, 청자와의 친소차에 따른 제3자 경어 사용의 남녀차를 그림 6-7에 나타내었다.

우선 그림 6-6을 보면 비격식적인 장면에서는 남녀 차이가 거의 없었고, 격식적인 장면에서는 여성이 겸양어나 존경어를 약간 더 쓰고 있다는 것을 알 수 있다.

다음으로 그림 6-7을 보면 화자와 청자의 친소는 '친, 보통, 소'의 3가지로 나누었다. 청자가 보통의 관계인 경우에는 남녀 차이가 그다지 없었지만 '친'이나 '소'의 관계일 때에는 남녀 차이가 약간 있었다. 즉 '친'일

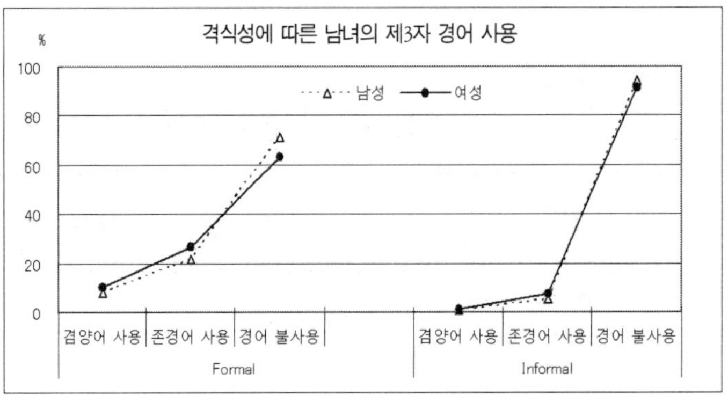

【그림 6-6】 격식성에 따른 남녀의 제3자 경어 사용의 경어 사용

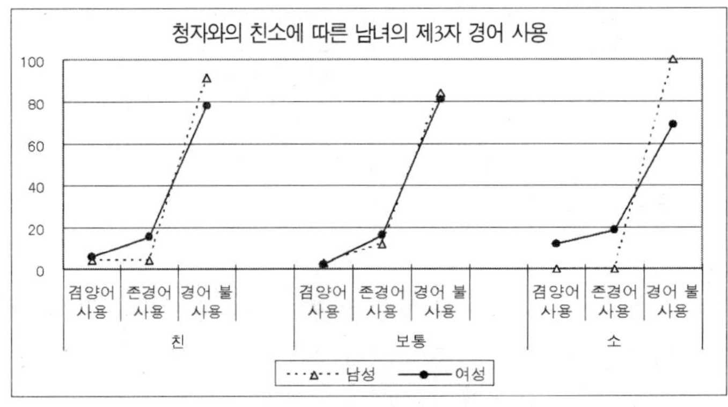

【그림 6-7】 청자와의 친소에 따른 남녀의 제3자 경어 사용의 경어 사용

경우에도 여성이 존경어를 더 많이 쓰고 있으며, '소'일 경우에도 여성이 겸양어나 존경어를 더 많이 쓰고 있다. 친소에 관계없이 여성이 제3자를 더 높이고 있다. 이것은 5장의 그림 5-9와 마찬가지 결과로 일반적으로 여성이 제3자를 더 높이고 있다고 할 수 있다.

6.3.5 세대에 따른 제3자 경어 사용

여기에서는 일본어의 자연 담화에 나타난 세대차에 주목해 보자. 세대 차이가 명기되어 있지 않은 16개의 발화는 분석에서 제외했다. 이것을 표 6-8과 그림 6-8에 나타내었다.

【표 6-8】 세대에 따른 제3자 경어 사용

	겸양어 사용		존경어 사용		경어 불사용		합계	
	빈도	%	빈도	%	빈도	%	빈도	%
20~30대	16	5.1	39	12.3	261	82.6	316	100%
40~50대	7	3.4	32	15.8	164	80.8	203	100%
60~70대	2	6.3	6	18.8	24	75.0	32	100%
합계	29	5.1	77	13.9	449	81.0	551	100%

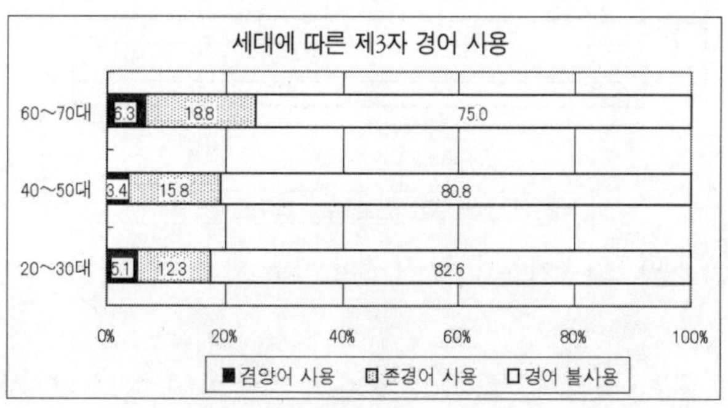

【그림 6-8】 세대에 따른 제3자 경어 사용

그림 6-8을 보면 모든 연령대에서 '경어 불사용'이 가장 많고 '존경어 사용'이나 '겸양어 사용'은 그다지 많지 않다는 것을 알 수 있다. 고령층으로 갈수록 '존경어 사용'이 약간 많아지지만 유의차가 있는 것은 아니다.

6.3.6 화자와 청자의 친소 관계에 따른 제3자 경어

　　여기에서는 화자와 청자의 친소 관계에 따라 제3자에 대한 대우가
어떻게 변하는가에 관해서 본다. 이것을 표 6-9와 그림 6-9에 나타내었다.

【표 6-9】 화자와 청자의 친소차에 따른 제3자 경어 사용

	겸양어 사용		존경어 사용		경어 불사용		합계	
	빈도	%	빈도	%	빈도	%	빈도	%
친친	4	2.8	9	6.3	129	90.8	142	100%
친	3	5.2	6	10.3	50	84.5	59	100%
보통	3	2.6	18	15.5	95	81.9	116	100%
소					13	100.0	13	100%
소소	2	22.2	4	44.4	3	33.3	9	100%
기타	13	5.7	43	18.9	172	75.4	228	100%
합계	25	4.4	80	14.1	462	81.4	567	100%

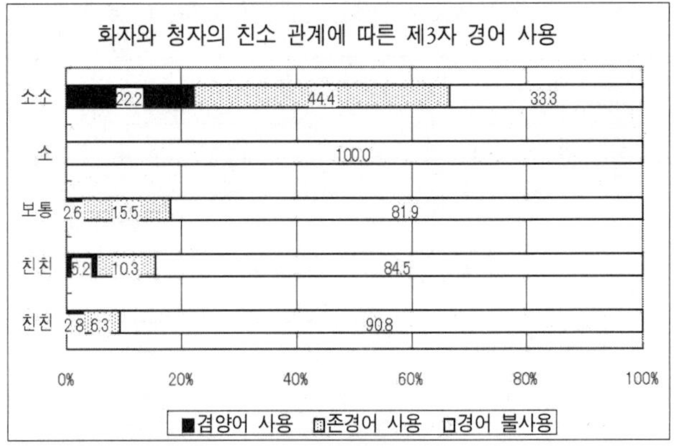

【그림 6-9】 친소차에 따른 제3자 경어 사용

　　그림 6-9를 보면 화자와 청자의 친소차에 따라 제3자에 대한 대우가
꽤 달라진다는 것을 알 수 있다. 즉 친한 상대일수록 제3자를 높이지
않으며 상대가 친하지 않을수록 제3자에 대한 존경어나 겸양어를 더 많
이 쓰고 있다는 것을 알 수 있다. 물론 여기에서 제3자가 누구냐는 문제
에 관해서는 파악하기 어렵지만 청자와의 친소차로 제3자 대우가 달라진
다는 대략적인 경향은 확인되었으므로 그 의의가 크다고 할 수 있다.

6.3.7 자연 담화에서 제3자 경어와 청자 경어와의 상관관계

다음으로 제3자 경어와 청자 경어와의 상관관계를 표 6-10과 그림 6-10
에 나타내었다.

【표 6-10】 제3자 경어와 청자 경어의 상관관계

	겸양어 사용		존경어 사용		경어 불사용		합계	
	빈도	%	빈도	%	빈도	%	빈도	%
경체	17	68.0	47	58.8	109	23.4	173	30.4
상체	5	20.0	31	38.8	314	68.1	350	61.8
판정 외	3	12.0	2	2.5	39	8.5	44	7.8
합계	25	100%	80	100%	462	100%	566	100%

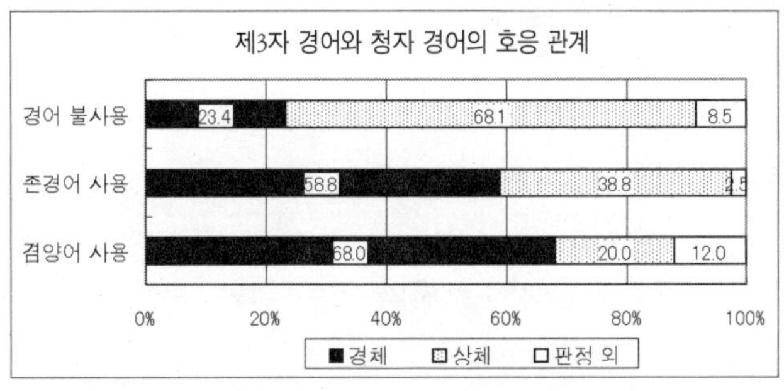

【그림 6-10】 제3자 경어와 청자 경어의 상관관계

표 6-10과 그림 6-10을 보면 '존경어 사용'이나 '겸양어 사용'은 '경체'
와 호응한 것의 비율이 65.5%와 58.5%로 가장 높지만 '경어 불사용'은
'상체'와 호응한 것의 비율이 68.1%로 가장 높다. 이것은 '경체'를 사용하
는 장면에서 제3자를 더 높이고 있다는 것을 의미하며 전술한 장면에
따른 제3자 경어 사용의 결과와도 일치한다. 더욱이 5.3.1.1에서 본 시나
리오 담화의 분석 결과와도 일치하고 있으므로 상당히 흥미로운 결과라
고 할 수 있다.

다음으로 '존경어 사용'과 '상체'와 호응한 것을 보면 39.0%로 꽤 높은
사용률을 보이고 있다. 이것은 청자에게는 경의를 표시하지 않고 제3자
에게만 경의를 표한 것으로 이와 같은 용례는 설문조사의 결과에서는

거의 얻을 수 없었다. 실제의 사용과 설문조사와의 차이를 나타낸 의의 있는 데이터라고 할 수 있다. 이하에 예를 나타내었다.

용례를 제시할 때는 "남성의 말"의 용례는 'M', "여성의 말"의 용례는 'F'라고 명기한다.

≪용례≫

	번호	발화문	주어/비주어	제3자 경어	청자 경어
M	6114	ここにいらしてた↑	주어	존경어 사용	상체
F	4245	まだいらしてない 。＜間25秒＞	주어	존경어 사용	상체

6.3.8 자연 담화의 용례 분석

여기에서는 데이터 중에서 재미있는 용례를 들어 질적인 분석을 시도하고자 한다.

① 경어형식은 정중하지만 조롱 섞인 감정을 나타내기도 한다.

≪용례≫

	번호	발화문	주어/비주어	제3자 경어	청자 경어
M	5809	政治家のお偉い先生方が入られるらしいんで 。	주어	존경어 사용	상체

② 위의 ①과 관련되는 데 회화 참가자 간의 상위관계뿐만 아니라 화자의 감정적인 것도 경어 사용에 영향력이 크다. 이하 용례의 경우에 제3자에 대한 그다지 호의적이지 않은 감정이 'あの人'라는 호칭에 나타난 것으로 판단된다.

≪용례≫

	번호	발화문	주어/비주어	제3자 경어	청자 경어
M	2632	けっこうねー、あの人、じぶ、いちおう自分の書いた本をさー、いろんなとこに寄付してるじゃない。	주어	경어 불사용	상체

③ 연예인이나 운동선수 등은 연령 등에 관계없이 'さん'을 붙이지 않고 존경어도 사용하지 않는 것이 일반적인 것 같다.

≪용례≫

	번호	발화문	주어/비주어	제3자 경어	청자 경어
F	3110	あれ松田優作がやればよかったのに。	주어	경어 불사용	상체
F	7366	あの、ヒロミが結婚すんだって↑	주어	경어 불사용	상체

④ 호칭이 '선생'일 경우에 격식적인 장면에서는 존경어가 사용되기 쉽고, 비격식적인 장면에서는 존경어가 쓰이기 쉬울 것이라고 여측했다. 그러나 다음 예와 같이 격식적인 장면에서도 존경어가 쓰이는 예가 있었다.

≪용례≫

	번호	발화문	주어/비주어	제3자 경어	청자 경어
F	1391	→そうゆうことは← [名字] 先生がおっしゃるんですか、わたしがゆうんですか。	주어	존경어 사용	경체
F	1507	そすると、わたしと [名字] 先生もいるんですか、討論の時は。	주어	경어 불사용	경체

⑤ 다음 예문과 같이 제3자가 자신보다 훨씬 높은 지위가 아닐 경우에는 존경어를 사용하기보다는 수동문이 쓰이기 쉽다는 해석도 가능하다. 이것은 발화 내용에 따라서 시점을 어디에 두느냐 하는 문제와도 관계가 있다고 할 수 있다.

≪용례≫

	번호	발화문	주어/비주어	제3자 경어	청자 경어
M	2255	で、あのー、事務の [名字] さんからいわれたんですが一、まー、代議員会に出るのは、5月だろうと {うんうん(06B)}、で、5月の代議員会で通ればですねー、あのー、もう6月には選考委員会を開けると {うん(06B)}、ゆうことなんですね。	비주어	경어	경체

6.4 자연 담화분석의 맺음말과 앞으로의 과제

이상으로 일본어의 자연 담화 자료인 "여성의 말·직장편"과 "남성의 말·직장편"에서 제3자가 나타난 용례만을 발췌하여 화자의 남녀차, 세대차에 따른 제3자 경어 사용이나 화자와 청자의 친소관계에 따른 제3자 경어 사용 및 장면에 따른 제3자 경어 사용이나 제3자 경어와 청자 경어의 상관관계 질적인 용례 분석 등에 관해서 고찰하였다.

결과를 자세히 보면, 화자와 청자가 친하면 친할수록 당연히 제3자는 그다지 높여지지 않을 것이나 격식적인 장면이 될수록 제3자에 대한 '존경어 사용'이 많아져 장면의 격식성이 제3자 경어 사용에 있어서 크게 영향을 끼치고 있다는 것이 밝혀졌다. 다음으로 여성이 남성보다 제3자에 대한 존경어를 더 많이 쓴다는 남녀차도 확인되었다. 더욱이 제3자 경어와 청자 경어의 상관관계를 본 결과, 경체를 사용하는 상대에 대해서 제3자에 대한 존경어를 더 많이 사용하고 있다는 것이 판명되었고 '제3자 경어의 청자 경어화'를 증명하는 것이 가능하게 되었다.

이번에 2만 개나 되는 자연 담화의 용례에서 제3자에 대해 언급한 용례는 단지 585예에 지나지 않고 전체의 2.6%에 지나지 않는다. 이상적인 것은 더 자연스러운 회화 자료로써 더 자연스러운 제3자 경어 사용을 분석해야 하지만, 실제의 자연 담화를 사용해서 제3자 경어를 밝히는 것은 꽤 효율성이 떨어지는 작업이라고 말하지 않을 수 없다.

이번에는 공개되어 있는 데이터를 사용해서 용례를 수집할 수 있게 되어 그것에 근거하여 분석을 하였다. 이를 고찰한 결과, 상당히 많은 부분에서 설문조사나 시나리오 담화분석의 결과와 일치하는 결과가 얻어졌다. 이로써 제3자 경어 사용에 관한 연구에서는 설문조사나 시나리오 담화분석도 유효한 방법론일 것으로 여겨진다. 또한 자연 담화분석의 결과에서 설문조사나 시나리오 담화분석의 결과를 뒷받침하는 것도 어느 정도 가능하였다.

본 연구의 자료와 비교할 수 있는 담화 자료가 한국어에는 없다는 점이 애석하지만 앞으로는 한국어의 자료를 확충하고 한일 양 언어의 자연 담화에서 제3자 경어의 운용을 비교·검토해 나가고 싶다.

본장에서는 이제까지 3, 4, 5장에서 분석한 개별 조사의 결과를 비교하면서 일본어와 한국어의 제3자 경어에 관해서 밝히고 싶다.

7.1 대학생 조사와 사회인 조사의 비교

7.1.1 전체의 경어도의 점수화

먼저 대학생의 설문조사와 사회인의 설문조사를 비교한다.

표 7-1은 각각의 집단이 어느 정도로 경어형식을 사용하였는가를 점수화한 것이다. 즉 모든 피조사자의 응답에 대해 제3자에 대한 경어형식 및 청자에 대한 경어형식이 있으면 1점, 경어형식이 전혀 쓰이고 않았으면 0점을 주어, 이 점수의 평균을 낸 것이다. 0이 최소치이고 1이 최대치가 된다.

【표 7-1】 설문조사에서 경어도

	일본	한국
대학생	0.610	0.873
사회인	0.534	0.670

　　대학생을 대상으로 한 설문조사와 사회인을 대상으로 한 설문조사에서 설정한 조사항목이 다름에도 불구하고 한일 양 언어의 결과는 유사하다. 즉 대학생의 경우에서도 사회인의 경우에서도 한국이 일본보다 경어 사용도가 더 높다. 3장과 4장에서의 고찰을 근거로 하고 청자 경어의 사용률이 그다지 차이가 없다는 것을 감안하면 그 차이는 한국어가 일본어보다 제3자를 높이는 비율이 더 높은 것에서 나왔다고 할 수 있다.

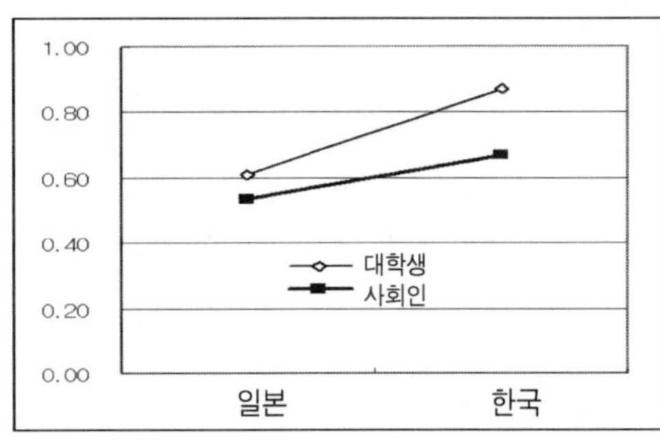

【그림 7-1】
설문조사의 경어도

　　또한 그림 7-1을 보면 한일 양 언어 모두 사회인보다 대학생이 경어 사용도가 더 높지만 그 차에 관해서는 한일 양 언어가 차이가 있어서 일본어의 경우에는 대학생의 경어 사용도와 사회인의 경어 사용도의 차이가 0.08포인트 정도에 지나지 않지만 한국어의 경우에는 0.21포인트 차이가 났다. 그러나 독립성의 검정을 한 결과, 5% 수준에서 유의차가 없었기 때문에 통계적으로 유의한 차이라고는 할 수 없다.

　　그러면 왜 한국어의 경우에는 대학생과 사회인의 경어도에 차이가 있는 것일까? 그 원인의 하나로, 대학생의 조사에서 설정한 대학생과 지도교수 및 학장과의 거리가 사회인 조사에서 설정한 사회인과 상사와의 거리보다 멀리 인식되고 있기 때문이라고 생각한다.

　　또 다른 원인으로서는 대학생은 경어습득이 미숙하기 때문에 청자와 제3자와의 관계까지 고려하지 못하고, 가능한 한 손윗사람을 높이기만 하면 올바른 경어 사용이 된다고 인식하고 있는 것도 원인으로서 생각할 수 있다.

7.1.2 제3자 경어의 점수화 및 청자 경어의 점수화

여기에서는 우선 한일의 대학생과 사회인이라는 4가지 집단에서 청자 경어의 점수나 제3자 경어의 점수를 비교한 후, 대학생과 사회인의 결과를 통합한 후에 한일 양 언어를 비교하겠다. 우선 한일의 대학생과 사회인에서 제3자 경어의 점수화나 청자 경어의 점수화를 산출한 것을 표 7-2에 나타내었다.

【표 7-2】한일의 청자 경어와 제3자 경어의 경어도

	청자 경어의 점수화		제3자 경어의 점수화	
	대학생	사회인	대학생	사회인
일본	0.59	0.49	0.10	0.23
한국	0.73	0.47	0.46	0.45

위의 계산법은 다음가 같다. 청자 경어로서는 '−＋, ＋＋, 겸양어 사용'을 1, '−−, ＋−'를 0으로 계산하고, 제3자 경어로서는 '＋−, ＋＋'를 1, '−−, −＋, 겸양어 사용'을 0으로 계산했다.

여기에서는 대략적인 경향을 파악하기 위해서 일본의 사회인 방송 관계자와 대학사무직의 데이터를 하나로 합쳐서 계산했다. 한일 양 언어의 차이를 비교해 보면 국내의 집단에 따른 차이는 적으므로 이와 같은 분석도 가능하다고 판단했기 때문이다.

그림 7-2를 보면서 한일 양 언어의 특성을 보면, 2개의 선의 거리가 좌측의 청자 경어 사용의 점수에 관해서는 양 언어가 그다지 떨어져 있지

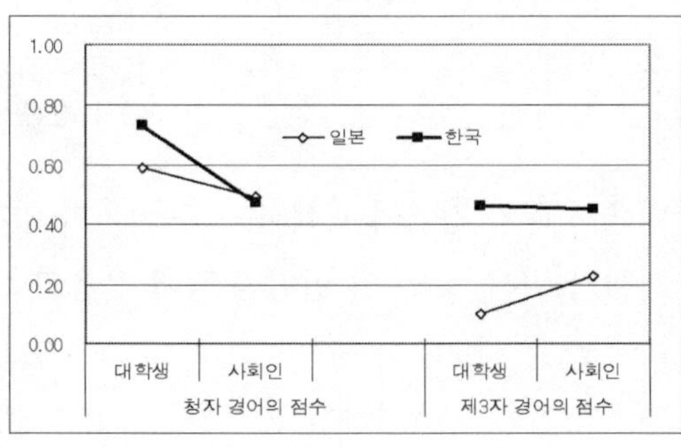

【그림 7-2】대학생과 사회인의 청자 경어와 제3자 경어의 경어도

않지만, 우측의 제3자 경어 사용의 점수에서 양 언어에 차이가 꽤 있다는 것을 알 수 있다.

청자 경어에 관해 보면 한일 모두 대학생이 사회인보다 경어 사용도가 높고, 한국어의 경우에는 대학생과 사회인의 차이도 크다. 이것은 전술한 대로 설문조사에서 설정한 상위자, 즉 대학생 조사에서 선배·지도교수·학장과, 사회인 조사에서 상사에 대한 인식의 차이에서 온 결과라고도 할 수 있다. 더욱이 한국의 사회인과 일본의 사회인의 결과가 거의 겹쳐지는 것도 재미있는 결과라고 할 수 있다.

다음으로 제3자 경어에 관해서 보면 대학생도 사회인도 한국어가 압도적으로 높고, 한국어의 경우는 양자의 차도 그다지 없다. 그러나 일본어의 경우에는 사회인이 현저하게 높다는 것과, 대학생과 사회인에서 설정한 인간관계가 다르다고는 하지만 한국어의 경우에 대학생과 사회인의 차이가 그다지 없는 것과 비교해 보면, 일본어의 경우에는 사회인이 될수록 제3자를 더 높이고 있다는 해석도 가능할 것이다.

다음은 한일 양 언어의 청자 경어의 점수와 제3자 경어의 점수의 전체적인 경향을 파악하기 위해서 대학생과 사회인을 통합한 결과를 가지고 한일 양 언어를 비교하겠다. 결과는 그림 7-3에 나타내었다.

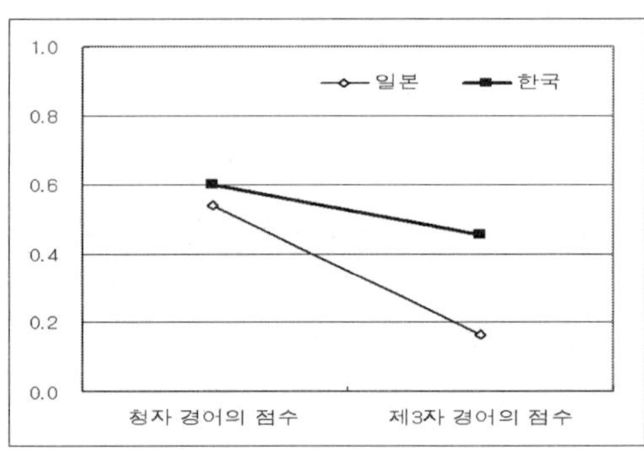

【그림 7-3】 한일의 청자 경어와 제3자 경어의 경어도

한일 양 언어에서 청자 경어에 관해서는 큰 차이가 없지만 제3자 경어에 관해서는 차이가 커서, 한일 양 언어의 경어 운용의 차이는 일목요연하다.

다음으로 경어 사용에서 남녀차를 표 7-3과 그림 7-4에 나타내었다.

【표 7-3】 청자 경어와 제3자 경어의 경어도에서 남녀차

	청자 경어의 점수화				제3자 경어의 점수화			
	일본		한국		일본		한국	
	대학생	사회인	대학생	사회인	대학생	사회인	대학생	사회인
남성	0.59	0.47	0.73	0.46	0.08	0.18	0.45	0.40
여성	0.59	0.52	0.72	0.48	0.12	0.31	0.47	0.55

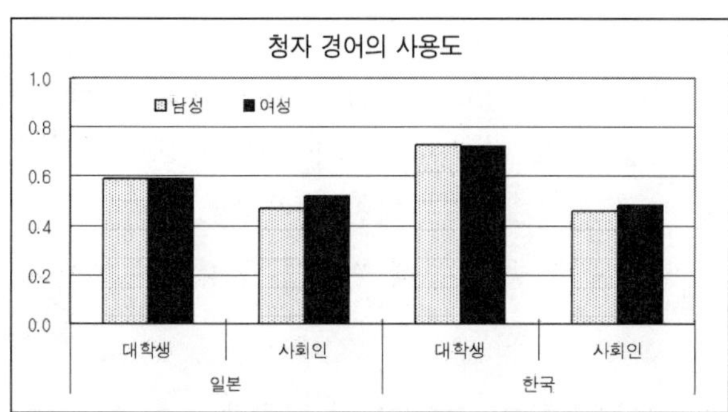

【그림 7-4】 청자 경어도의 남녀차

한일 양 언어 모두 청자 경어에 관해서는 남녀 차이가 거의 없다는 것을 그림 7-4를 보면 알 수 있다. 다음으로 제3자 경어에서 남녀차를 그림 7-5에 나타내었다.

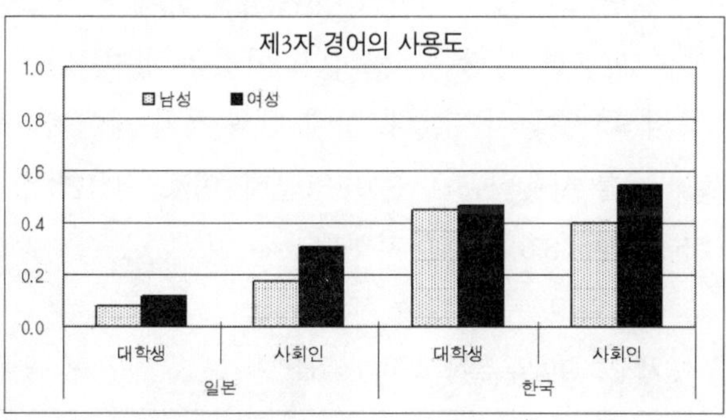

【그림 7-5】 제3자 경어도의 남녀차

그림 7-5를 보면 한일 모두 검은 봉으로 나타낸 여성이 남성보다 제3자를 더 높이고 있다는 것을 알 수 있다. 그 차는 사회인에게서 더 현저하여 일본어도 한국어도 비슷한 결과를 보여준다.

전술한 그림 7-4에서 청자 경어의 경우와 합쳐서 생각해 보면 청자를 높이는 비율은 남녀의 차이가 거의 없는 데 반해, 제3자를 높이는 비율에서는 여성이 남성보다 더 높다. 3장과 4장에서 여성이 남성보다 제3자를 더 높이고 있다는 것을 지적했지만 역시 여성이 원래 경어를 많이 쓰는 것이 아니라 여성이 특별히 제3자를 더 높이는 경향이 있다는 것을 알 수 있다.

그 원인으로서 생각할 수 있는 것은 여성이 제3자에 대해서 더 신경을 쓴다는 사실, 혹은 여성이 '제3자 경어의 청자 경어화'가 더 진전되어 있다는 것을 생각할 수 있지만 한마디로 결론을 내는 것은 곤란하다. 앞으로 의식조사 등을 통해 원인을 구명하려고 한다.

7.1.3 제3자 경어와 청자 경어의 상관관계

다음은 제3자 경어와 청자 경어의 상관관계에 관해서 살펴보자.

표 7-4에 관해서 설명하면 설문조사에서 설정한 인간관계를 무시하고 '−−, −+, +−, ++'의 응답자수를 4개의 셀에 넣고 %를 산출한 것이다.

그림 7-6을 보는 방법을 설명하기 위해서 구체적인 수치를 들어 보겠다. 예를 들면 일본의 사회인의 경우 청자 경어가 '−'일 때에 제3자 경어로 '+'를 사용한 사람은 4명이다. 이것은 청자 경어로 '−'를 사용한 47명 중의 8.5%를 차지한다. 이에 반해 청자 경어가 '+'이 되면 제3자 경어로 '+'를 사용한 사람은 17명인데, 이것은 청자 경어로 '+'를 사용한 44명 중의 38.6%를 차지한다.

【표 7-4】 제3자 경어와 청자 경어의 상관관계

제3자 경어 \ 청자 경어	일본								한국							
	대학생				사회인				대학생				사회인			
	−		+		−		+		−		+		−		+	
	빈도	%	빈도	%	빈도	%	빈도	%	빈도	%	빈도	%	빈도	%	빈도	%
−	49	95.1	64	85.9	43	91.5	27	61.4	19	46.4	61	56.7	72	69.2	45	52.3
+	3	4.9	11	14.1	4	8.5	17	38.6	22	53.6	47	43.3	32	30.8	41	47.7
합계	52	100	74	100	47	100	44	100	41	100	108	100	104	100	8	100

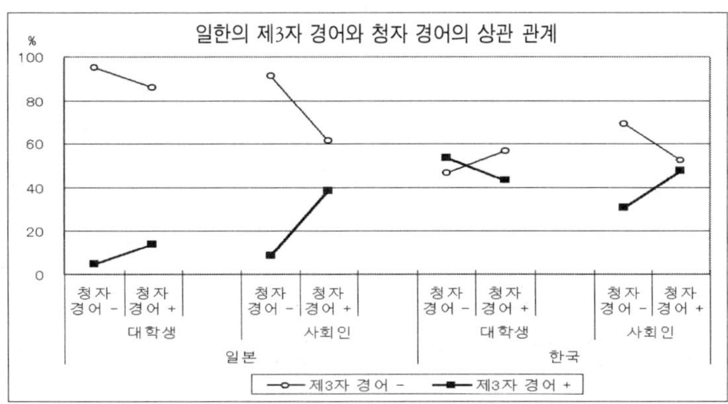

【그림 7-6】 제3자 경어와 청자 경어의 상관관계

즉 청자 경어가 '＋'가 됨에 따라 제3자 경어로 '＋'를 사용하는 사람이 늘고 있는 것으로 이것은 경체를 사용하는 청자 앞에서 제3자를 더 높이고 있다는 것을 의미한다. 이것은 청자를 높이는 수단으로서 제3자 경어가 쓰였을 가능성을 나타내는 것으로 바로 '제3자 경어의 청자 경어화'라고 할 수 있다.

이와 같은 현상은 일본어에서는 대학생의 경우도 사회인의 경우도 볼 수 있었지만 그 기울기의 정도에 있어서는 차이가 보인다. 대학생의 경우에는 제3자를 그다지 높이지 않는 것이 일반적이지만 사회인은 청자 경어를 사용하는 상대에 대해 제3자를 높이고 있으며 사회인이 '제3자 경어의 청자 경어화'가 더 진행되어 있다고 볼 수 있다. 즉 일본어의 제3자 경어는 청자 경어화한 제3자 경어에 의해서 겨우 명맥을 유지하고 있는 것이다.

이에 반해 한국어의 경우에 대학생은 청자로서 높여야 하는 인물이 제3자가 되었을 때 거의 절대적으로 높여지고 있지만, 사회인의 경우는 일본의 사회인에서 볼 수 있는 '제3자 경어의 청자 경어화'라는 현상이 관찰된다. 그 원인으로서는 대학생의 경우에는 경어습득이 완전하지 않아 손윗사람을 높이기만 하면 되는 데 반해, 사회인이 되면 청자는 물론 제3자에 대한 배려도 필요하게 되는 등 고려해야 하는 요인이 많아지기 때문이다. 사람들에 따라서 그 관점에 차이가 보여서 다양한 변이형이 생긴 것이라고 해석할 수 있다.

이상을 정리하면 한국어의 경우, 사회인이 청자와 제3자 양쪽 모두를 고려해서 경어 사용을 하고 있으며, 더 상대 경어적인 경어법을 사용하고 있다고 할 수 있다. 환언하면 사회인일수록 일본어의 경어 운용 규칙에 가깝다는 것을 알 수 있다.

7.1.4 개인의 경어 사용 정도의 점수화

다음으로 각 피조사자 개인의 경어도 점수를 그림 7-7에 나타내었다. 좌측의 3개가 일본의 결과이고 우측의 2개가 한국의 결과이다.

이것을 보면 전체적으로 일본이 경어점수가 낮고 한국이 경어점수가 높다는 것을 알 수 있다. 더욱이 한국의 대학생은 사회인보다 경어점수가 높아서 7.1.1에서 논한 것과 같이 대학생과 사회인이 상위자를 인식하는 방법에 차이가 보였다.

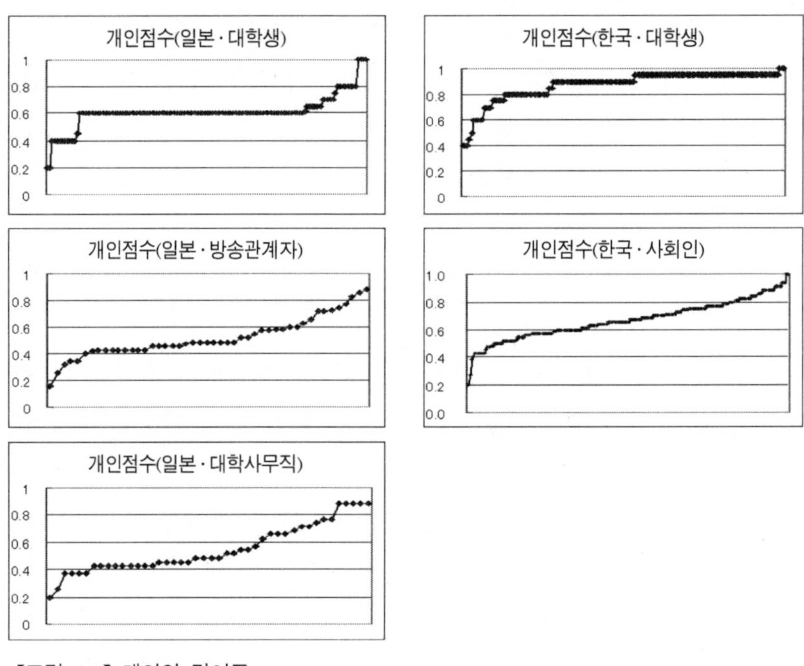

【그림 7-7】 개인의 경어도

구체적으로 보면 일본 대학생의 경우는 최소치가 0.2이고 최고치가 1이다. 평균은 전술한 대로 0.610으로, 경어 사용도가 비슷한 정도의 사람은 0.6 부근에 집중되어 있는 것을 알 수 있다. 다음으로 한국의 대학생의 개인 경어도는 평균은 0.873이고 최소치가 0.4, 최고치가 1이다. 최소치나 최고치에 가까운 사람은 어떤 의미에서는 조사에 불성실했다는 것을 의미할 수도 있지만 이번에는 데이터의 수가 많았기 때문에 결과에는 그다지 영향을 미치지 않을 것으로 판단했다.

다음으로 사회인의 경우는 방송 관계자는 평균이 0.520이고 최소치가 0.15, 최대치가 0.9 정도이고, 대학사무직도 평균은 0.549로, 최소치가 0.2, 최대치가 0.9 정도로 양자는 유사하다. 한국 사회인의 경우는 평균이 0.670이고 최소치가 0.2, 최대치가 1이다.

이상을 정리해 보면 일본의 경우는 대학생과 사회인의 차이가 그다지 없었지만 한국의 경우는 대학생이 점수가 높고 사회인이 대학생보다 경어도가 낮게 나옴으로써 사회인이 일본인의 경향을 닮았다는 것을 알 수 있다.

또한 모든 조사에서 평균과 떨어져 있는 경어 사용을 하고 있는 사람이 소수 존재하지만 이것은 실지조사의 한계라고도 할 수 있을 것이다.

7.1.5 각 집단 간의 비교

여기에서는 평균과 표준편차 편차치를 사용하여 위에서 한 여러 조사를 비교하겠다. 각 데이터의 전체에서 차지하는 위치를 정확하게 하기 위해서는 표준편차를 알아볼 필요가 있다. 이것은 평균점 외에 중요한 요인으로서 각 조사에서 차지하는 개인 전체 득점의 분산 정도를 나타낸 것이다.

여기에서 표준편차에 관해서 간단히 설명하겠다. 수많은 조사나 테스트를 집계하면 그 득점 분포에 한 가지 패턴이 생긴다는 것은 예부터 알려져 있다. 그것이 정규분포곡선이라고 불리는 것이다. 정규분포곡선의 자락의 폭이나 산의 높이 등은 조사에 따라서 달라질 수 있지만 관측치의 분산 정도에 일정한 규칙을 따라서 처리를 한 수치를 사용하면 평균점으로부터의 떨어진 정도나 그 출현율의 관계를 산출할 수가 있다. 이 관측치를 근거로 해서 산출한 것이 표준편차이다. 표 7-5에 각 조사의 평균과 표준편차를 나타내었다.

【표 7-5】 각 집단의 평균과 표준편차

	일본			한국	
	대학생	사회인 (방송관계자)	사회인 (대학 사무직)	대학생	사회인
평균	0.61	0.52	0.55	0.87	0.67
표준편차	0.12	0.15	0.18	0.12	0.14

표준편차가 크다는 것은 각 개인의 점수가 크게 분산되어 있다는 것을 나타내며 반대로 표준편차가 작다는 것은 피조사자의 응답이 평균점의 가까이에 많이 집중되어 있어서 경어 사용에서 격차가 적다는 것을 의미하고 있다.

표 7-5를 보면 대학생이 사회인보다 평균이 높고 경어를 더 많이 사용하고 있다는 것, 대학생이 사회인보다 표준편차가 작아서 데이터의 분산 정도가 작다는 것 등을 알 수 있다.

다음으로 편차치에 관해서 보면 우선 편차치라는 것은 분산되어 있는 득점분포 중에서 중심에서 어느 정도 떨어져 있는가를 나타낸 수치를 가리킨다. 산모양의 득점분포 중에서 평균점과 표준편차라는 2가지 조건을 이용하여 기준을 동일하게 한 다음, 각 개인의 점수에서 산출된 전체 중에서 경어도의 위치를 나타낸 수치이다. 당연한 얘기지만 산모양의 중앙에 가까운 부분일수록 거기에 포함되는 인원수가 많은 것으로 편차치 50을 중심으로 75에서 25까지의 사이에 모집단의 약 99%가 들어간다. 편차치를 내는 공식은 아래와 같다.

$$\text{편차치} = \frac{(\text{개인의 경어도의 점수} - \text{평균})}{\text{표준편차}} \times 10 + 50$$

편차치에 따라서 각 집단을 상대적으로 평가하는 편이 더 객관적이고
정확한 위치 파악이 가능하리라고 여겨진다.

표 7-6은 각 집단에서 개인의 편차치를 50을 중심으로 4개의 그룹으로
나눈 것이다. 즉 41~60에 해당하는 사람이 많을수록 많은 피조사자가
같은 응답을 했다는 것을 나타낸다. 편차치가 50에서 극단적으로 떨어진
수치는 평균적인 응답이 아니라 극단적인 응답을 한 피조사자가 있다는
것을 의미한다.

【표 7-6】 개인의 편차치

	일본						한국			
	대학생		사회인 (방송관계자)		사회인 (대학 사무직)		대학생		사회인	
	명	%	명	%	명	%	명	%	명	%
20미만							5	3.4	1	0.5
20이상~40미만			5	10.6	6	13.6	15	10.1	29	15.3
40이상~60미만	126	100	34	72.3	30	68.2	126	84.6	128	67.4
60이상~80미만			8	17.0	8	18.2	3	2.0	32	16.8
합계	126	100	47	100	44	100	149	100	190	100

또한 그림 7-8과 그림 7-9는 같은 데이터를 가지고 그린 것인데 그림
7-8은 편차치의 구분을 20으로 해서 각 집단에서 편차치의 집중도를 본
것이고, 그림 7-9는 편차치의 구분을 10으로 해서 각 집단이 어느 정도로
정규분포하고 있는가를 본 것이다. 즉 데이터로서 안정되어 있는지 어떤
지를 보기 위해서 작성한 것이다.

그림 7-8을 보면 대학생은 편차치가 40이상~60미만에 집중되어 있는
데 반해 사회인은 편차치가 분산되어 있다. 일본의 대학생의 응답은 가장
집중되어 있으며 한일 모두 사회인이 대학생보다 훨씬 더 다양한 경어
사용을 하고 있다는 것을 알 수 있다.

이것은 대학생은 접하는 인간관계가 한정되어 있어서 어느 정도 매뉴
얼화된 경어법을 사용하고 있는 데 반해 사회인은 이보다 다양한 인간관
계에 접하는 기회가 많아 바르다고 여겨지는 경어 규칙이 없이 경어 운용
에 있어서 여러 변이형을 사용하는 것에 기인한다고 여겨진다.

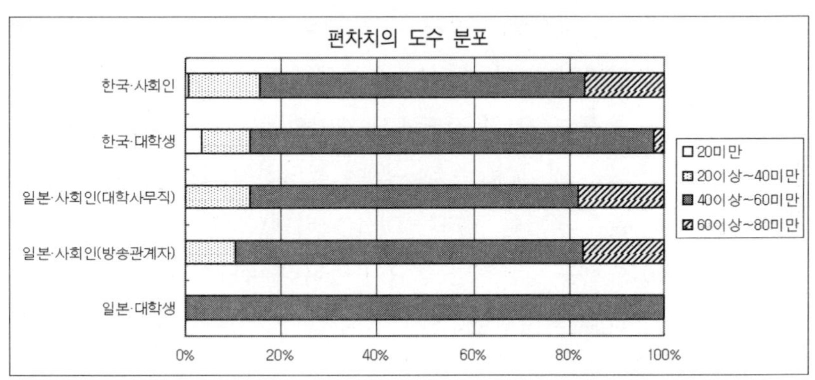

【그림 7-8】 개인의 편차치

다음으로 정규분포를 이루고 있는지 어떤지를 그림 7-9로 검증해 보자. 표준정규분포를 이루는 경우의 각 범위에 포함되는 사람의 비율은 20미만이 0.135%, 20이상~40미만이 15.73%, 40이상~60미만이 68.27%, 60이상~80미만이 15.73%가 되어야 하지만 그 수치와 표 7-6을 비교해 보면 한국의 사회인의 데이터가 가장 일치하고 있다는 것을 알 수 있다. 이것을 그림 7-9에서 확인해 보자.

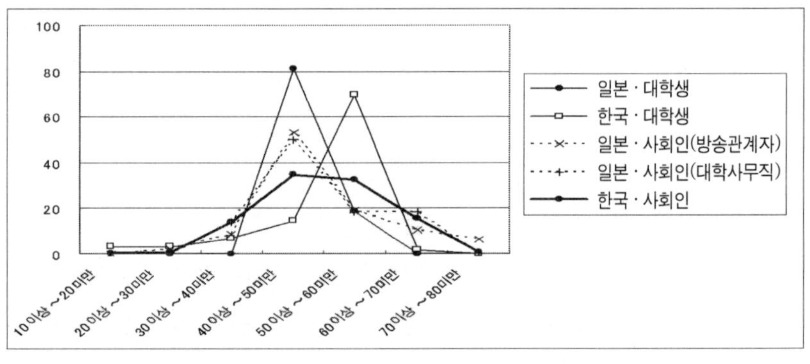

【그림 7-9】 개인의 편차치의 집단비교(정규분포)

응답의 집중도는 '일본 대학생＞한국 대학생＞일본 사회인＞한국 사회인'의 순서로 커지는 것을 알 수 있다. 요컨대 한일 모두 대학생은 어느 수치에 집중되어 있다는 것을 알 수 있다.

다음으로 일본의 사회인도 조금 집중되어 있는 경향이 있으며 한국의
사회인은 응답의 경향이 지나치게 집중하는 경우가 없다는 것을 알 수
있다. 한일 모두 대학생은 정규분포를 이루고 있지 않고 획일적으로 사회
인과 대학생의 분포 패턴이 한일이 유사하다는 것을 확인할 수 있어서
매우 흥미롭다.

7.1.6 4유형 분류의 비교

표 7-7과 그림 7-10은 본문에서 살펴 본 제3자나 청자에 따른 언어
사용의 차이 등에는 주목하지 않고 대략적인 경향을 파악하기 위해서
데이터를 더 단순화한 것이다. 즉 각 어형의 패턴을 5개로 분류한 분석
방법을 사용하여 데이터 전체의 경어 사용도를 산출한 것이다.

또한 5개의 분류항목 중에서 '겸양어 사용'은 한국어의 경우에는 쓰이
고 있지 않기 때문에 한일 양 언어의 비교가 불가능하다는 문제가 있어서
'겸양어 사용'은 '−+'에 넣어서 계산했다. 그 이유는 '겸양어 사용'은
제3자를 낮추는 것이므로 '−+'에 상당하는 것이라고 판단했기 때문이
다. 더욱이 '겸양어 사용'은 대학생의 조사에서는 쓰이고 있지 않으며
사회인의 경우에도 9.2%에 지나지 않기 때문에 비율적으로도 적어서
'−+'에 넣어도 결과에는 크게 영향을 미치지 않을 것으로 판단했다.

【표 7-7】 한일의 4유형 분류의 사용률

		− −	− +	+ −	+ +	합계
일본어	대학생	39.0	50.3	8.7	2.0	100%
	사회인	46.5	39.4	9.7	4.4	100%
한국어	대학생	12.7	41.2	31.4	14.7	100%
	사회인	32.6	21.6	25.5	20.3	100%

그림 7-10을 보면, 일본어는 대학생도 사회인도 그다지 큰 차이가 없다
고 할 수 있다. 즉, '−−'와 '−+'가 많고 '+−'와 '++'는 매우 적다는
것을 알 수 있다.

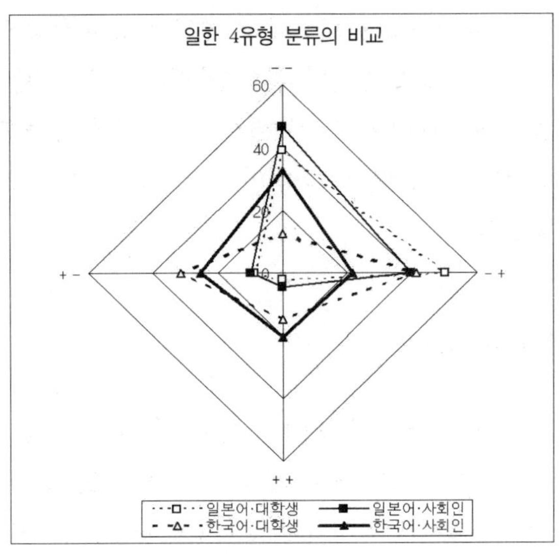

【그림 7-10】 한일의 4유형 분류의 비교

이에 반해 한국어는 대학생과 사회인이 현저하게 차이점을 보이고 있다. 대학생은 '－＋'가 가장 많고 다음이 '＋－'인 데 반해, 사회인은 '－－'가 32.6%로 가장 높다. 그러나 이것 외의 3가지는 20%대로 그다지 큰 차이는 없었다. 물론, 대학생 조사와 사회인 조사에서 설정한 인간관계가 동일한 것은 아니지만 대학생과 사회인들에 있어서 상위자를 파악하는 방법에 차이가 있을 가능성이 있다는 것을 알게 되었다.

대학생 조사의 경우는 선배, 아버지, 지도교수, 학장이 상위자로서 설정되었고, 사회인 조사의 경우는 아버지, 상사, 과장 등이 상위자로서 설정되었다. 물론 조사에서 설정한 인간관계 그 자체에 차이가 있고, 또한 화자와 제3자 간의 심리적 거리감이 각 조사에서 크게 달랐을 가능성도 있다. 즉, 일반 사회에서의 상사보다 대학에서 교수라는 지위가 더 높은 지위, 혹은 자신과는 달리 먼 존재라고 판단했기 때문에 대학생의 경우 예상과 달리 경어 사용률이 극단적으로 높아졌다는 해석도 가능할 것이다.

더욱이 한국과 조건이 같더라도 일본어의 경우는 대학생과 사회인의 결과가 유사하다는 점이 한국과의 상이점이라고 할 수 있다. 즉, 일본인의 경우, 대학생에게 지도교수나 학장과, 사회인에게 상사라는 인간관계에서 심리적 거리는 그다지 멀리 떨어져 있지 않다는 것을 예상할 수 있다.

7.1.7 인물의 점수화

다음은 설문조사에서 설정한 인물의 점수화를 산출해 보겠다. 대학생 조사에서 설정한 인물과 사회인 조사에서 설정한 인물이 다르기 때문에 각각 따로 그래프를 그렸다.

그림 7-11은 대학생의 설문조사에서 설정한 인물인 친구, 선배, 아버지, 지도교수, 학장이 각각 청자로서 어는 정도 높여지고 있으며, 제3자로서 어느 정도 높여지고 있는가를 보기 위해서이다.

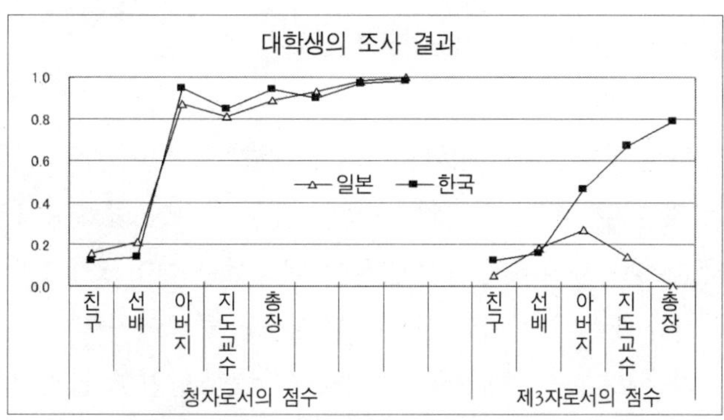

【그림 7-11】 인물의 경어도(대학생 조사)

일본어의 경우에 친구나 아버지는 제3자로서도 청자로서도 높이지 않는 존재이다. 이에 반해 선배나 지도교수, 학장은 청자로서는 거의 100% 높여지고 있는 존재이며, 또한 제3자로서는 20% 정도로 높여지고 있다는 것을 알 수 있다.

한편, 한국어는 친구만이 제3자로서도 청자로서도 높여지지 않는 존재이지만, 선배는 제3자로서는 그다지 높여지지 않지만 청자로서는 꽤 높여지고 있다는 것을 알 수 있다. 다음으로 아버지, 지도교수, 학장은 청자로서는 물론 제3자로서도 7할 이상이 높여지고 있다. 특히 제3자로서의 아버지는 한일 양 언어에서 큰 차이를 보이고 있다.

다음은 사회인의 조사 결과를 그림 7-12에 나타내었다.

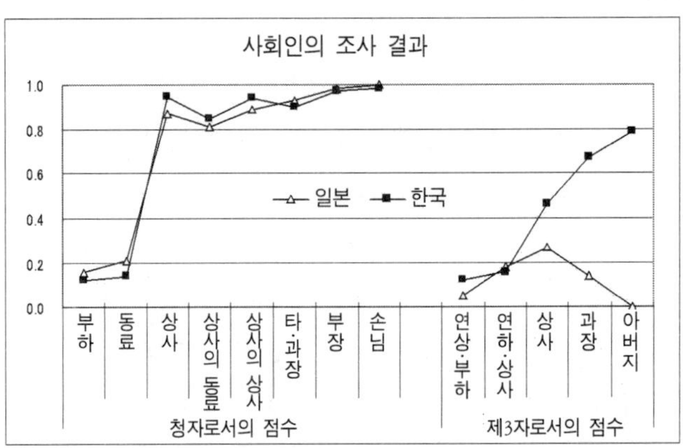

【그림 7-12】 인물의 경어도(사회인 조사)

우선 청자로서의 경어도 점수는 한일 양 언어에서 그다지 차이가 없다는 것을 알 수 있다. 한일 양 언어 모두 부하나 동료에 대해서는 경어도가 낮고, 상위자에 해당하는 인물에 대해서는 경어도가 높다. 또한 약간이긴 하지만 상사나 상사의 상사에 대해서는 한국어가 더 높은 결과가 나왔다.

다음으로 제3자로서의 경어도를 보면, 당연한 결과이지만 한일 양 언어에서 차이가 크다. 일본은 아버지가 가장 낮고 다음이 '연상의 부하>과장>연하의 상사>상사'의 순으로 높아지는데 가장 높은 상사라도 0.27에 불과하다. 또한, 상사가 과장보다 경어도가 높은 이유는 수식어 없이 단순히 상사라고 질문하면 과장보다 상위의 여러 직위의 상사를 상정하기 쉬워지기 때문일까? 앞으로 조건을 더 통제하여 설문조사를 할 필요가 있을 것으로 여겨진다.

다음으로 연상의 부하와 연하의 상사를 비교해 보면, 후자인 연하의 상사가 경어도가 높으므로 직장에서는 연령보다는 직장의 지위가 더 우선되고 있다는 것을 알 수 있다.

한편, 한국어의 경우에는 오른쪽으로 갈수록 경어도가 높아지는데 아버지가 가장 높여지고 있으며 이것은 상사나 과장과 차이도 크다. 한국어가 아직 절대 경어의 성격이 강하다면 상사의 경어도도 더 높아져야 하지만 그렇지 않다는 것을 알 수 있다.

대학생의 경우와 비교해 보면 제3자로서의 경어도에 차이가 있어서 대학생에게 지도교수나 학장의 경어도가 사회인에게 상사보다 경어도가 높고, 아버지에 관해서는 사회인이 경어도가 약간 더 높은 결과가 나왔다. 즉, 한국의 사회인은 상위자를 절대적으로 높이고 있는 것이 아니라 상대나 장면에 따라서는 상대적으로 높이지 않는 것을 의미하며 이것은 상대 경어가 진행하고 있다는 증거라고 볼 수 있다.

7.2 설문조사와 시나리오 담화분석의 비교

다음은 3, 4, 5장에서 상세히 본 대학생의 설문조사, 사회인의 설문조사, 시나리오 담화라는 3가지 조사에서 공통되는 항목을 비교해 보겠다.

설문조사의 항목과 5.3.1.3에서 정의를 내린 상하관계의 분류가 일치하는 것은 아래의 6가지이다. 표 7-8에서는 제3자를 높이는 비율만 제시한다. 이하 이들에 관해서 상술한다.

【표 7-8】각 조사에서 제3자를 높이는 비율

	일본어			한국어		
	대학생 조사	사회인 조사	시나라오 담화	대학생 조사	사회인 조사	시나라오 담화
1:제3자>청자>화자	23.2		15.8	81.4		71.4
2:제3자=청자>화자		39.2	5.9		63.1	54.9
3:제3자>화자>청자		5.1	3.7		57.7	88.9
4:제3자>화자=청자	6.9	5.1	8.6	56.2	54.5	58.1
7:청자>제3자>화자	17.9	47.4	33.3	18.4	48.6	83.3
8:청자>제3자=화자	0.0		5.6	0.6		20.0

우선 ①제3자가 최상위자인 상하관계 1, 4, 3부터 보고, 다음으로 ②제3

자와 청자가 동등한 상위자인 상하관계 2, ③청자가 최상위자인 상하관
계 7, 8의 순으로 고찰을 하기로 한다.

7.2.1 제3자가 최상위자일 경우

제3자가 최상위자라는 것은 제3자를 높이는 기본적인 조건이 된다.
이하에서는 제3자가 최상위자라는 전제 하에서 청자가 화자보다 상위,
동등, 하위, 각각일 경우에 제3자를 어떻게 대우하는지에 관해서 보기로
한다.

7.2.1.1 청자 > 화자(상하관계 1 : 제3자 > 청자 > 화자)

우선 상하관계 1에 관해서 보자. 제3자가 최상위자이고 청자가 화자
보다 상위자일 경우이다. 일반적으로 이 조건은 제3자를 가장 높이 대우
한다고 예측된다. 특히 한국어의 경우는 원래 절대 경어가 기반이기 때문
에 제3자에 대한 존경어는 많이 쓰이리라고 예측된다. 또한 일본어의
경우는 청자가 상위자이기 때문에 말투에 민감하게 되어 제3자에 대한
존경어를 사용하게 되는 장면이다.

사회인 설문조사의 경우는 유사한 장면이 없기 때문에 여기에서는
대학생의 조사결과와 시나리오 담화의 결과를 그림 7-13에 나타내었다.

그림 7-13을 보면 일본어의 경우는 제3자를 높이는 비율이 한국어에

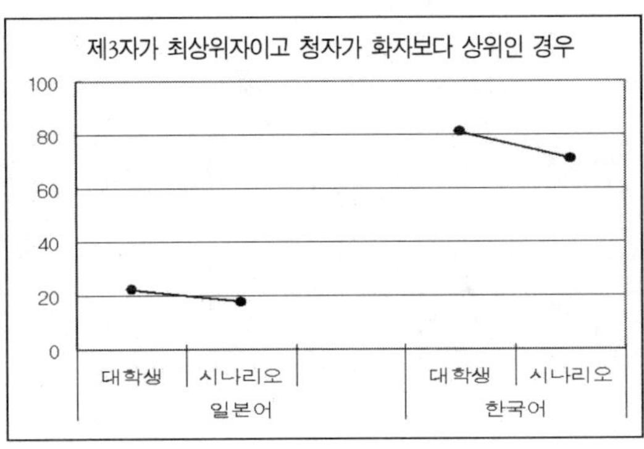

【그림 7-13】 상하관계 1
(제3자 > 청자 > 화자)에서
제3자를 높이는 비율

비해 매우 낮다는 것을 알 수 있다. 아마도 제3자가 현장에 없다는 것이 영향을 끼쳤을지도 모르지만 기본적으로 일본어에서는 제3자에 대한 경어는 그다지 쓰이고 있지 않다는 것을 알 수 있다.

이에 반해 한국어는 가설대로 제3자를 높이는 비율이 높고 한일 양 언어에서 큰 차이가 인정된다. 또한 한일 양 언어 모두 대학생이 제3자를 높이는 비율이 약간 높고 시나리오가 제3자를 높이는 비율이 약간 낮은 결과가 나왔다. 이것은 설문조사가 의식을 반영하고 있는 데 반해 시나리오는 이보다 실제의 언어 사용을 반영하고 있는 결과라고도 할 수 있다.

7.2.1.2 청자＝화자(상하관계 4 ： 제3자＞청자＝화자)

다음으로 상하관계 4에 관해서 보자.

화자와 청자는 동등한 관계이고 제3자는 상위자이다. 일본어의 경우는 이와 같은 장면에서는 제3자가 현장에 있지 않아서 편안한 장면이기 때문에 제3자에 대한 존경어는 사용하지 않는 것이 일반적일 것이다. 이에 대해 한국어는 절대 경어이기 때문에 만약 그 경어규칙이 바르게 지켜지고 있다면 청자가 누구라도 하더라도 상위자인 제3자는 높여야만 할 것이다. 이하 대학생의 설문조사와 사회인의 설문조사 및 시나리오 담화의 결과를 그림 7-14에 나타내었다.

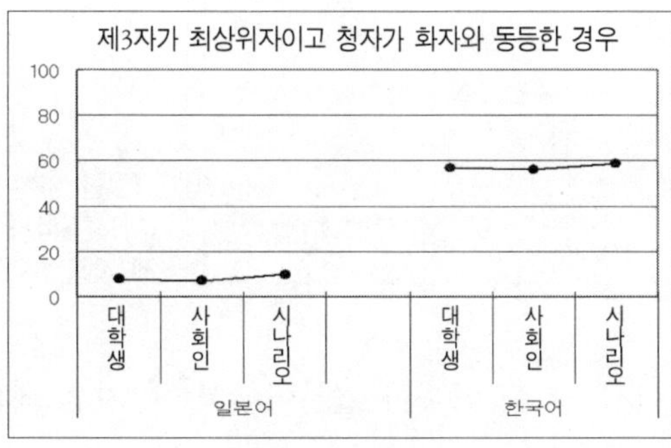

【그림 7-14】 상하관계 4 (제3자＞청자＝화자)에서 제3자를 높이는 비율

한일 모두 3개의 조사에서 비슷한 결과가 얻어졌기 때문에 아래에서는 한일 양 언어의 차이에 주목하여 고찰하겠다. 우선 일본어의 경우를 보면

가설대로 존경어의 사용률은 매우 낮다. 청자가 상위자인 상하관계 1의 경우도 20% 정도였으므로 청자가 동등한 경우에 제3자를 더 높이지 않는 것은 당연한 결과일 것이다.

다음으로 한국어의 경우를 보면 대략 반 정도가 제3자를 높이고 있고 반 정도가 제3자를 높이고 있지 않다. 제3자가 높여야만 하는 상위자임에도 불구하고 반 정도가 높이고 있지 않는 것은 상대 경어화하고 있다는 증거일 것이다.

그 원인으로서는 청자가 화자와 동등한 지위이기 때문에 언어 사용에 신경을 쓸 필요가 그다지 없고 또한 일종의 연대감이 작용하여 제3자에 대한 존경어 사용이 이루어졌다고 해석할 수 있다. 절대적으로 높여야만 하는 제3자를 청자에 따라서 높이지 않는다는 것은 상대 경어의 현상으로 매우 흥미로운 결과라고 말할 수 있다.

7.2.1.3 청자＜화자(상하관계 3 : 제3자＞화자＞청자)

다음으로 청자가 화자보다 하위자가 되는 상하관계 3에 관해서 보기로 하자. 그림 7-15에 사회인의 결과와 시나리오의 결과를 나타내었다.

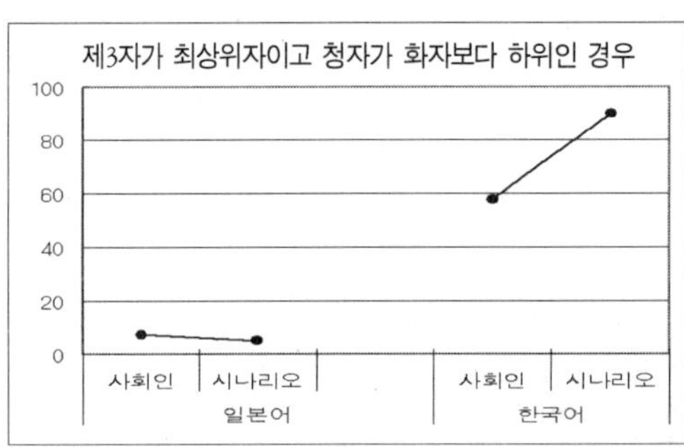

【그림 7-15】 상하관계 3 (제3자＞화자＞청자)에서 제3자를 높이는 비율

그림 7-15에서 알 수 있듯이 일본어에서 제3자는 거의 높이고 있지 않는 것이 현실이다. 그러나 한국어에서는 제3자를 높이는 비율이 사회인에서 60%, 시나리오에서 90%로 매우 높다는 것을 알 수 있다.

청자가 하위자이기 때문에 말투에 신경을 쓸 필요가 없고 더 편안한 표현이 사용되어 제3자를 높이지 않는다고 예상되지만 실제로는 그렇지 만은 않다. 그러면 왜 이렇게까지 제3자를 높이는 것일까? 이것은 후배나 부하에 대해 자신은 올바른 경어를 사용할 수 있는 교양이 있다는 것을 적극적으로 나타낸 수단으로서 더욱 규범적인 경어표현을 사용하는 것 이라는 해석도 가능할 것이다. 그러나 또 다른 해석으로서 김순임(2000) 에서 지적한 청자에 대한 교육적 배려로 설명하는 것도 가능하다. 즉 하위자인 청자에 대해 더욱 바른 경어법을 쓰려는 심리가 작용하여 제3 자에 대한 존경어를 많이 쓴다는 것이다.

이와 같은 경향의 해석으로서는 전자도 가능하겠지만 김순임(2000)에 서도 청자가 초등학생이나 어린이에 대해서 제3자를 높이는 비율이 매우 높았던 것을 고려하면 후자의 해석이 더 타당하리라고 판단된다. 이와 같은 교육적 배려에서의 경어 사용은 일본어에서는 볼 수 없는 한국어의 큰 특징이라고 말할 수 있다. 또한 이와 같은 특징은 시나리오 담화에 있어서 더욱 명확하다.

7.2.2 제3자와 청자가 동등한 상위자일 경우(상하관계 2 : 제3자=청자>화자)

다음은 제3자와 청자가 동등한 상위자인 상하관계 2에 관해서 보자. 가설로서는 한일 양 언어 모두 제3자와 청자 모두에 대한 배려에서 존경 어를 사용하는 비율이 높을 것이라고 예측된다. 그림 7-16에 사회인의 결과와 시나리오의 결과를 나타내었다.

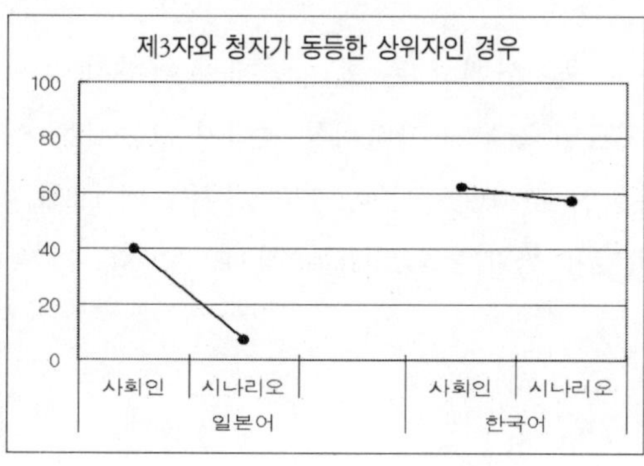

【그림 7-16】 상하관계 2
(제3자=청자>화자)에서
제3자를 높이는 비율

상하관계 1과 마찬가지로 일본어의 경우는 상위자인 청자의 앞에서 올바른 언어 사용을 하려는 의식에서 제3자를 높이는 것도 가능하다. 그러나 실제 데이터를 보면 사회인의 설문조사에서는 40%이지만 시나리오의 경우는 10% 이하로 매우 낮다. 이것은 사회인의 경우에는 제3자가 상사로, 청자가 그 제3자인 상사의 동료라는 하나의 장면인 데 반해, 시나리오의 경우는 다양한 관계가 포함되어 있을 가능성이 있기 때문일 것이다. 어느 쪽이든 제3자를 높이지 않는 것이 일반적이다.

한편 한국어의 경우는 규범적인 경어법에서는 양자 모두 상위자인 경우 양자를 절대적으로 높이는 것이 원칙이다. 그러나 약 반 정도의 사람이 제3자를 높이지 않고 있다는 것을 알 수 있다. 그 원인은 무엇일까? 그것은 상위자의 앞에서 상위자와 동등한 제3자에게 존경어를 사용함으로써 청자에게 자신보다 제3자를 더 높이고 있다고 오해받는 것을 피한 결과일 가능성도 있다. 또한 본 연구에서 다룬 한국어의 시나리오에서는 이하의 예와 같이 제3자가 화자의 영역인 경우가 많았고 이런 경우에는 의외로 제3자를 높이지 않는 경우도 많았다.

《용례》

발화문	화자	청자	제3자	주어/비주어	内外	상하관계	제3자 경어	청자 경어
엄마 아래 층 갔어.	태실	태실의 부친	태실의 모친	주어	内	2	경어 불사용	상체
우리 엄마도 받았어요?	우리	태실의 모친	우리의 모친	주어	内	2	경어 불사용	경체

그 결과는 설문조사에서 본 결과 중에서 아버지가 제3자이고 청자가 친구, 부하, 동료일 경우에 아버지를 높이지 않는다는 것(그림 3-15, 그림 4-14)이나 사회인 조사에서 친한 부하나 동료에 대해 아버지를 높이지 않는다는 것(도표 7)과도 일치하는 결과라고 할 수 있다.

7.2.3 청자가 최상위자일 경우

다음은 청자가 최상위자일 경우를 보기로 하자. 그 하위조건으로서 제3자가 화자보다 상위자인 장면과 화자와 동등한 관계의 2가지 장면을 보자.

7.2.3.1 제3자>화자(상하관계 7 : 청자>제3자>화자)

최상위자인 청자의 앞에서 상위자에 관해서 언급하는 상하관계 7의 장면이다.

일본어에서는 이와 같은 장면에서는 상위자인 제3자를 낮추든지 중립적으로 언급하는 것이 바람직하며(井上, 1999a), 한국어에서도 규범적인 경어법인 압존법이 나타나는 장면으로 존경어 사용은 바람직하지 않다고 여겨지고 있다(서정수, 1984).

그림 7-17에 대학생의 설문조사와 사회인의 설문조사 및 시나리오 담화분석의 결과를 나타내었다. 한일 양 언어 모두 데이터에 따른 차이가 큰데 이것은 사회인의 경우는 제3자가 상사로 청자가 상사의 상사라는 한 가지 장면에 지나지 않는다는 점과, 시나리오의 경우는 데이터의 수가 적고 다양한 장면에서의 상하관계가 섞여 있다는 점 등을 그 원인으로 생각할 수 있다. 또한 설문조사가 실제의 사용이 아니라 규범적으로는 이렇게 말해야 한다는 의식으로 답한 사람이 많았을 가능성도 있을 수 있지만 이하에서는 한정된 데이터를 가지고 고찰을 하겠다.

우선 일본어의 경우를 보면, 사회인의 경우 제3자를 높이는 비율이

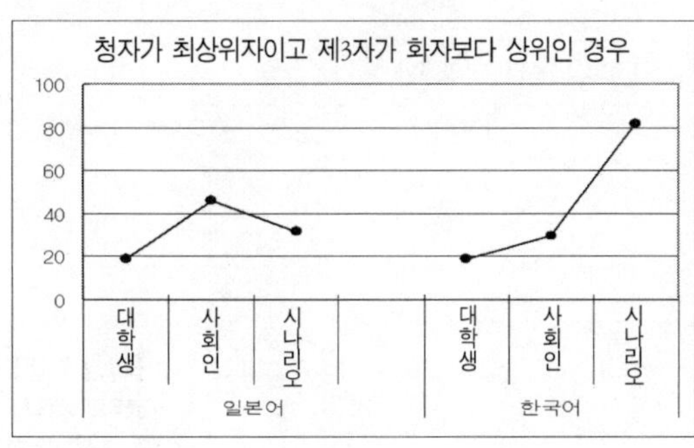

【그림 7-17】 상하관계 7 (청자>제3자>화자)에서 제3자를 높이는 비율

가장 높아서 50% 정도를 차지하고 있다. 이것은 눈앞의 최상위자에 대해 격식을 차려서 언어를 사용하려는 의식이 과잉 작용하여 제3자에 대한 존경어 사용을 유발한 것으로 보인다. 이것은 井上(1999a)가 말하는 '제3자 경어의 청자 경어화'에 해당하는 것으로 볼 수 있으며, 청자중심의 일본어의 경어의 특징이라고도 할 수 있다.

한편 한국어에서는 제3자를 높이는 비율이 높아질수록 제3자에 대한 존경어 사용을 억제하는 압존법이 지켜지지 않고 있다. 상하관계 7은 시나리오 담화에 있어서 용례수가 적다는 것은 전술한 대로이지만 대학생의 조사와 사회인의 조사의 차이도 커서 한일 양 언어 모두 사회인 조사가 제3자를 높이는 비율이 높다. 현 단계에서의 해석은 사회인이 사회경험으로 경어를 많이 사용하고 있는 것이라고 여겨진다.

7.2.3.2 제3자＝화자(상하관계 8 : 청자＞제3자＝화자)

다음으로 상하관계 8일 경우이다. 제3자가 상위자이기 때문에 존경어는 쓰이지 않을 것으로 예측된다. 그러나 장면이 꽤 격식적인 경우는 제3자를 높이는 것도 가능할 것이다.

사회인의 조사에서는 유사한 장면이 없으므로 이하에서는 대학생의 결과와 시나리오의 결과를 그림 7-18에 나타내었다.

그 결과는 예상한 대로 청자보다 하위자인 화자와 그 화자와 동등한 관계의 제3자를 높이는 비율은 한일 양 언어 모두 매우 낮다는 것을 알 수 있다.

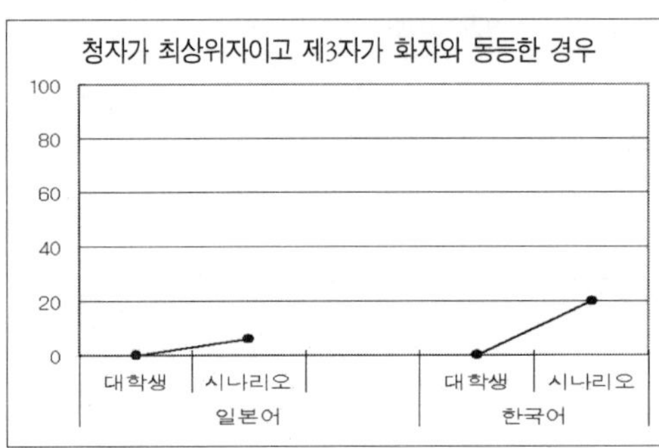

【그림 7-18】 상하관계 8 (청자＞제3자＝화자)에서 제3자를 높이는 비율

7.3 선행 연구와의 비교

　여기에서는 관련된 선행 연구의 결과와 본 연구에서의 결과를 직접 비교하여 시간의 변화에 따른 경어 사용의 변화를 파악해 보고자 한다.
　먼저 한국의 사관학교의 생도를 대상으로 한 이정복(1994)과의 비교를 그림 7-19에 나타내었다. 이것은 한국어에만 해당되는 것이다.

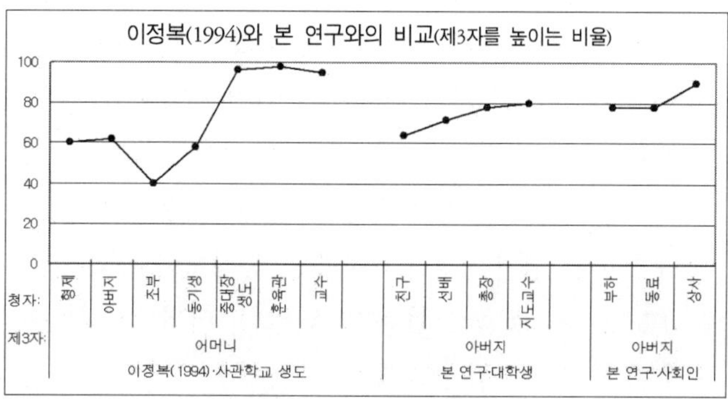

【그림 7-19】 이정복(1994)와 본 연구와의 비교

　이정복(1994)에서는 제3자로서 어머니를 상정하였고 본 연구에서는 아버지를 상정하고 있지만 양자를 비교해 보면 어머니를 상정한 이정복(1994)이 상위자인 청자에 대해 가족인 어머니를 높이는 비율이 높다. 일반적으로 어머니보다는 아버지에 대한 대우도가 높다는 지적도 있지만(김순임2000), 그와는 반대의 결과가 얻어졌다.
　그 원인으로서는 피조사자의 집단성이 영향을 끼쳤을 것으로 판단된다. 이정복(1994)에서 대상으로 한 피조사자는 사관학교의 생도로 사관학교라는 곳은 대학과 군대라는 양쪽의 성질을 가지고 있는 집단이라고 할 수 있다. 그에 반해 본 연구에서의 피조사자는 일반대학의 대학생이라는 점에서 성격이 다르다고 할 수 있다.
　이제 더 자세하게 고찰해 보자.
　우선 화자와 먼 관계의 인물에 대해서 가족을 어느 정도 높이고 있는가를 보면 전체적으로 이정복(1994)이 높다. 일반대학보다 사관학교 분위기가 더 격식적이고 견고한 장면이라고 할 수 있어 이와 같은 집단의 성질이 나타난 결과라고 판단된다.

더욱이 이정복(1994)의 경우, 할아버지에게 어머니에 관해서 언급하는 장면이 가장 제3자를 높이는 비율이 낮다는 것을 알 수 있다. 즉 최상위자인 할아버지 앞에서 상위자인 어머니에 대한 경어 사용을 억제하고 있는데 압존법의 전형적인 표현이라고 할 수 있다. 강석우(1995)는 군대 속에서는 압존법이 잘 지켜지는 경향이 있다고 지적하고 있다. 사관학교의 생도는 평소에 학교 내에서 압존법에 따른 언어 사용을 하고 있으며 이와 같은 습관이 가정 내에서의 언어 사용에도 영향을 끼쳤을 것으로 보인다.

이상을 정리하면 이정복(1994)과 본 연구와의 비교를 통하여 시간의 변화에 따른 언어 사용의 변화라는 관점보다는 집단에 따른 성질의 차이가 더 크다는 것을 밝힐 수가 있었다. 이와 같이 언어 사용, 특히 경어 운용에 관해서는 집단의 특징도 큰 것으로 앞으로 다양한 집단을 대상으로 할 필요가 있다고 여겨진다.

다음은 한일의 사회인을 대상으로 한 전숙미(1995)와 비교한 것을 그림 7-20에 나타내었다.

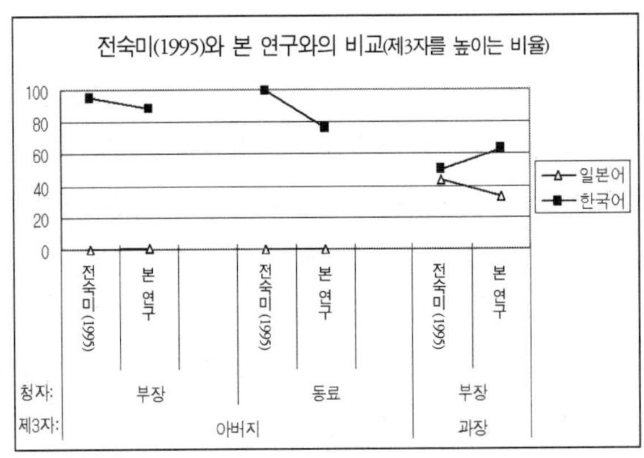

【그림 7-20】 전숙미(1995)와 본 연구와의 비교

전숙미(1995)와 공통되는 항목은 3가지가 있다. 첫 번째는 제3자인 아버

지를 상위자인부장에 대해 어떻게 대우하느냐는 문제이고, 두 번째는 아버지를 동등한 지위의 동료에 대해 어떻게 대우하느냐는 문제, 세 번째는 제3자인 과장을 최상위자인 부장에 대해 어떻게 대우하느냐는 문제이다.

그림 7-20을 보는 방법을 소개하면, 선의 기울기가 클수록 선행 연구와의 차이가 크다는 것을 의미한다. 전체적으로 아버지를 동료에게 언급하는 경우나 과장을 부장에게 언급하는 경우에 선행 연구와 차이가 보였다.

이 두 가지 장면은 본문에서도 강조해 온 문제로 동료에게 아버지에 관해서 언급할 때에 존경어를 사용하지 않는 비율이 전숙미(1995)보다 이번 데이터에서 더 높아졌다는 것을 알 수 있다. 전숙미(1995)의 경우 거의 100%가 아버지를 절대적으로 높이고 있는 데 반해 이번 데이터에서는 4분의 1이 아버지에 대한 존경어를 사용하지 않고 있다는 것이 밝혀졌다.

다음으로 후자의 경우를 보면 한국어의 경우 압존법이 나타나는 장면으로 경어의 혼란을 지적할 수 있다. 그림 7-20을 보면 본 연구의 결과가 상위자인 과장을 더 높이고 있으며 압존법을 지키지 않는 사람이 전숙미(1995)보다 25%정도 증가했다는 것을 알 수 있다.

상기의 2가지를 종합해 보면 본 연구에서 문제시 하고 있는 아버지에 관한 상대 경어화나 압존법을 지키지 않게 된 이와 같은 경향은 최근 10년간에 더욱더 진행되었다는 것을 알 수 있다. 이와 같은 명시적인 결과의 표시는 언어 변화의 속도를 점치는 데 있어서 매우 중요한 지적이라고 할 수 있다.

앞으로는 이 결과와 함께 지역 차나 연대 차 등, 한국 내에서 압존법의 사용 실태나 앞으로의 진행 양상을 구체적으로 조사할 필요가 있다고 생각된다.

7.4 전체의 결론

이상으로 대학생을 대상으로 한 설문조사와 사회인을 대상으로 한 설문조사, 나아가서는 드라마의 시나리오 담화분석, 일본어의 자연 담화분석을 통하여 일본어와 한국어에서 제3자를 어떻게 대우하느냐는 문제에 관해서 고찰하였다. 아래에서는 각 장에서 논의된 결론에 관해서 간단히 정리한 후 대학생의 설문조사와 사회인의 설문조사 및 시나리오 담화분석의 결과를 간략화하여 한일 양 언어의 차이에 관해 서술하고자 한다.

우선 3장의 대학생의 설문조사의 결과로 이하의 것을 알게 되었다.

① 청자를 높이는 비율은 한일 양 언어에서 그다지 차이는 없었지만 제3자를 높이는 비율은 일본어가 11%인 데 반해 한국어는 46%나 되어 한일에서 제3자를 파악하는 방법에 큰 차이가 있다는 것을 알게 되었다.

② 한일 양 언어에서 가장 상이점이 보이는 것은 아버지에 대한 경어 사용으로, 한국어에서는 아버지가 청자가 되어도 제3자가 되어도 높이는 것이 일반적인 데 반해 일본어의 경우는 제3자의 영역 문제 때문에 청자 경어도 제3자 경어도 사용하지 않는 것이 일반적이다.

③ 한국어에서 가장 절대적으로 높인다고 하는 아버지를 언급할 때 청자가 동등한 경우는 2~3할의 사람이 아버지를 높이지 않고 있는데, 이것은 '절대 경어의 상대 경어화'라고 해석할 수 있다. 한국어에서 '절대 경어의 상대 경어화'는 가족을 언급하는 장면에서 발생하고 있는 것으로 여겨진다.

④ 제3자가 지도교수고 청자가 학장인 경우는 한일 양 언어 모두 혼란이 관찰되었다. 일본어에서는 규범적인 경어법에서는 제3자 경어를 억제해야만 하지만 약 반 정도가 제3자를 높이고 있어서, 청자 경어에 연동해서 제3자까지도 높이는 '제3자 경어의 청자 경어화'가 증명되었다. 한국어에서도 압존법의 영향으로 제3자 경어를 억제해야 하지만 약 7할의 사람이 제3자까지도 높이고 있다. 한일 양 언어에서 압존법은 거의 지켜지지 않고 있는 같은 경향을 발견할 수가 있었다.

다음으로 4장의 사회인의 설문조사의 결과로 이하의 것을 알게 되었다.

① 오기노치의 대소는 제3자에 따른 차이가 아니라 청자의 차이에 따라서 좌우된다는 것을 알게 되었다. 이것은 대학생의 결과와도 일치하는

결과로 그만큼 청자의 영향이 크다는 것을 의미하고 있다고 할 수 있다.

② 대학생일 경우와 마찬가지로 일본어의 경우는 기본적으로 청자가 동등하거나 손아래에 대해서는 제3자 경어가 거의 쓰이지 않고 전체적으로 한국어가 제3자를 높이는 비율이 높다.

③ 제3자가 아버지일 경우, 부하나 동료에 대해 3할의 피조사자가 아버지를 높이고 있지 않고 대학생의 결과와 마찬가지 결과가 얻어졌다. 즉 일본어는 상대 경어가 기본이고 한국어는 절대 경어가 기본이지만 그 중에서도 친족에 대한 경어 사용에 있어서는 한국어의 경우도 상대 경어적인 일면이 있다고 할 수 있다.

④ 한국어에서 압존법을 지키는 사람은 반 정도인데 이 수치는 대학생의 30%보다는 높아서 사회인일수록 더 규범적인 경어법을 습득하고 있다고 할 수 있다.

⑤ 제3자를 더 높이는 경향은 한일 모두 남성보다는 여성, 40~50대보다는 20~30대에서 현저하다. 이것은 신어 · 유행어의 수용 과정에서 보이는 여성 · 젊은층의 적극성과 일맥상통하는 것이라고 볼 수 있으며, 젊은층에서 이와 같은 경어 사용은 앞으로의 한일 양 언어에서 경어 변화의 방향을 예측하는 자료가 될 것으로 판단된다.

다음으로 5장의 시나리오 담화분석에서 밝혀진 결과를 간단하게 정리하겠다.

① 일본어에서는 제3자의 영역 문제가 영향을 끼쳐 제3자가 화자에게 친근한 경우는 높이지 않는다는 규칙이 강하다는 것을 확인할 수 있었으며, 한국어에 있어서는 제3자의 영역이 그다지 영향을 미치지 않는다는 것을 다시 확인할 수 있었다.

② 한일 양 언어 모두 '최상경체'는 각각 0.4%, 3.0%로 그다지 쓰이고 있지 않으며 제3자를 높이는 비율은 설문조사의 결과와도 일치하는 것으로 일본어가 6.7%이고 한국어가 45.6%로, 한국어가 더 높다는 것을 알 수 있었다.

③ 제3자 경어와 청자 경어의 상관관계를 보면 일본어의 경우는 '최상

경체'나 '경체'와 '존경어 사용'의 호응률이 높고, '상체'와의 호응률은 낮으므로 청자를 높일수록 제3자도 높이고 있는 '제3자 경어의 청자 경어화'를 확인할 수가 있었다. 이에 반해 한국어의 경우는 청자 경어에 관계없이 '존경어 사용'이 적용되고 있어서 종래에 언급되던 절대 경어적인 성격을 단적으로 보여 주었다.

④ 그러나 절대 경어가 기본인 한국어에서도 청자가 동등한 경우는 상위자인 제3자를 높이지 않는 비율이 40%를 넘고 있어 '절대 경어의 상대 경어화'도 엿볼 수 있었다.

⑤ 한국어에서 경체조사의 사용률은 1.4%에 지나지 않고 제3자에 대한 대우는 주로 술부나 호칭의 변이형으로 나타내고 있다는 것을 알 수 있었다.

다음으로 6장의 일본어의 자연 담화분석에서 밝혀진 결과를 정리하겠다.

① 격식적인 장면일수록 제3자에 대한 존경어 사용이 많아져 장면에 영향을 크게 끼치고 있다는 것을 알 수 있었다.

② 제3자 경어와 청자 경어의 상관관계를 본 결과, 경체를 사용하는 상대에 대해 제3자에 대한 존경어를 더 많이 사용하고 있다는 것이 판명되어 '제3자 경어의 청자 경어화'도 증명되었다.

다음은 대학생의 설문조사, 사회인의 설문조사, 시나리오 담화분석이라는 3가지 조사를 종합하여, 한일 양 언어의 제3자 경어 운용의 메커니즘의 차이를 살펴보았다. 그것을 그림 7-21에 나타내었다.

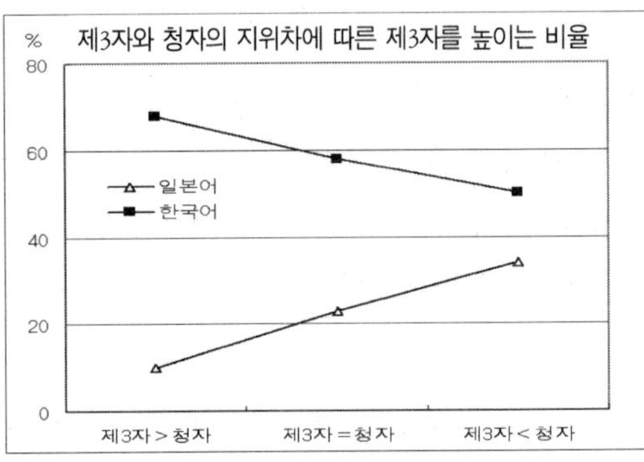

【그림 7-21】 한일의 제3자를 높이는 비율

일반적으로 제3자를 높이는 전제 조건은 제3자가 화자보다 상위일 경우에 제한된다. 그러므로 3가지 조사에서 제3자가 화자보다 상위자인 인간관계만을 발췌하여 각 조사의 존경어 사용률을 평균해서 한일 양 언어의 비교를 시도하였다.

그 방법으로는 제3자와 청자의 상하관계에 주목하여 제3자가 청자보다 상위자인 경우(예 : 제3자가 부장이고 청자가 과장), 제3자가 청자보다 하위자인 경우(예 : 제3자가 과장이고 청자가 부장), 다음으로 제3자와 청자가 동등한 경우(예 : 제3자도 청자도 과장)의 3종류로 인간관계를 나누어서 제3자에 관한 존경어 사용률을 그래프화해 보았다.

그림 7-21을 보면 한일 양 언어에 상반되는 경향이 있다는 것을 알 수 있다.

즉 일본어는 청자가 제3자보다 상위에 있을수록 제3자 경어가 많이 쓰이고 있다. 이것은 바로 청자의 영향으로 제3자에 대한 존경어가 쓰이고 있다는 것을 증명하는 것으로 '제3자 경어의 청자 경어화'를 단적으로 나타낸 결과라고 하겠다.

이에 반해 한국어의 경우는 제3자가 청자보다 상위자일수록 제3자를 높이고, 제3자가 청자보다 하위자일수록 제3자를 높이지 않는다는 결과가 나왔다. 한국어의 경우는 3장면 모두 제3자가 화자보다 상위자로 절대적으로 높여야만 하는 존재이지만 청자에 따라서 제3자를 높이는 정도가 달라지고 있으며 이것도 '절대 경어의 상대 경어화' 현상이라고 할 수 있다.

이와 같은 흐름 속에서 일본어는 청자를 배려하는 수단으로서 제3자를 더 높이는 방향으로 진행되리라고 예상된다. 또한 한국어의 경우도 본 연구에서 일련의 고찰로 종래의 제3자 경어의 절대 경어적인 성격이 약해져서 경체를 사용하지 않는 친한 청자에 대한 제3자 경어 사용과, 경체를 사용해야만 하는 청자에 대한 제3자 경어 사용이 달라지고 있다는 것을 알게 되었다.

한국어에서 '절대 경어의 상대 경어화'나 '압존법의 소멸'은 청자에 대한 배려가 우선된다는 일본어 경어 변화의 흐름과도 일치하는 것으로 장래에는 한국어의 경어도 일본어와 마찬가지로 대인관계를 더 중시하는 '상대 경어'로 바뀔 것이라고 예측해 본다. 더욱이 이 변화를 주도하는 것은 여성이며 또한 젊은층이라는 것도 알 수 있었다. 경어 사용에서 이와 같은 세대차는 언어 변화를 나타낸 것이라고 해석할 수 있다.

이상으로 본 연구에서는 설문조사, 시나리오 담화분석, 자연 담화분석이라는 3가지 사회언어학적 수법을 이용하여 다양한 장면과 인간관계에서 한일 양 언어의 제3자 경어 운용에 관해서 실증적으로 파악할 수가 있었다고 생각된다.

본 연구로 언어의 차이를 뛰어넘어 한일 양 언어에 대인 경어의 우위라는 공통성이 있다는 점을 알 수 있었다. 그 밖에 그 수용과정에 있어서도 공통성이 보였다는 것을 어느 정도 밝힐 수가 있었다. 이것은 宮地(1981)나 井上(1999a)에서도 지적하고 있는 것과 같이 일반적으로 널리 관찰되는 바, 대인 기능 중시의 방향으로 진행되는 언어 변화의 경향과도 무관하지 않을 것으로 판단된다.

7.5 앞으로의 과제

본 연구에서는 문법구조 등, 유사점이 많은 일본어와 한국어라는 양 언어를 대상으로 사회언어학적인 접근법으로 실태를 파악하여 특정한 장면에서의 경어 사용 차이나 표현의 차이와 같은 좁은 범위가 아니라 그보다 넓은 시야에서 경어라는 것을 파악하려고 시도하였다. 이러한 일련의 연구로 앞으로 언어가 변화하는 것에 관한 예측도 어느 정도 세울 수 있었다고 본다.

그러나 남겨진 과제도 많다. 예를 들면 언어 변화 등을 논할 때 세대차는 빼놓을 수 없는 문제이다. 본 연구에서는 대학생, 20~30대의 사회인, 40~50대의 사회인이라는 3가지 집단을 비교해 보았는데 앞으로는 노년층의 조사도 하여 세대차에 관해서 고찰을 심화시킬 필요도 있을 것이다.

　　대인커뮤니케이션에 있어서 빠트릴 수 없는 문제인 경어라는 소재 중에서도 특히 제3자 경어라는 문제에 초점을 맞추었다. 제3자 경어라는 것은 회화 참가자 간의 인간관계에 따라서 변할 수 있는 것으로 구체적으로는 상하관계, 친소관계, 장면의 차이 등 다양한 요인이 영향을 미친다. 또한 제3자 경어는 사람과 사람과의 교류를 위해서 커뮤니케이션에서도 매우 중요한 논제이다. 소위 말하는 혼란이라고 불리는 진행 중인 변화에 관해서 앞으로도 계속 주목해 나가고 싶다.

　　또한 네오스토프니(1974)의 '경의표현'이라는 개념으로 생각하면 경어 연구는 경어 체계를 가지는 한정된 언어에만 해당하는 문제가 아니므로 앞으로는 한일 양 언어의 경어에 머무르지 않고 더욱 나아가 세계의 여러 언어의 경의 표현도 시야에 넣어서 연구해 나가고 싶다. 그와 같은 넓은 시야에서의 연구가 목표로 하는 언어의 이해나 학습에도 크게 도움이 될 것이라 생각한다.

　　본 연구가 한일 양 언어의 경어연구, 사회언어학적 연구 및 그 대조연구에 미흡하나마 도움이 될 것을 기대하며 고찰을 마치기로 한다.

참고 문헌

(1) 일본어 문헌(오십음순)

東 照二(1997)『社会言語学入門-生きた言葉のおもしろさに迫る』研究社出版

生田少子(1997)「ポライトネスの理論」『言語』26-6, 大修館書店

伊集院郁子(2004)「母語話者による場面に応じたスピーチスタイルの使い分け-母語場面 と接触場面の相違」『社会言語科学』6-2, 社会言語科学会

井出祥子(1992)「日本人のウチ・ソト認知とわきまえの言語使用」『言語』21-12, 大修館書店

＿＿＿＿(2001)「国際化社会の中の敬意表現-その国際性と文化独自性」『日本語学』20-4, 明治書院

井出祥子・荻野綱男・川崎晶子・生田少子(1986)『日本人とアメリカ人の敬語行動』南雲堂

井上史雄(1972)「第三者への敬語」『国語学』90集, 国語学会

＿＿＿＿(1975)「若者の敬語行動」『言語』8-6, 大修館書店

＿＿＿＿(1981)「敬語の地理学」『国文学 解析と教材の研究』26-2, 学灯社

＿＿＿＿(1983)「社会構造の変化と敬語の将来」『日本語学』2-1, 明治書院

＿＿＿＿(1988)「動いている現代敬語-社会言語学的考察」『国文学 解析と教材の研究』 33-15, 学灯社

＿＿＿＿(1989)『言葉づかい新風景-敬語と方言』秋山書店

＿＿＿＿(1995)「丁寧表現の現在-デス・マスの行方」『国文学 解析と教材の研究』12, 学灯社

________(1998)『日本語ウォッチング』岩波新書

________(1999a)『敬語はこわくない』講談社現代新書

________(1999b)「敬語の西高東低-現代敬語の動き」『言語』28-11, 大修館書店

________(2004)『NHK日本語なるほど塾 近ごろ気になる敬語のはなし』11月号, 日本放送出版協会

宇佐美まゆみ(1995)「談話レベルから見た敬語使用-スピーチレベルシフト生起の条件と機能」『学苑』662, 昭和女子大学 近代文化研究所

________(1997a)『言葉は社会を変えられる』明石書店

________(1997b)「ポライトネス理論の展開: ディスコ-ス・ポライトネスという捉え方」『日本研究教育年報』2, 東京外国語大学

________(1999)「談話の定量的分析-言語社会心理学的アプローチ」『日本語学』18-10, 明治書院

________(2001)「ディスコース・ポライトネス'という観点から見た敬語使用の機能-敬語使用の新しい捉え方がポライトネスの談話理論に示唆すること」『語学研究所論集』6, 東京外国語大学語学研究所

梅田博之(1974)「朝鮮語の敬語」『敬語講座8 世界の敬語』明治書院

________(1977)「朝鮮語における敬語」『岩波講座日本語4 敬語』岩波書店

________(1987)「韓国の敬語」『言語』16-8, 大修館書院

大石初太郎(1981)「現代敬語の特質、その将来」『講座日本語学9 敬語史』明治書院

________(1983)『現代敬語研究』筑摩書房

大阪外国語大学朝鮮語研究室編(1986)『朝鮮語大辞典』角川書店

大野晋・柴田武(1977)『岩波講座日本語4 敬語』岩波書店

荻野綱男(1980)「敬語における丁寧さの数量化-札幌における敬語調査から(2)」『国語学』120集, 国語学会

________(1980)「敬語表現の長さと丁寧さ-札幌における敬語調査から(3)」『計量国語学』12-6, 計量国語学会

________(1980)『都市の敬語の社会言語学的研究』2, 東京大学出版会教材部

________(1981)「近所の人に対する敬語-札幌における敬語調査から(4)」『国語学』124集, 国語学会

________(1981)「敬語における使い分けの体系とその構造的関係-札幌における語調査から(5)」『国語学』125集, 国語学会

________(1983)「敬語使用から見た聞き手の位置付けの多様性」『国語学』132集, 国語学会

________(1983)「敬語調査の方法」『日本語学』2-1, 明治書院

________(1984)「敬語使い分けの段階数-札幌における敬語調査から(6)」『国語学』132集, 国語学会

________(1986)「待遇表現の社会言語学的研究」『日本語学』5-12, 明治書院

________(1987a)「言語研究における数量的研究の発展」『言語生活』422, 筑摩書房

________(1987b)「第三者に対する敬語の丁寧さの構造-クロス集計の数量化による分析」『計量国語学と日本語処理-理論と応用』水谷静夫教授還暦記念会編 秋山書店

________(1988a)「現代敬語研究の現在と問題点」『国文学 解析と教材の研究』33-15, 学灯社

________(1988b)「社会言語学の調査から理論にいたる道」『言語研究』93号, 日本言語学会

________(1989a)「聞き手に対する敬語行動の理論」『国語学』158集, 国語学会

________(1989b)「対照社会言語学と日本語教育-日韓の敬語用法の対照研究を例にして」『日本語教育』69号, 日本語教育学会

________(1995)「21世紀の敬語表現はどうなるか」『国文学 解析と教材の研究』40-14, 学灯社

________(1997)「敬語の現在」『言語』26-6, 大修館書店

________(1998)「大都市居住者の対人関係と敬語行動」『日本語学』17-11, 明治書院

荻野綱男・尾崎秩子・御園生保子・藤田克彦(1980)「話者の属性から見た敬語の使い分け-札幌における敬語調査から(1)」『国語学』120集, 国語学会

荻野綱男・金東俊・梅田博之・羅聖淑・盧顕松(1990)「日本語と韓国語の聞き手に対する敬語用法の比較対照」『朝鮮学報』136輯, 朝鮮学会

荻野綱男・金東俊・梅田博之・羅聖淑・盧顕松(1991)「日本語と韓国語の第三者に対する敬語用法の比較対照」『朝鮮学報』141輯, 朝鮮学会

小倉進平(1938)『朝鮮語に於ける謙譲法・尊敬法の助動詞』東洋文庫

生越直樹(1996)「朝鮮語との対照」『日本語学』15-7, 明治書院

尾崎喜光(1997)「'学校の中の敬語'調査から」『日本語学』16-12, 明治書院

________(1999)『日本語社会における言語行動の多様性』新プロ'日本語'研究班2, 国立国語研究所チーム

蒲谷宏・川口義一・坂本恵(1998).『敬語表現』大修館書店

神尾昭雄(1990).『情報のなわ張り理論』大修館書店

亀井孝・河野六郎・千野栄一(1996)『言語学大辞典6 術語編』三省堂

川口義一・浦谷宏・坂本恵(2002)「『敬意表現』と『ポライトネス』-日本語研究の立場から」『社

会言語科学』5-1, 社会言語科学会

川崎晶子(1992)「日本の敬語と世界の敬語」『日本語学』11-3, 明治書院

川村三喜男(1999)「文とテクストにおける『常体』と『敬体』の共存を条件づけるもの」『日本言語学会』118回大会予稿集

菅野裕臣他編(1988, 1991)『コスモス朝和辞典』白水社

菊地康人(1997)『敬語』講談社 学術文庫

北原保雄(1978)『論集日本語研究9 敬語』有精堂

北村 甫(1974)「チベット語の敬語」『敬語講座8 世界の敬語』明治書院

金田一京助(1942)「女性語と敬語」『国語研究』八雲書林

＿＿＿＿(1948)「日本語の美しさと日本女性」『国語の進路』京都印書館

＿＿＿＿(1992)「敬語」『金田一京助全集3 国語学Ⅱ』三省堂

金田一春彦・林大・柴田武(1988)『日本語百科大事典』大修館書店

国広哲弥(1982)『日英語比較講座5巻 文化と社会』大修館書店

熊井浩子(1988)「現代日本語のおける'敬語誘発'について-話題主に対する敬語使用と敬語抑制」『国語学』152集, 国語学会

熊谷智子(2000)「言語行動分析の観点-'行動の仕方'を形づくる諸要素について」『日本語科学』7, 国立国語研究所

＿＿＿＿(2002)「ポライトネス研究の多次元的な枠組みを目指して」『社会言語科学』5-1, 社会言語科学会

現代日本語研究会篇(1997)『女性のことば・職場篇』ひつじ書房

現代日本語研究会篇(2002)『男性のことば・職場篇』ひつじ書房

小池生夫編(2003)『応用言語学事典』研究社

小泉 保(1993, 1996)『日本語教師のための言語学入門』大修館書店

国立国語研究所(1981)『国立国語研究所報告70-1大都市の言語生活』三省堂

＿＿＿＿(1982)『国立国語研究所報告73 企業の中の敬語』三省堂

＿＿＿＿(1983)『敬語と敬語意識』三省堂

＿＿＿＿(1990)『国立国語研究所報告102 場面と場面意識』三省堂

＿＿＿＿編(1998)「第21期国語審議会報告 新しい時代に応じた国語施策について 審議経過報告」『国語年鑑 1998年版』大日本図書株式会社

＿＿＿＿編(2000)『'国語に関する世論調査'問題別分析報告書』非売品

小島俊夫(1974)『後期江戸ことばの敬語体系』笠間書院

________(1998)『日本敬語史研究: 後期中世以降』笠間書院

崎山 理(1974)「ジャバ語の敬語」『敬語講座8 世界の敬語』明治書院

佐藤喜代治編(1977)『国語学研究事典』明治書院

真田信治・宮治弘明(1990)「奈良県西吉野・大塔地域の言語調査報告」『日本学報』9, 大阪大学文学部日本学研究室

真田信治・ダニエル, ロング(1997)『社会言語学図集』秋山書店

柴田 武(2004)『ホンモノの敬語』角川書店

鈴木孝夫(1973)『ことばと文化』岩波新書

田窪行則編(1997)『視点と言語行動』くろしお出版

陳内正敬(2002)「ポライトネスの方言学」『21世紀の方言学』日本方言研究会

陳 文敏(2000)「日本語母語話者の会話に見られる『中途終了型』発話-表現形式及びその生起の理由」『言語と文化』創刊号, 名古屋大学大学院

辻加代子(2001)「京都市方言・女性話者の'ハル敬語'-自然談話資料を用いた事例研究」『日本語科学』10, 国立国語研究所

________(2002)「京都市方言・女性話者の談話における'ハル敬語'の通時的考察」『変異理論研究会発表要旨文』95回, 変異理論研究会

辻村敏樹(1965)「『です』の用法-近世語から現代語へ」『近代語研究』武蔵野書院

________(1968)『敬語の史的研究』東京堂

________(1971)「敬語史の方法と問題点」『講座国語史5 敬語史』大修館書店

角田太作(1991)『世界の言語と日本語』くろしお出版

時枝誠記(1941)『国語学原論』岩波書店

外山映次(1977)「敬語の変遷(2)」『岩波講座 日本語4 敬語』岩波書店

永田高志(1988)『若者の敬語に対する意見アンケート』私家版

________(1996)「平家物語'に見る第三者に対する待遇表現」『国語国文』65-3, 京都大学

________(1998)「現代敬語における第三者に対する待遇表現」『文学・芸術・文化 近畿大学文芸学部論集』10-1, 近畿大学

________(2000)「方言に見る第三者に対する待遇表現」『徳川宗賢先生追悼論文集 20世紀フィールド言語学の追跡』変異理論研究会

________(2001)『第三者待遇表現史の研究』和泉書院

________(2003)「日本語の敬語における不易と流行」『日本語学』22-4, 明治書院

西尾純二(1998)「マイナス待遇表現行動分析の試み-非礼場面における言語行動規範につ

いて」『大阪大学日本学報』17, 大阪大学文学部日本学研究室

______(2000)「大学生における表現行動のバリエーション」『徳川宗賢先生追悼論文集 20世紀フィールド言語学の追跡』変異理論研究会

西田直敏(1995)『'自敬表現'の歴史的研究』和泉書院

______(1998)『日本人の敬語生活史』翰林書房

日本語教育学会編(1982)『日本語教育事典』大修館書店

沼崎一郎(1990)「敬語行動の計量的研究に見られる方法論上の問題を考える-データ分析 の過程-'荻野の数量化の方法'を例にして」『日本語学』9-2, 明治書院

J. V. ネウストプニー(1974)「世界の敬語」『敬語講座8 世界の敬語』明治書院

______(1978)「politenessと日本語教育」『日本語教育』35号, 日本語教育学会

______(1983)「敬語回避のストラテジ-について-主として外国人場面の場合」『日本語学』 2-1, 明治書院

野間秀樹(2002)『至福の朝鮮語』朝日出版社

野元菊雄(1978)「敬語の段階」『日本語教育』35号, 日本語教育学会

花井 裕(2001)「規範意識とゆれ」『応用社会言語学を学ぶ人のために』ダニエル・ロング/ 中井精一/宮治弘明編 世界思想社

林 四郎・南不二男(1974a)『敬語講座6 現代の敬語』明治書院

______(1974b)『敬語講座8 世界の敬語』明治書院

______(1974c)『敬語講座10 敬語研究の方法』明治書院

文化庁 (1971)『日本語教育指導参考書2 待遇表現』文化庁文化部国語課

______(1996)『平成8年度 国語に関する世論調査』文化庁文化部国語課

______(1997)『平成9年度 国語に関する世論調査』文化庁文化部国語課

牧野成一(1996)『ウチとソトの言語文化学-文法を文化で切る』アルク

益岡隆志・田窪行則(1992)『基礎日本語文法-改訂版』くろしお出版

三上 章(1972)「敬語の心理」『現代語法新説』くろしお出版

南不二男(1974; 1994)『現代日本語の構造』大修館書店

______(1977)「敬語の機能と敬語行動」『岩波講座日本語4 敬語』岩波書店

______(1987)『敬語』岩波書店

______(1993; 1998)『現代日本語文法の輪郭』大修館書店

嶺田明美(1997)「現代女子学生の'話題の敬語'の使用の実態とその分析」『学苑』690, 昭和 女子大学

三牧陽子(1989)「待遇レベル・シフトの談話分析」『AKP紀要』3, 同志社大学

＿＿＿＿(2002)「待遇レベル管理からみた日本語母語話者間のポライトネス表示-初対面
　　会話における『社会的規範』と『個人のストラテジー』を中心に」『社会言語科学』
　　5-1, 社会言語科学会

三宅武朗(1944)『日本教育叢書 現代敬語法』日本語教育振興会

宮地裕(1971)「現代の敬語」『講座国語史5 敬語史』大修館書店

＿＿＿＿(1981)『講座日本語学9 敬語史』明治書院

メイナード・K・泉子(1991)「文体の意味-ダ体とデスマス体の混用について」『言語』16-11,
　　大修館書店

＿＿＿＿(1993)『会話分析』くろしお出版

山田孝雄(1924;1970)『敬語法の研究』宝文館

吉岡泰夫(1988)「敬語と敬語行動-回避と習熟の実態」『日本語学』7-7, 明治書院

＿＿＿＿(1997)「敬語行動と規範意識の地域差」『言語』26-6, 大修館書店

＿＿＿＿(2000)「敬語使用と規範意識の社会差・地域差」『計量国語学』22-6, 計量国語学会

吉岡郷甫(1906)『日本口語法』大日本図書

渡辺 実(1971)『国語構文論』塙書房

〈가나다順〉

姜錫祐(1995)「日韓における軍隊敬語の実態」『待兼山論』29号, 大阪大学文学部

＿＿＿＿(1997a)「同一集団の中での第三者に対する待遇表現-大学応援団を事例として」『日
　　本学報』16, 大阪大学文学部日本学研究室

＿＿＿＿(1997b)「大学応援団の待遇行動」『日本語学』26-6, 大修館書店

＿＿＿＿(2000)「教員社会における敬語運用と規範意識」『徳川宗賢先生追悼論文集 20世紀
　　フィールド言語学の追跡』変異理論研究会

＿＿＿＿(2001)「話題にのぼる上位人物に対する敬語運用-市役所職員を対象にした調査結
　　果から」『社会言語科学』4-1, 社会言語科学会

郭銀心(2002)「韓国の帰国子女の日本語と韓国語間のコード・スイッチングの形態」『社会
　　言語科学会 第10回大会予稿集』社会言語科学会

郭俊海(1996)「日本語と中国語の第三者敬語における『親』・『疎』の働きの比較対照-日本人
　　と中国人大学生の言語調査を中心に」『日本語と日本文学』22, 筑波大学国語国文
　　学会

権敬珉(2002)「日韓の非言語コミュニケーションにおける表情の対照-4コマ新聞漫画の分析を中心に」『社会言語科学会 第9回大会予稿集』社会言語科学会

金庚芬(2001)『「ほめに対する返答」の日本語と韓国語の対照研究』東京外国語大学大学院. 地域文化研究科 修士学位論文

金東俊(1989)「現代韓国語の対者待遇法の体系」『神田外語大学紀要』1, 神田外語大学

金美貞(2002)「韓国における接客敬語行動について」『社会言語科学会 第9回大会予稿集』社会言語科学会

______(2003a)「韓国における接客言語行動の一端-デパートと市場の比較」『社会言語科学会 第11回大会予稿集』社会言語科学会

______(2003b)「デパートと市場の接客言語行動に関する事例研究」『사회언어학』11-1, 한국사회언어학회

金秀英(2000)「'断り'談話の日・韓比較-社会的距離を表示するストラテジーをめぐって」『日本語教育学会秋季大会予稿集』

金秀芝(2001)「日・韓両言語における'話題の転換marker'の対照研究-接続表現を中心に」『社会言語科学会 第8回大会予稿集』社会言語科学会

金順任(2000)『大学生の待遇表現における日本語と韓国語の対照研究-呼称と述語形式とその相関関係を中心に』東京外国語大学大学院 地域文化研究科 修士学位論文

______(2001)「日韓の大学生における待遇表現の対照研究-述語形式及び呼称との相関関係を中心に」『言語・地域文化研究』7号, 東京外国語大学大学院 地域文化研究科

______(2002)「日韓両言語における第三者敬語の対照研究-聞き手による使い分けを中心に」『言語・地域文化研究』8号, 東京外国語大学大学院 地域文化研究科

金智英(2001)「在日コリアン一世の言語運用-物語の展開を中心に」『社会言語科学会 第8回大会予稿集』社会言語科学会

金珍娥(2002)「日本語と韓国語における談話ストラテジーとしてのスピーチレベルシフト」『朝鮮学報』183, 朝鮮学会

金昌男(2001)「日本人大学生と韓国人大学生の'~てくれる/くださる'と'~てもらう/いただく'の使用実態」『社会文化科学研究』5, 千葉大学大学院 社会文化科学研究科

金河守(1996)「日本語の要求表現におけるストラテジー-話し手による受け手考慮の側面から」『筑波応用言語学研究』3, 筑波大学文芸・言語研究科応用言語学コース

白同善(1993)「絶対敬語と相対敬語-日韓敬語法の比較」『日本語教育論集 世界の日本語教育』3, 国際交流基金日本語教育センター

_____(1995)「成分添加による尊敬表現の日韓比較」『名古屋大学人文科学研究』24, 名古屋大学大学院文学研究科

徐正洙(1978)「韓国現代敬語法の推移-最近の設問調査をもとにして」『朝鮮学報』89, 朝鮮学会

申恵璟(1986)「韓国人の敬語意識調査」『Sophia Linguistics』20-21, 上智大学

_____(1998)「日本人の待遇表現に見られる場の影響と聞き手に合わせた敬語行動の特徴」『社会言語科学会 第2回大会予稿集』社会言語科学会

安秉禧(1981)「敬語の対照言語学的研究」『講座日本語学9 敬語史』明治書院

魚秀禎(2004)「日韓の敬語用法の比較-『普段の言い方』と『正しいと思う言い方』の相違を中心に」『計量国語学』24-6, 計量国語学会

厳廷美(1999)「発話機能からみた日本語と韓国語の依頼の構造とストラテジー-発話完成テストの結果から」『社会言語科学会 第4回大会予稿集』社会言語科学会

元智恩(1999)「日韓の『中途終了文』の丁寧さについて-断る場面を中心として」『筑波応用言語学研究』6, 筑波大学文芸・言語研究科 応用言語学コース.

_____(2003)「断る場面における『ノダ』文と『것 같다』(geos gata)文について」『社会言語科学』6-1, 社会言語科学会

李吉鎔(2003)「フォーマルな談話での非デスマス形式の切換え-日本語母語話者と中間言語話者の比較」『阪大社会言語学ノート』5, 大阪大学大学院文学研究科 社会言語学講座

_____(2003)「心的距離の変化によるスタイル切換え-依頼行動の韓日対照」『社会言語科学会 第11回大会予稿集』社会言語科学会

李恩美(2004)「『丁寧度を示すマーカーのない発話』の日韓対照研究-初対面二者間の自然会話分析を通して」『日本研究教育年報』8, 東京外国語大学

任栄哲(2000)「謝罪行為の社会語用論的一考察」『徳川宗賢先生追悼論文集 20世紀フィールド言語学の追跡』変異理論研究会

任栄哲・Daniel Long(2001)「韓国語の地域変種に対する意識-方言認知地図を応用して」『韓日語文学論叢』太学社

任炫樹(2001)「日韓の非言語コミュニケーションについて-断りを表明する場合を中心に」『社会言語科学会 第8回大会予稿集』社会言語科学会

_____(2004)「日韓断り談話におけるポジティブ・ポライトネス・ストラテジー」『社会言語科学』6-2, 社会言語科学会

林炫情(2003)「非親族への呼称使用に関する日韓対照研究」『社会言語科学』5-2, 社会言語
　　　科学会
全淑美(1995)「韓・日敬語用法の対照研究-話題の人物の待遇を中心に」『日本語教育』85
　　　号, 日本語教育学会
鄭恵卿(1989)　「現代日本語における『話題主』と『聞き手』の上下関係が話し手の敬語表現
　　　に及ぼす影響」『日本語と日本文学』11, 筑波大学国語国文学会
韓美卿(1982)「韓国語の敬語の用法」『講座日本語学12 外国語との対照Ⅱ』明治書院
洪珉杓(1992)「日本人と韓国人の丁寧意識の比較」『計量国語学』18-7, 計量国語学会

(2) 한국어로 쓰여진 문헌(가나다 순)

高永根(1974) ‘現代国語의 尊卑法에 대한 研究’ “語学研究” 10-2, 서울大学校 語学研究所
김석득(1977) ‘더낮춤법과 더높임법-A Study on Korean Honorifics’ “言語와 言語学” 제5집,
　　　한국외국어대학 언어연구소
＿＿＿＿(1992) “우리말 형태론-말본론” 탑출판사
김영기(1996) ‘한국어 경어법에서 자기 높임과 경어 체계의 변동’ “李基文教授停年退任記念
　　　論叢” 신구사
金鍾塤編著(1984) “国語敬語法研究” 집문당
金忠会(1990) ‘謙讓法’ “国語研究 어디까지 왔나” 서울大学校大学院 国語研究会編 東亜出版社
김태엽(2001) “국어 종결어미의 문법” 국학자료원
김혜숙(1991) “현대국어의 사회언어학적 연구-국어의 운용실태와 방향” 태학사
남기심・고영근(1985, 1993) “표준국어문법론” 탑출판사
朴栄順(1976) ‘国語尊待法의 社会言語学的研究’ “국어국문학” 72・73, 국어국문학회
＿＿＿＿(2001) “한국어의 사회언어학” 한국문화사
백경숙(1998) ‘영어와 한국어에서의 칭찬에 대한 응답 전략 고찰’ “사회언어학” 6-2, 한국사회
　　　언어학회
서정수(1972) ‘현대국어 대우법 연구’ “語学研究” 8-2, 서울大学校 語学研究所
＿＿＿＿(1980) ‘존대말은어떻게달라지고있는가-(Ⅱ)-청자대우등급의 간소화’ “한글” 167호,
　　　한글학회
＿＿＿＿(1984) “존대법의 연구-현행 대우법의 체계와 문제점” 한신문화사
＿＿＿＿(1994) ‘대우법’ “현대 언어학 지금 어디로” 한신문화사

______(1996) ‘대우법’ “국어문법” 한양대학교 출판원

성기철(1970) “国語 待遇法 研究” 충북대 논문집 4

成耆徹(1984) ‘国語 待遇法 研究’ “国語敬語法研究” 集文堂

______(1985) “현대국어 대우법 연구” 개문사

______(1990) ‘恭遜法’ “国語研究 어디까지 왔나” 서울大学校大学院 国語研究会編 東亜出版社

申恵璟(1993) ‘한국과 일본 직장 남성들의 대우표현 비교 연구-제3자 호칭과 존대사 표현용법
　　　을 중심으로’ “사회언어학” 창간호, 한국사회언어학회

신혜경(2000) ‘異文化間의사소통 오해: 한국어와 일본어를 중심으로’ “사회언어학” 8-1,
　　　한국사회언어학회

안정근(1997) ‘시장에서 행해지는 가격흥정의 담화분석’ “사회언어학” 5-2, 한국사회언어학회

유송영(1994) ‘국어 청자 대우법에서의 힘(power)과 유대(solidarity)-불특정 청자 대우를 중심
　　　으로’ “国語学” 24, 国語学会

윤석민(2000) “텍스트 언어학 총서4 현대국어의 문장종결법 연구” 집문당

李崇寧(1956) “고등국어문법” 을유문화사

______(1984) ‘敬語研究’ “国語敬語法研究” 집문당

이원표(2001) “담화분석-방법론과 화용및 사회언어학적 연구의 실례” 한국문화사

李潤夏(2001) “現代 国語의 待遇法 研究” 역락

이익섭(1974) ‘국어 경어법의 체계화 문제’ “国語学” 2, 国語学会

______(1986; 2001) “국어학개설” 学研社

______(1997) ‘경어법’ “한국의 언어” 신구문화사

이정복(1994) ‘제3자 경어법 사용에 나타난 참여자 효과 연구’ “国語学” 24, 国語学会

______(1996) ‘국어 경어법의 말 단계 변동 현상’ “사회언어학” 4-1, 한국사회언어학회

______(1999) ‘국어 경어법의 전략적 용법에 대하여’ “語学研究” 35-1, 서울大学校 語学研究所

______(2000) ‘머리말 텍스트 속의 감사 표현과 객체 경어법’ “国語学” 36, 国語学会

______(2001a) ‘복수 인물에 대한 경어법 사용 연구’ “어문학” 74, 한국어문학회

______(2001b) ‘남북한 정상에 대한 언론의 경어법 사용 분석’ “국어국문학” 128, 국어국문학회

______(2002) “국어 경어법과 사회언어학” 월인

이한섭(1998) “韓国日本語学関係研究文献一覧” 고려대학교 출판부

이희승(1949) “초급국어문법” 博文書館

임동훈(2000) “한국어 어미 ‘-시-’의 문법” 太学社

任洪彬(1990) ‘尊敬法’ “国語研究 어디까지 왔나” 서울大学校大学院 国語研究会編 東亜出版社

임홍빈(1998) ‘어휘적 대우와 대우법 체계의 문제’ “국어문법의 심층3-어휘범주의 통사와 의미” 태학사

임홍빈·장소원(1995) “국어문법론Ⅰ” 방송대 출판부

장요한(2004) ‘문장 종결형 ‘습’에 대하여-19세기 문헌 자료를 중심으로’ “국어국문학” 136, 국어국문학회

전영우(2003) ‘표준 화법의 문제와 개선 방향’ “새국어생활” 13-1, 국립국어원

조준학(1980) ‘화용론과 공손의 규칙’ “語学研究” 16-1, 서울大学校 語学研究所

허   웅(1954) ‘尊待法史:国語文法史의 한 토막’ “成均学報” 1

_____(1961) ‘15세기 국어의 존대법과 그 변천’ “한글” 130, 한글학회

_____(1963) ‘또 다시 존대법의 문제를 논함’ “한글” 131, 한글학회

황적륜(1994) ‘사회언어학’ “현대 언어학 지금 어디로” 한신문화사

KBS아나운서실 한국어 연구회(1995) “길라잡이 KBS한국어” 한국방송공사

梅田博之(1990) ‘경어에 관한 한일 대조 연구-절대 경어와 상대 경어’ “일본학지” 10-10, 일본연구학회

우메다 히로유키[梅田博之](1992) ‘조·일 두 언어에서의 제3자에 대한 경어용법의 비교’ “중국 조선 어문” 2, 길림성 민족 사무 위원회

_____(2004) ‘최근 일본에서의 한일대조언어학의 동향’ “국어국문학” 136, 국어국문학회

노마 히데키[野間秀樹](1996) ‘현대한국어의 대우법체계’ “말” 21, 연세대학교 연세어학원 한국어학당

_____(2002) “한국어 어휘와 문법의 상관구조” 태학사

(3) 영어로 쓰여진 문헌(알파벳 순)

Brown, P. & Levinson, S.C. (1987) *Politeness: Some universals in language usage.* Cambridge: Cambridge University Press.

Chomsky, N. (1957) *Syntactic structures.* The Hague: Mouton.

Fraser, B. (1990) *Perspectives on Politeness.* Journal of Pragmatics 14.

Goffman, E. (1967) *Interaction ritual: essays on face to face behavior.* Garden City, New York.

Hwang, Juck Ryoon (1990) ‘Deference’ versus ‘politeness’ in Korean speech. *International Journal of the Sociology of Language* 82.

Ide, Sachiko (1986) Sex difference and politeness in Japanese. *International Journal of the Sociology of Language* 58.

______(1989) Formal forms and discernment: two neglected aspects of universals of linguistics politeness. *Multilingua* 8-2/3.

______(1993) The search for integrated universals of linguistic politeness. *Multilingua* 12-1.

Kasper, G. (1990) Linguistic Politeness: current Research Issues. *Journal of Pragmatics* 14.

Kwarciak, B.J. (1993) The acquisition of linguistic politeness and Brown and Levinson's theory. *Multilingua* 12-1.

Levinson, S.C. (1983) *Pragmatics*. Cambridge: Cambridge University Press.

Martin, S.E. (1964) Speech Levels in Japanese and Korean. *Language in Culture and Society*. Hymes, D. (ed). New York: Harper & Row.

Matsumoto, Yoshiko (1989) Politeness and conversational universals- observations from Japanese. *Multilingua* 8-2/3.

______(1997) The rise and fall of Japanese nonsubject honorifics: The case of '0-Verb-suru'. *Journal of Pragmatics* 28-6.

Maynard, Senko K. (1991) Pragmatics of discourse modality: A case of da and desu/masu forms in Japanese. *Journal of Pragmatics* 15.

Ogino, Tsunao (1986) Quantification of politeness based on the usage patterns of honorific expressions. *International Journal of the Sociology of Language* 58.

Schiffrin, D. (1994) *Approaches to Discourse*. Malden: Blackwell.

Shinn, Hae Kyong (1990) A survey of sociolinguistic studies in Korea. *International Journal of the Sociology of Language* 82.

Smith, J.S. (1992) Women in change: Politeness and directions in the speech of Japanese women. *Language in society* 15.

Sohn, Ho-min(1983) Power and Solidarity in the Korean Language. *Korean Linguistics* 3.

Usami, Mayumi (2002) *Discourse politeness in Japanese conversation: Some implications for a universal theory politeness*. Tokyo: HITUZI SYOBO.

Wang, Hann Sok (1990) Toward a description of the organization of Korean speech Levels. *International Journal of the Sociology of Language* 82.